現代食文化論

The textbook of current food culture

編著

小川 聖子・野林 厚志

共著

伊藤 有紀・宇田川 妙子・川野 美智代・杉本 雅子・濵田 信吾
水元 芳・南 直人・八木 久美子・矢島 由佳

建帛社
KENPAKUSHA

はじめに

　俳優，エッセイスト，そして映画監督でもあった伊丹十三は，その作品『タンポポ』の中で，日本人と食について，いくつかの視点から表現している。

　例えば，「自然食で育てています。甘いものを与えないで下さい」と書かれた木の札を首に下げた3歳くらいの子どもが公園にいる。隣のベンチに座る中年の男がその木札を確認した上で「うまいぞ，食べてみろ」とソフトクリームを差し出す。次の映像でその子どもは，口をクリームだらけにして夢中でソフトクリームにかぶりついている。

　ラストシーンは，生まれて間もない赤ちゃんがお母さんのおっぱいをグングン飲んでいるショット。他にも，銃弾に倒れたヤクザが死の間際に恋人に向かって「これまで食べた中で一番おいしかった物」の話を延々とするシーンもある。「恋愛と食」「マナーと見栄と食」「社会的地位と食」など，クスリと笑えて，チクリと皮肉を感じるものが多い。日本人の食文化という概念に特化してはいるものの，海外でも高く評価された。

　本書を手に取った方の食に関する思い出は，どのようなものだろう。最も古い食の記憶は？　それは，なぜ心に残っているのか？　また，旅先の海外での料理の味，香り，食材の形などに衝撃を受けたことはあるだろうか。

　食は，人間にとって生命維持に欠かせないものである。口から摂取した栄養と水分とで生物はできている，とだけ考えると少し味気ない。しかし同時に，美味しく食べることはどの時代の誰にとっても楽しく嬉しいことで，料理する行為と共に，人間だけに許されたものである。さらに食は，帰属する家族や地域，国や宗教でくくられる部分も多く，その伝統は連綿と続き，時に新たな部分を加えて受け継がれてゆく。

　近年，日本の食文化について，海外の評価は目立って高い。日本にルーツを持つ者よりも，世界中からの旅行者の方が詳しい場合もあるほどだ。SNSによって情報は時間的・距離的に短縮され，量的には飛躍的に増大している。

　日本の食文化は2013年，ユネスコの無形文化遺産に「和食；日本人の伝統的な食文化」として登録された。特定の食材や料理法ではなく，日本人の食のあり方そのものが貴重で稀有なものと評価されたのである。10年経った今，私たちにとっての「和食」はどう変化したのか，本書ではそのことにも触れている。

　日本以外の国々の食事の文化，歴史上の出来事，文化の融合，現代の食とその問題点など，様々な食文化について学んでゆこう。

　2024年5月

　　　　　　　　　　　　　　　　　　　　　　　　　編者　小川聖子

目　次

第1章　食と文化

第2章　世界の食文化

第3章　日本の食文化

第4章　食文化の現在と未来

第1章 食と文化

第1節 食文化の概要

1．食文化とは何か

（1）人にとっての食

　人は，常に食と共にある。誰でも生きるために食べている。飢えや渇きが続けば，いずれ死に至ることになるから，生命を維持するためにのどが渇き空腹になると，何かを「飲みたい」「食べたい」と思うように身体が反応するのだ。食物を体内に取り入れ，消化吸収し，生命を維持する栄養分を補う。成長期の子どもは食べることで身体が大きくなり，大人になることができる。このことは，すべての動物も同様である。

　原始の頃から，食料の獲得は地球という自然サイクルの中で，狩猟，漁労，採集などを中心に行われてきた。ほとんどの食料は保存が難しく，多くの時間が食料の獲得に使われていた。そのような不安定な食の時代から，人は長い時間をかけて，身近な動物を家畜にすることや，大地を耕し作物を栽培することを始め，それぞれが住む地域の風土や気候の特性を理解し，より効率よく多くの収穫を得るため，技術の革新や努力を繰り返してきた。

　加えて，収穫した作物や食料の美味しい食べ方や，長く保存するための工夫も常に考え続けられた。その結果，様々な調理，加工，保存，貯蔵法が開発された。

　人が集団で生活するようになると，家族の概念が生まれてゆく。多くの動物の親は生まれた子に餌を与えるが，子が一人前になると親は役目を終えて個に戻り，食を分かつことはなくなる。しかし，人は常に家族や集団の一員として，他者と共に食を楽しむ。食を共にする家族が不在のときには，その家族を思いながら食事をすることもある。食べるという行為は，もともとは生命維持という個の存続のためのものだが，家族や仲間，地域社会の人々と共に食べることで，集団の結びつきを深め，協力して様々な難題にあたることができるようになった。食の意味は生命維持に加えて，より社会的で深いものへと変わってきた。

　さらに，食べるという行為は宗教や道徳感などと結びつき，食事作法や食物禁^{きん}忌^きが生み出され，食の習慣が文化へと発展した。

　他の動物と同様に，人も食べることのみで生きることはできるのだが，「料理すること」や「他者とともに食べ物を味わうこと」ができるようになった。地域社会や民族は食べるという営みを通して，習慣や伝統，そこにある精神的な価値観を文化としてきたのである。

（2）文化として食を学ぶことの意味

　食事の文化は，生きるための栄養補給の目的に加えて，様々な工夫と努力を多くの人と共に作り上げてきた結果である。それらには今後も受け継がれるものもあれば，終わってしまうもの，形を変えて続くものもある。

　身近な例として，年中行事を考えてみよう。正月のおせち料理は，以前は各家庭で手作りするのが普通だった。正月三が日に食べる料理として，家族に加えて来客の分も年末に作りためておく。かつては手のかかる料理を何種類も作らねばならず，作り手にとってのおせち料理作りは，大きな負担であったことは間違いない。

　作り手が高齢化の傾向にあり，食べる家族の人数の減少，正月でも購入できる食品や外食できる店舗が増えたことも影響して，近年ではすべてを手作りする家庭は少なくなった。購入するおせち料理のバリエーションも増えている。伝統的な料理だけでなく，洋風や中国風のものもあり，ケーキと甘いお菓子を取り合わせたスイーツおせちなども人気である。おせち料理の販売の際，料理が重箱や重箱風の容器に入れられていることが，年中行事としての形と特別感を示している。

　次に，七五三につきものの千歳飴は，かつては子どもの喜ぶ甘い食品だった。しかし今では砂糖のかたまりである飴を，虫歯の心配なしに子どもに与える親は少ないだろう。現在では千歳飴よりも，家族で食べる七五三ケーキが主流になりつつある。

　食の伝統は常に変化を続けているし，それが文化の特徴であるともいえる。まずは自分たちの食がどのような変化を続けながら現在に至ったのかを考えてみたい。大きな流れをとらえることで，現状を広範に理解し，未来を推測することもできるに違いない。

　さらに，食には人の心を動かす力がある。美味しい料理，思い出の味，ふるさとで家族と囲んだ料理の味と香りは，年月を経ても，誰にとっても大切なものであろう。

　世界に目をやれば，多数の飢餓に苦しむ人がいて，子どもの栄養不足が深刻な地域もある。また，世界情勢は混とんとしており，有史以来，常にどこかで紛争や戦争があり，自国や故郷以外の場所で住むことを選択せざる得ない人も多い。

　様々な食の歴史と発展，多様性を理解することは，私たちの食の未来の形をも考えることになろう。

2．食文化の相対性

（1）世界の食の多様性

　食文化は，長い時間をかけて作り上げられてきたもので，それぞれの地域や民族と同じく多様である。私たちは，自分が所属する地域の食文化に慣れ親しんで日々を過ごしている。生まれてからずっと同じ地域で過ごしてきた人が，進学や就職，結婚などで他の地域に住んだときに，初めて異なる食文化を経験することも少なくない。他地域のみその味や麺のつゆの色の違いに驚いた人もいるだろう。

　同じ言語，情報を共有できる国内でも差異が生じるが，国際的な比較となると，それらは飛躍的に多くなる。日本で暮らす外国人，観光で訪れる外国人，海外へ旅行や居住する日本人はいずれも増えている。それまで接することがなかった食文化を知り，理解し，共生することが求められているのである。国や地域を異にしても，食が命をつなぐものであることと，食事を楽しむことに変わりはない。食文化を異文化理解の入り口と考えたい。

　表 1-1 は，1990 年に東京，ニューヨーク，パリでそれぞれ 1,000 人を対象に面接調査を行った結果である。食文化を日本，アメリカ，フランスで比較したことで，当時の各国の傾向がうかがえる。現在はこの結果から変化している部分もある。

　まず，日本では一般的に食べられているが，アメリカ，フランスでは避けられている食材について考えてみよう。「タコ」「イカ」については，アメリカとフランスにはキリスト教徒が多く（ニューヨークにはユダヤ教徒も多い），旧約聖書の「鱗のない魚は食べない」という記載が影響しているのかもしれない。「生卵」「刺身」「牛刺し」は，フランスよりもアメリカで避けられている。卵の殻には，まれに食中毒を起こすサルモネラ菌が付着していることがあり，生の魚や肉も衛生状態に不安な場合があったアメリカでは食べる習慣が根付かなかったと考えられる。ただ，日本では 2011 年に焼肉店で提供された牛の生肉（ユッケ）が原因の食中毒による死亡事件が起き，これを契機に牛肉の生食に関するルールがより厳格になった。また，それまで「レバ刺し」として提供されていた牛レバーは生食用での提供が禁止された。

表 1-1　気持ちが悪く，絶対に食べたくないと思うもの

（%）

	東　京	ニューヨーク	パ　リ
タ　コ	2.6	65.4	31.2
イ　カ	1.5	56.9	18.2
ウナギ	5.8	73.2	18.8
エスカルゴ	30.6	67.7	5.8
カエル	63.6	78.9	13.9
ウサギ	52.8	77.8	2.3
豚　足	39.9	78.4	16.9
生　卵	4.9	81.6	31.2
生魚（刺身）	1.8	77.4	27.9
牛刺し	13.2	82.4	20.9
馬　肉	26.0	94.4	14.1
海　藻	2.3	79.3	38.4
においの強いチーズ	39.1	50.4	10.5

飽戸弘・東京ガス都市生活研究所編：食文化の国際比較，日本経済新聞社，1992

　「海藻」は，アメリカでもフランスでもあまり受け入れられていない。海藻は英語では「seaweed」，訳すと「海の雑草」となり，食べ物として認識されていなかったのであろう。ただ，近年では昆布，ヒジキ，ワカメなどの海藻は，グルタミン酸のうま味やビタミン・ミネラルなどの栄養が含まれ，食物繊維が多いなど評価が高まっている。

　「エスカルゴ」はフランスでは一般的でも日本でなじみのなかった食材である。食用のカタツムリであるエスカルゴは，古代ローマ時代から調理して食べられていた。日本は海・湖沼の貝が豊富なため食べられなかったのかもしれない。最近ではファミリーレストランチェーンで安価で提供されており，食べたことがあるという人も増えている。

　「ウサギ」は，フランスでは人気の食材でだが，日本ではペットのイメージが強い。

　「カエル」は，歯ごたえの良い肉質でフランス料理だけでなく，イタリア料理や中国料理でも食材となり，養殖も行われているが，日本では食材としての認知度は低かった。明治初期の西洋料理のカレーのレシピには，「赤蛙」とカエル肉の記述がある。

　食材の比較だけでなく，調理法や食べ方も文化ごとに概念が異なる。

　日本では，魚が新鮮なことに重きを置くため，魚介類を生かしたまま捌き刺身にした「活き造り」や，生きたまま食べる「踊り食い」のような料理があるが，多くの外国人にとっては嫌悪感を覚えるものである。

　ヒツジ一頭を丸ごと調理し，客人に一番おいしく貴重な脳みそを勧める中央アジアの遊牧民族のもてなしや，アジア，中南米，アフリカなどで多くの人々に一般的な食品として食べられていて，昨今では気候変動を遅らせる代替のタンパク源としても注目される昆虫食などに対し，抵抗感を持つ日本人は少なくないだろう。異なる文化を持つ人たちについての知識を得ること，思いもよらない調理法や食材に遭遇した場合には，どのようなことを意識すべきか，考えておくことが大切である。

（2）異なる食文化を持つ他者とつながる可能性

1）宗教と食物禁忌

　世界には，様々な宗教がある。国民のほとんどが同じ宗教の場合もあれば，一つの国の中に様々な宗教が混在している場合もある。日本では，宗教を信仰している人もそうでない人もいる。

　宗教とは，万物の命について考え，人の生き方について追求することに本質をおく。人の命は食べる行為によって成り立っており，食べる行為は，他の動植物の命を頂くことにほかならない。

　人は，命を支えてくれる食物や食事に特別な力を感じ，神聖な意味合いを持たせてきた。そのため食は，宗教と深く結びつく部分がある。神への供物を会衆で飲食する直会，キリスト教の聖餐式に用いられるパンとぶどう酒などがその一例である。

表 1-2　宗教による食物禁忌の一例

宗　教	禁じられている飲食物
イスラーム教	豚肉，アルコール類，血液
ヒンドゥー教	すべての食肉（特に牛肉）
ユダヤ教	豚肉，うろこ・ひれのない魚介類（エビ，イカ，ウナギ等），血液，1回の食事で肉と乳製品を一緒に食べること

　一方，宗教や習慣に基づきある種の物を食べない場合がある。これらは食物禁忌とよばれる（**表 1-2**）。食べる行為，食べない行為のどちらもが，食の文化なのである。

　厳しい食物禁忌があり信者の人口が多い宗教は，イスラーム教，ヒンドゥー教，ユダヤ教である。イスラーム教徒（ムスリム）とユダヤ教徒は，豚肉を食べることが禁じられている。他にも食べることが許されない物や，動物を加工する際のルールが細かく決まっている場合がある。また，ムスリムには断食という食のルールも課せられている。ヒンドゥー教では，牛肉・豚肉だけでなく，肉全般を食べない人も多い。

　ヨーロッパやアメリカ大陸に信者が多いキリスト教は厳しい制限のある宗派も存在するが，基本的に食の禁忌はほとんどない。

　仏教では，生き物を殺し傷つけることを禁じた教えがある。そのため日本の僧侶の中には，肉や魚を食べない人もいる。また，葬式など冠婚葬祭に仏教がかかわるときに，植物性食品だけで献立を立てた精進料理が提供されることがある。現在，宿坊などで精進料理を体験できる寺院があり，海外の観光客に人気である。

　宗教ごとの厳しい食物禁忌は，不便なことも多いように思える。しかし，自分が信じる神の教えに沿った食事からは，宗教を同じくする仲間とのつながりを深め精神的な安定がもたらされる。地域社会の中では，食の宗教ルールも共有されるので合理的な食品の供給が行われている。

　国際的な交流が増え，食物禁忌が実行できなくなったときに確執が起こりやすい。日本のように宗教的な禁忌がほとんどない場合でも，正しい知識を持つことが必要である。

第2節　食文化の多様性

1．人類の歩みと食物

（1）ホモ・サピエンスの食

地球上のすべての生命は，「誰が何を食べ，誰によって食べられるか」という関係にある。この関係は一般に食物連鎖とよばれる。食物連鎖の出発点は植物である。植物は生態学的な地位では生産者とよばれ，太陽エネルギー，水，二酸化炭素，窒素，ミネラル成分から次の連鎖段階で食べ物となる植物自身を作り出す。この植物を利用するのが第一次消費者の草食動物で，草食動物をとらえ食べるのが第二次消費者の肉食動物である。肉食動物の中でもより高次の消費者が存在する。魚を食べるアザラシ（第二次消費者）を捕食するシロクマなどがそれにあたり，第三次消費者という。この循環の輪を閉じるのが，バクテリア，菌類（キノコなど），昆虫といった分解者である。動植物の死体や排泄物を分解して，食物連鎖中の動植物が利用できるような栄養素にしてこの循環に戻す。

　人間もこの食物連鎖の中の一員である。ただし，人間は多くの他の生き物とはやや異なるニッチ[*1]を持つ。人間は雑食動物であり，例えば，野菜サラダを食べるときには第一次消費者である植物食性動物となり，豚の生姜焼きを食べるときには第二次消費者である肉食動物となり，マグロの寿司を食べるときには肉食動物も食べてしまう第三次消費者となる。これは，人間が食物連鎖の循環を乱すことにつながっていく。

　食物連鎖では同じニッチを持つ動物同士は競争関係にある。例えば，アフリカの草原に住むライオンやチーター，ハイエナにとってレイヨウは捕食の対象となる草食動物であり，ライオンらは競争関係にある。一方で，ライオンらは植物は食べないので，同じ食料資源をめぐってレイヨウとは競争関係にはない。これに対して，人間は植物も食べることから，同じ植物を食べる草食動物と競争関係となるし，草食動物を食べることから，肉食動物とも競争関係となってしまう。こうして人間は食物連鎖の中で異なるニッチにある動植物を消費することにより，食べる・食べられるの安定した循環をかき乱す歴史を作ってきたのである。

（2）食料獲得の技術

　人間は，生物学的にホモ・サピエンス（*Homo sapiens*）という1つの種である。最近ではホモ・サピエンスの出現は約30万年前にさかのぼるという研究結果があり，約20～30万年前にアフリカで誕生し，その後，十数万年以上かけて地球上に拡散していった。ホモ・サピエンスは，より発達した知能，洗練された道具の使用，高度な言語能力といった他のホモ属の種とは異なる特徴を持ち得たことで，地球上の至る場所での自然環境に適応し現在まで生存することを可能にした。

　人間が属する霊長類の多くは草食に適応している。草食に適応した動物は食物

*1　ニッチェとも（英：niche）。生態学的地位と訳されることが多い。生存のために必要な食料や栄養素が異なる生物同士の位置関係。ニッチが異なる生きものは食べ物を直接奪いあうことはない。

の消化に費やす時間の割合が生活時間の中で大きい。植物は消化に時間がかかる
ため，巨大な消化器官で時間をかけて消化し，生命の維持や成長に必要な栄養素
を得る必要がある。そして，消化器官を動かすために大量のエネルギーが必要と
なる。食べるために食べるという皮肉のような状態が草食動物の食生活である。
この矛盾を解決したのが肉食への適応である。栄養価の高い肉は短い時間でより
効率的なエネルギー摂取を可能とする。

　ホモ・サピエンスが生まれる以前の人類の祖先は肉食を行うことにより，腸管
を含めた消化器官を小さくし，余ったエネルギーを別のこと，具体的には脳を大
きくするために使うことを可能にした。

　これを進めたのが火の使用である。火を用いた加工は，肉の消化をよくすると
ともに腐敗をおさえ，人間の祖先が栄養価の高い肉にありつく機会を増やした。

　また，火による加工で柔らかくなった肉を食べることで，肉食動物のような強
大な顎や牙が不要となり，顎を動かすための筋肉も退化し側頭部へかかっていた
負荷が弱まり，頭蓋骨の拡大が可能になった。そのことが脳容積の拡大と発達を
進めた。化石人類の脳容量の変化を見た場合，ホモ・ハビリスからホモ・エレク
トス，ホモ・エレクトスからネアンデルタールへの間には脳容量の顕著な増大が
見られる。

　植物食と肉食の両方に適応したホモ・サピエンスは，食料資源を野生の動物や
植物の狩猟と採集とによって獲得した。石器を使い，狩猟や肉の加工を可能にし
たため，増大した脳容量は石器の製作技術をさらに進歩させた。また，移動する
動物を狩猟，捕獲するために，人類は動物を追跡する能力を必要とするように
なった。1 頭あたりから得られる肉量が多く，カロリーやたんぱく質，その他も
含め，栄養価が高い中大型の草食動物は，餌となる植物の季節的なうつろいも手
伝い，広大な空間を移動する。こうした動物を追跡しながら，ホモ・サピエンス
は移動し，地球上の分布域を広げていった。植物が十分には育たない高緯度地域
や乾燥地域では動物性資源に頼り，より湿潤な地域では植物性資源を利用した食
生活を 20 万年続けたのであった。

（3）食料の生産

　長い狩猟採集の生活に終止符を打ったのが，野生植物の栽培化と野生動物の家
畜化，それにともない始まった農耕と牧畜による食料の生産である。

　農耕が始まった時期と場所には様々な説がある。早い地域では完新世[*2]の初
期から前半（10,000～7,000 年前頃）に，遅い地域では完新世の中頃（4,000
年前頃）までに栽培植物が作られるようになった。世界中で現在よく食べられ
ている小麦は西アジアで，稲は中国の長江流域，アワとキビは黄河流域，トウモロ
コシは中米，ジャガイモは南米で作られ，最近では，日本列島で縄文時代に大豆
や小豆，ヒエが作られた可能性があり注目されている（図 1-1）。

　牧畜はその起源地や時期以上に，牧畜の目的が人間の食生活を考えるうえで重
要となる。人間がこれまで牧畜の家畜としたのは，羊，ヤギ，豚，牛，馬，ラク
ダ，リャマ，アルパカなどで，必ずしも肉の利用だけが目的とはなっていない。

＊2　地質学的研究に基
づいた時期区分で，最後
の氷河期が終った約
11,700 年前以降の時代。
現代も含まれている。

図 1-1　栽培植物ごとの農耕起源地

特に羊，ヤギ，牛，馬はその乳の利用が盛んである。野生動物から搾乳して乳を利用することはほぼ不可能であり，牧畜の開始によって，人間の食生活には乳製品という新たな食品が加わることになった。

　農耕と牧畜の開始は，それまでの狩猟，採集に依存した生活に比べて安定した食料の供給を可能にした。季節性のある植物資源やそれを必要とする動物をおいかけて移動する生活から，定住する生活への移行を進め，集住した，より大きな社会を作るようになっていった。余剰生産された食料は保存されるとともに，それが富みとして蓄えられるようになり，やがて社会の中の貧富の差を生み出した。また，食料生産やその他の技術や知識が継承，発展し，社会の拡大とともに文明を生み出す基盤が作られた。

　また，栽培化と家畜化，それから発展した農耕と牧畜によって生産された栽培作物と家畜は人間の食生活を均質なものに変えていったことにも注意しておく必要がある。現在，トウモロコシ，米，小麦，大麦が世界のすべての穀物生産高の約9割を占め，マメ科の農作物では，大豆，エンドウ，レンズ豆がほぼ独占した状態で生産されている。家畜では約50種類の中大型草食性哺乳類のうち，十数種類の動物が家畜として選択され，羊，ヤギ，牛，豚が食料生産にかかわる優先種で，家禽[*3]ではニワトリ，七面鳥，アヒル，ガチョウがその大多数を占めている。

＊3　肉，卵，羽毛などを利用するために飼育する鳥。

　交易や移動を通した異なる地域で生産された食料の交換は早くから行われていたが，コロンブスによる新大陸到達以降，ヨーロッパ，アジアなど旧大陸と南北アメリカの新大陸との間で食料となる動植物の移動が生じた。現在のヨーロッパではあたりまえのトマト，ジャガイモ，トウモロコシなどをはじめ，パイナップル，落花生，トウガラシなど多くの作物が新大陸から導入された。一方，ヨーロッパから新大陸には小麦や豚などが持ち込まれた。動力船や航空機による輸送技術の進歩，食品加工や保存の技術の進展は食料のもととなる動植物だけでなく，食料そのものが生産地とは無関係に世界中で流通するようになっている。

2．自然環境と食の多様性

　生存限界をこえる極寒地域や高山帯，極度の乾燥地域を除き，地球上のあらゆる地域に人間は居住域を広げてきた。その結果，乾燥・湿潤，高地・平地，森林・草原，河川・海といった様々な自然環境に適応し，その土地に応じた食生活を育んできた。

（1）乾燥地域の食生活

　降水量が少ない乾燥した地域では植物の繁殖が制限されるため，農耕や採集が容易ではない。こうした地域では一般的に狩猟や牧畜，遊牧を通して食料を獲得し肉類や乳製品を中心とした食事をとることが多い。

　乾燥地域における食生活の１つの特徴は，水不足や乾燥条件にも耐える，弾力性のある植物性食品を取り入れてきたことで，アンデス地域のキヌアやエチオピアのテフを例にあげることができる。テフを製粉し水と酵母を加えて発酵させて作るインジェラはエチオピアの国民食ともよばれている。また，スイカは食料としてだけではなく水分をとるための作物として乾燥地域で盛んに栽培されている。

　果物，野菜，肉が天日干しにされたり，塩漬けや燻製，発酵による保存が行われるのも乾燥地域の特徴である。中東や北アフリカの乾燥地帯ではナツメヤシ（デーツ）が天日乾燥されたうえで保存食とされてきた。ナツメヤシはエネルギー量が大きく，乾燥地帯の遊牧民にとって乳製品とともに日常的な食事の重要な位置を占めてきた。また，乾燥保存したナツメヤシは，砂糖やアルコール，ソースの原料や製菓原料として重要な交易品とされてきた。

　乾燥地域では水分を節約する調理方法が工夫されることもある。日本でもよく知られるようになったモロッコのタジン鍋（**図1-2**）は，底があまり深くない陶器の鍋に円錐形の蓋がついたものである。加熱すると，食材から出る水蒸気が蓋の上部で冷やされて凝集し，水滴となって食材へと落下し，食材に含まれる水分だけで蒸す調理を可能とする。

（2）湿潤地域の食生活

　湿潤な地域では植物が生育しやすく，農耕が可能となり，野生植物や農産物を食料として利用することが可能となる。同時に野生植物は草食動物の餌となることから，狩猟や牧畜による動物資源の利用も盛んとなる。また，湿潤な地域では河川や湖沼ができやすく，魚介類を中心とした水産資源も重要な食料となる。

　日本列島は南北に長く亜寒帯から温帯，熱帯と気候上の地域差がみられるが基本的には湿潤な環境である。そうした地形的な特徴と四季の変化に応じた食料

図1-2　タジン鍋（ウィキメディア・コモンズ）

資源の供給とそれを活かした食生活がみられる。

　多くの平野部では水田が作られ，稲が栽培されてきた。元々水田は低湿地帯を中心に造成されていたが，灌漑や用水路を造成する技術の発達とともに河川や湖沼からの水源を利用するようになり，水田の面積は拡大した。河川や湖沼だけでなく，そこからの水を利用した水田でもコイやフナを中心とした淡水魚の漁労（ぎょろう）が行われていた。こうした淡水魚は捕獲してすぐに食べてしまうだけでなく，米を使ってなれずしにして保存食にされた。

　収穫の終わった水田には麦やナタネが植えられたり，タマネギや白菜，大豆といった野菜や豆類の栽培も行われてきた。水田稲作を行ってきた地域の周辺には，標高が数十mから数百m程度の里山とよばれる二次林[*4]が発達し，ゼンマイやワラビといった山菜の採集やシカ，イノシシ等の恰好の狩猟の場とされてきた。

　水田稲作には適さない山間部ではアワやヒエ，ソバといった雑穀が焼畑で栽培され，サトイモやヤマノイモ（自然薯（じねんじょ））等の根菜類の畑作が行われてきた。山間部の渓流や湖ではヤマメやイワナ，マスといった淡水魚の釣漁が行われ，煮炊き等の生活に必要な炭を作る炭焼きも冬季の生業の1つとして重要であった。

　海沿いの地域では，海岸部における貝類の採集，昆布やのり，牡蠣等の養殖，沿岸部での漁労によって海洋資源の利用が盛んに行われてきた。

　このように湿潤でかつ地形的な多様性をもつ日本列島では多角的な資源利用に基づく食生活の組み立てを可能としてきた。一方で，同じように湿潤な地域が同じようなものを食べ，同じような食生活をしているとは限らない。

　例えば，日本よりも低緯度にあり，赤道が通過するインドネシアは日本同様に水田稲作が盛んであり，海に面していることから魚介類の消費量も多い。しかしながら地域性や経済条件，さらには宗教的理由からインドネシアの国内における食生活は多様で，同じようにコメ食が盛んで湿潤な日本とインドネシアの食生活はかなり異なっている。

　インドネシアで栽培されている米は水田で栽培されている点では同じであるが，日本で栽培されているジャポニカ品種ではなくジャバニカという品種が多い。ジャバニカはジャポニカよりも粒が細く粘り気が少ないため，日本と同じように白米のご飯で食べるよりは，ごはんと具材を炒め合わせて調味料で味つけをして炒めるナシゴレンのような料理にして食べられることが多い。

　白米で食べる場合も，香辛料を効かせたサンバルという濃いめのソースに鶏肉や魚介類を合わせながら食べる。インドネシアはクローブの原産地でもあり，年間降水量が2,000 mmを超えるような条件が栽培に適しているコショウ，ニクズクといった他の香辛料の産地でもある。したがって，サンバルに必要な香辛料の種類も多い。

　また，インドネシアの食の1つの特徴は揚げ物の種類が多いことである。図1-3は大豆を発酵させたテンペ，鶏肉，魚，エ

図1-3　ナシチャンプル（ウィキメディア・コモンズ）

ビなどを油で揚げて調理したものにサンバルを和えてご飯と一緒に食べるナシチャンプルである。このときの揚げ物に使われる油にはインドネシアで生産量の多いアブラヤシからとれるパーム油やココナッツオイルが使用される。

（3）高地の食生活

高地の気候の特徴は，標高が高くなるにつれて気温が低く，大気が薄くなることから，一般的には乾燥していると考えてよい。したがって，植物の生育のみならず野生動物の生育にもあまり適さない。これらの地域で食料資源となるのは，耐寒性と耐乾性のある動植物，もしくは他所から持ち込んだ食品となる。

穀物では小麦よりも低温や乾燥に強い大麦やその変異体で揉むだけで穀皮が簡単にはがれる品種のハダカ麦がチベット地域で栽培されている。最近，日本でも健康食品として知られるようになったキヌアは南アメリカの高地アンデス地域で栽培化された栄養価の高い穀物である。また，標高が高い地域では乾燥させた食品が利用される。アンデス高地では生のままでは保存が難しいジャガイモを乾季である6～7月ごろの昼夜の寒暖差を利用して作る。屋外にジャガイモを出し，夜に凍結させ昼に解凍させたジャガイモから水分を押し出し，水分が抜け切るまで乾燥させる。チューニョとよばれるこの乾燥ジャガイモは数年間の保存が可能であり，乾燥させることで軽くなるので持ち運びがしやすくなるという利点もある。また，水分を抜く過程でジャガイモに含まれる天然の毒素が溶け出すことから毒抜きという役割も果たしている。

農耕以上に高地での食料獲得で重要なのが牧畜によって得られる乳製品である。チベットやブータンではヤクが飼育され，乳製品や食肉の生産に重要な役割を果たしてきた。茶葉にヤクの乳から作ったバターと塩をまぜて煮だしたバター茶は水分，脂肪分，熱量と塩分を効率的に補給でき，暖も取れる優れた飲み物である。また，燃料となる木材が少ない高原地域ではヤクの糞を乾かして燃料として用いる。一方で，アンデス高地ではリャマやアルパカといったラクダ科の家畜が荷物の運搬や毛の採取に用いられてきたが，乳製品の利用はほぼ行われてこなかった。これは，高地に住む住人が低地で生産されたトウモロコシを交易で入手することが可能であり，家畜の生産する乳製品に頼る必要はなかったからである。高地という同じ環境条件でも地域によって食生活における家畜動物の役割が異なるのである。

気候や風土の違いは，人間が食料資源を得る手段に違いを生じさせ，食生活に大きな影響を与えてきた。人間は環境に適応しながら，その地域にあった食生活を育んできた。一方で，同じような自然環境のもとでも，別の環境要因や交易による外部との関係によって，異なる食生活が生み出される。

3．社会の多様性と食

（1）料理と人間

人間は他の生き物と同じように自然環境から得られる食料によって生存してきた。しかしながら，人間の食べるという行為には他の生き物にはない特徴がある。

　それは，人間が自然環境から得られる食べ物をそのままのかたちで消費するだけでは満足しなかったことである。料理することによって食べられないものを食べるものにし，まずい味のものを美味しい味のものに変えて食べるようになったことである。

　料理の起源がいつどこにあったのかは考古学や歴史学の分野をはじめ多くの人たちによって議論されてきた。そのきっかけについての最もわかりやすい説明は，「そうしなければ食べ物を食べることができなかったから」である。

　高地アンデスの乾燥ジャガイモを作る過程で天然の毒素が脱水時に一緒に除去されることを紹介したように，植物には食べると有害となる毒素が含まれている場合がある。これは野生植物において顕著であり，毒素や食べると不快になる成分を自分の体に含むことによって外敵から捕食されることを防いでいるのである。人間は有害な物質がある野生の植物を食べるための加工方法を工夫してきた。例えば，日本ではワラビ等の山菜を食べる際には，わらや木から作った灰をいれた湯であく抜きをして下ごしらえをする。

　肉を食べるときに重要な役割を果たしたのが火である。火の使用は肉類の消化を助け，殺菌効果を持ち，食中毒の危険性を大幅に軽減する役割を果たした。さらに，加熱によって溶解性のうま味を持った物質やアミノ酸が溶け出して芳香が加わり，肉の生臭さが消えるとともに，脂肪分が肉の表面を滑らかにし，肉は口当たりのよい食べ物となる。もちろん植物を食べる際にも火は肉のときと同様に働く。でんぷんは熱の作用によって糖に分解され，甘味を持つ消化のよいものに変えられる。

　野生の植物の毒抜きや肉を食べやすくするといったことから，料理は農耕が始まる以前の狩猟，採集の時代から行われていたと考えるのが適当であろう。日本では縄文時代に多様な野生の動植物が利用されていたことや，世界の中でも調理に使ったと推定される土器が作られたことをあわせ考えた場合，早い時期から日本列島には煮炊きをともなう料理が存在していたことがうかがえる。

　また，火を使った料理は食べ物の味を変えた。人間は，甘味，塩味，酸味，苦味，最近ではうま味もこれに加わっているが，これらの味覚域で心地よく感じるように食べ物の味を変える工夫を繰り返すのも料理の持つ重要な要素である。さらに，味覚だけでなく，嗅覚，温感，口腔や咽喉の触感，知覚も食べ物への人間の態度を大きく左右する。これには以前に食べたものの体験をもとにした想像力を働かせることも大切になってくる。

　このように料理には様々な過程とそれにともなう役割が含まれることが理解でき，以下のようにまとめることができる。

①食べ物の物理的な改変

　これは食材をそのままの形で食べるのではなく，料理をしやすい大きさや状態，食べるときに口にいれやすい大きさに変える過程である。動物を屠った場合に毛を削ぎ落したり，鍋にあわせたサイズに切ったりすることもこの過程に含まれる。

②食べ物の物性的な改変

　これは火を使ったり，水やお湯に溶かしたり，発酵させることによって，食べ物の物質的な性質を変化させることである。

③食べ物への魅力の付加

　①や②の過程では食べ物は文字通り食べられるようになっているが，それらに味つけしたり，異なる食べ物を組み合わせることによって食べ物をより魅力的なものにすることである。

④食べ物の運搬や移動

　できあがった食べ物を実際に食べる場所へ運んだり，食べる場所へ移動することである。

⑤食べ物の計画的な利用と伝達・伝承

　①から④までの過程は食べ物になる動物や植物が目の前にあるから行われるものではない。むしろ，あらかじめ，食べるもの，食べる時間，食べる場所，食べる人が決まっている計画性や目的性が強い。また，作るたびに異なる料理が作られるわけでなく，食材にあった調理法や味つけ，組み合わせや配置が決められた規則性が料理には存在する。この規則性は料理を作る者の間で口頭や見よう見まねで伝えられるだけでなく，文字化され，レシピや料理本，最近ではSNS[5] といったオンライン情報として共有されていく。

　また，人々の嗜好，料理を食べる目的となる饗宴（きょうえん）や分配の様式，信仰等による食の規制が食べるものやそれらの食べ方を社会的に規制し，それに適した料理が作られる。この規制は継承され，それぞれの社会の中で食事のルールとして確立していく。

（2）　食事とマナー

　食事を構成する要素には，食べるもの，食べる時間，食べる場所，食べる人といったものがあり，それぞれの要素の内容も多様である。例えば，食べるものには食材，調理の方法などが，食べる時間には時期や1日の中の時間，冠婚葬祭や正月や誕生日といった年中行事，食べる場所には自宅や友人の家，フードコートや高級レストラン，食べる人には個人，家族，友人，知らない人同士が含まれる。

　これらの要素が組み合わさった食事をさらに複雑にさせるのが，どう食べるのか，すなわち食事のルールやマナーの存在である。

　マナーとは，人と人とのかかわりの場面でとるべきとされるふるまいや作法のことである。食事のマナーとは食事を構成する要素にあわせた自分自身のふるまいや食べ方である。多くの場合，誰かと一緒に食べるとき，自分が食事をしている空間に自分以外の人間が居合わせた場合にそれらの決まりごとを守る必要が生じる。ナイフとフォークでカチャカチャと音をたてたり，パスタを食べる際に吸い込む音をたてることがはばかれるのは，食事の空間や食べているものにあわせたマナーを知っていて，それを守ろうとするからである。また，自分だけで食事をする場合にもマナーを意識することがある。例えば，料理を作った際には皿や碗に盛りつけをし，テーブルや座卓で座って食べないとなんとなく落ち着かな

* 5　social netwarking service の略。

かったりするのは，食事のとり方についてのマナーが習慣として身についているからである。

　一方で，こうした食事のマナーは，地域や文化的な背景によって異なる場合がある。例えば，先に述べたようにパスタを音をたてて食べるのはマナーにそぐわないが，日本ではそばを食べるときには少しくらいの音をたてても許容される。

　この二つには，禁止されるマナーと許されるマナーという違いがある。禁止されるマナーを知らなければマナー違反となり，食事の席をともにしている人との関係が悪くなる。結果的に，食事が楽しいものから不快なものになる。食事のマナーを知り，理解することは，それぞれのマナーを持つ人たちと食事をともにすることも含めた共生に不可欠なものである。

（3）手食，箸食，ナイフ・フォーク・スプーン

　食事には様々なマナーが存在し，マナーが作られた理由や作られてきた歴史が存在する。身近な例として，どのように食べ物を口に運ぶかを例にとってみよう。

　食べ物を口に運ぶ最も単純な方法は，食べ物を直接手にとって口に入れる手食である。現在では手食はヒンドゥー教やイスラーム教の信者が多い地域，サトイモやヤムイモといった根菜が主食となっている地域に多くみられる。手食は，一度に口に入れる食べ物の量や味つけを調整するのにも便利な食べ方である。また，きれいに洗った自分の右手が宗教的にも衛生的にも最も清潔であることが保証されるので，ヒンドゥー教やイスラーム教の信者にとっては右手が最も安全で安心できる食具といえる。また，手食といっても手の平全体でわしづかみするような食べ方はマナー違反であり，右手の親指，人差し指，中指の第二関節くらいまでを使って，一口で食べられるサイズの食べ物を整えて口にするのが品のよい食べ方とされている。また，手食をする社会では極度に熱い料理は手で持てないので避けるなど，食べ方は料理の作り方にも影響を与えることになる。

　箸は指の動きに合わせて挟む食べ物の大きさを変えることができる。また，口にいれるまでは食べ物にふれることはないため，加熱調理した熱いものを食べることも可能である。

　箸は日本や朝鮮半島，中国といった東アジアを中心に使われてきた食具である。大きな皿から食べ物を直接取る習慣があった中国では長い箸が使われてきたが，銘々に食べ物が配膳される日本では，短い箸を使う習慣が根づいてきた。

　中国や韓国では個人用の箸を使う習慣はほとんどみられないが，日本では家庭の中で個人の使用する箸が決められたり，夫婦でサイズの異なる夫婦箸を使う等，社会の中でのジェンダー観や個人観が反映される部分もある。また，食膳での箸の置き方は日本では横向きに置くのに対し，中国や韓国では匙とともに縦置きにするなど，同じように箸を使う国や地域でも使い方やマナーには差がみられる。手食が指先の一部を使うことがマナーであるように，箸食でも先端をうまく使う共通のマナーがみられる（p.113，**図3-26** 参照）。

　欧米では食事を基本的にナイフとフォークで行う印象が強いが，これらの地域でナイフとフォークが普及し始めたのは17世紀以降であり，それまでは手食で

食事がとられていた。13 世紀のはじめに作家兼詩人のボンヴェシン・デ・ラ・リーヴァが書いた『食卓での 50 の礼儀』では，スプーンとナイフ以外に食具はなく，大きな食器から好きなものを手で取って食べ，ワインは大きなジョッキに注がれ，二人以上でも飲むことができたとあり，今の様子とはずいぶん違っていたことが理解できる。

　西洋の食事の風景は時代や地域で大きく変化し，個人用の皿にナイフとフォーク，スープのためのスプーンを使った食事という一般的な食べ方は 19 世紀以降の比較的新しいものである。こうした西洋料理の食事の様式は，イギリスやフランス，オランダといった国々のアジアやアフリカにおける植民地支配の影響で世界に広がっていった。東南アジアの食具はフォークとスプーンが一般的であり，麺を食べるときだけ箸を使うという習慣にはこうした歴史的な背景が存在する。

(4) 現代社会の多様性と食文化の意義

　人間が地球上のあらゆる場所に進出し，それぞれの地域の自然環境から得られる食べ物を利用し，長い年月をかけて育んできたものがそれぞれの土地や地域の食文化である。もちろん，これらは地域に閉じたかたちで生じたものではなく，交易や情報の交換といった外部社会との相互作用もあいまって作りあげられたものである。

　一方で，現代社会における人，物，情報の劇的な移動や流通は地域社会で成立していた食文化や食事にも大きな影響を与え，今後も与え続けるだろう。グローバル化や移民の増加は，異なる国や地域への食文化の広がりをこれまで以上に促進し，多様な料理や食材の広がりは場所や季節を選ばない食事を人間に選択させることを可能としている。また，健康への指向や動物の福祉といった多様な価値観と知識の蓄積は，ベジタリアン，ビーガン*6，グルテンフリーといった特定の食事スタイルを人々に選択させるようになっている。また，現代社会における食の情報は SNS のような個人間のコミュニケーションにより瞬時に広がり，新しい食事のスタイルや食品を人々が知る機会が以前に比べてはるかに多くなっている。地元の食材や伝統的な料理，地域の食文化の保護や再評価が行われ，食の多様性も尊重されているようにみえるし，個人や NPO（非営利組織）がこうした取り組みに参加し，下支えをするような状況も生まれている。

* 6　ベジタリアンとビーガンの違いについては，p.26 を参照。

　そうした中にあって，貧困を原因とし家庭で食事がとれない子どもがいるにもかかわらず，おびただしい量の食品が廃棄される食品ロスの問題という矛盾が生まれている。食生活が主な原因となる肥満，糖尿病，高血圧，心血管疾患などといった生活習慣病に関する健康問題など，簡単に解決できない諸問題も山積している。

　生理的，社会的，文化的，歴史的にみて，食生活ほど重要で人間の根源的な存在にかかわっているものは他にはないといえる。

　私たちは食生活の価値を問い直す時期に生きている。

第3節　食文化の伝播と変化
ーグローバル化とローカル化ー

　それぞれの地域の食は，長い歴史の間，その自然環境の中で生まれ培われてきたものであると同時に，他の地域からの影響も受けてきた。外部から新たな食材や調理法，さらには食事マナー，栄養や健康などに関する考え方や知識などがもたらされて，地域の食を大きく変えることは多い。そうした変化はどの時代でも起きているが，ここでは，特にその動きが急激に大きくなった近代以降に焦点を当て，その複雑な様相や背景について考えてみたい。

1．権力・支配と食の変化

（1）日本の食文化への外からの影響

　まず，私たち日本の食卓をみてみよう。今ではパン食が増え，パスタ，餃子や麻婆豆腐など，様々な外来の食や料理が外食だけでなく家庭でも作られるほど浸透している。ただしこうした現象は，生活が豊かになり市場のグローバル化が進んだ現代になって始まったわけではない。例えば「洋食」とよばれているものは，幕末から明治時代にかけて西洋の食文化が入り込み，それが日本でアレンジされながら発達したもので，カツレツ，コロッケ，カレーライスなどがその代表例である。それまで日本では獣肉食が一般的に忌避されており，当初は牛肉・豚肉などを使う西洋料理には抵抗があった。しかし，明治政府が国民の体格向上のため肉食を奨励し，明治天皇が自ら進んで牛肉を食したという報道などのおかげで，庶民の生活にも次第に牛鍋などの肉食が浸透するようになったという。

　また，少し遡って16世紀以降ポルトガルやスペインとの接触が行われた際にも西洋の食文化との接点は生まれている。それらは当時「南蛮料理」とよばれ，現在でも「南蛮漬け」のように長ネギやトウガラシを使った料理の名称として残っている。こうした香味を使ったり油で揚げたりする料理法はそれまでの日本にはなかった。今では代表的な日本食とされる天ぷらの始まりもここにあり，「天ぷら」の語源は諸説あるものの，ポルトガル語の「調理」(tempero) や，スペイン語の「斎日*7」(templo) だという。そして，今や日本の食文化を代表する寿司も，振り返れば，その起源は東南アジアの山岳地帯で川魚を穀物とともに発酵させて保存する「熟鮓」であり，それが奈良時代に中国を経由して日本に伝わったものである。

*7　穢れを避ける日のこと。よって肉ではなく揚げた魚などを食べる。

（2）コロンブス交換

　このようにどの地域の食も，伝統的といわれるものでさえ，その成り立ちには外部との接触を無視することはできない。しかもその影響は食材や料理だけでなく，箸が日本に中国から4世紀頃に伝わったように，食器や調理器具，食のマナーなどにも及ぶ。こうした伝播や交流は世界中様々な時代に様々な規模・様態で起きているが，その最たるものの1つが，「コロンブス交換」である（p.27参照）。

　15世紀末，ヨーロッパがアメリカ大陸やアジア等に向けて進出・侵略し，人々

の移動が地球規模で活発化するようになると，それにともなって動植物や病原菌を含めた微生物，さらには奴隷や銃などの移動，交流，交換が世界中で始まった。この地球規模の移動や交換は，当時の代表的な探検家コロンブスにちなんで「コロンブス交換」[*8]とよばれ，中でも最も移動し交換されたものの1つが，食物としての動植物だった。特にアメリカ大陸からヨーロッパにもたらされた食物は数多く，代表的なものとしてはジャガイモ，トウモロコシ，トマト，トウガラシ（ピーマンも含む）などがある。一方ヨーロッパからは，それまでアメリカ大陸にはなかった大麦・小麦，羊・馬などの家畜が入植者とともに渡り，人々の食生活を大きく変えることとなった。また，アフリカのコーヒーや，アジアのサトウキビなど，別のルートで世界中に広がったものも多い。

　もっとも，それらはすぐに各地の食文化に浸透したわけではなかった。アメリカからヨーロッパに渡ったトマトは，最初は毒または薬と見なされ，食材として普及しはじめたのは，今ではトマト料理との結びつきが強いことの知られるイタリアでも19世紀になってからである。ジャガイモも，初めは忌避感が強かったが，18世紀後半以降，ヨーロッパ全体での人口増と頻繁な飢饉を背景に，その収穫量の高さから次第に最も重要な食材の1つとなった。ジャガイモは現在，ヨーロッパのどこでも庶民の食卓に根付いている。今では各地の伝統的な食文化とみなされるものも，じつは「コロンブス交換」以降にもたらされたものが少なくない。

（3）支配の目的・道具としての食

　ところで食物の移動や交換は，大航海時代以前からも行われていた。特に香辛料などの異国の希少な食材を求める交易は，アジアやイスラームの商人たちによってすでに広がっていた。珍しい食材は，どの社会でも権力や富の象徴として価値があったからである。そうした中，15世紀，当時力を増してきたヨーロッパの王侯貴族たちが熱帯産のコショウやシナモンなどの香辛料を強く望むようになると，多くの探検家たちがポルトガルによる東回りとスペインによる西回りの双方の航路でインドへと向かい，大航海時代がはじまった。これがコロンブス交換の起こりである。そしてその後は，オランダやイギリスがアジア貿易に進出し，18世紀にはイギリスが覇権を得て，ヨーロッパ列強がアジアを支配するという近代の地勢図が固まっていった（図1-4）。

　こうしてみると，近代世界の権力構図の形成には，香辛料をはじめとする食が大きな役割を果たしていたことがわかる。食は，権力ときわめて密接な関係を持ち，支配の目的や道具にもなり，世界各地の生活を大きく変えることになった。例えば，その1つである砂糖は，ヨーロッパではかつて貴重な食材だった[*9]。しかし，その生産は原産地であるニューギニアをはじめとする南アジアであり，ヨーロッパからはあまりに遠方で，輸送などのコストが高かった。このため，生

＊8　Crosby, Alfred W. The Columbian Exchange: Biological and Cultural Consequences of 1492. Greenwood, 1972

＊9　シドニー・W・ミンツ著，川北稔他訳：甘さと権力 ——砂糖が語る近代史．ちくま学芸文庫，2021

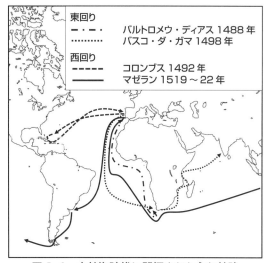

東回り	バルトロメウ・ディアス 1488年
・-・-・	バスコ・ダ・ガマ 1498年
西回り	
- - - -	コロンブス 1492年
——	マゼラン 1519～22年

図1-4　大航海時代に開拓された主な航路

産地をヨーロッパに近づけようと，カリブ海地域などに入植してサトウキビのプランテーションを作り始めたわけだが，そのことが，入植地での労働力としてアフリカから人を連れてくるという奴隷貿易にもつながっていった。

　さらに，こうしたヨーロッパによる世界支配の動きは，ヨーロッパの食文化が世界に伝播する契機でもあった。先に述べた日本の南蛮料理や，幕末からの西洋料理の流入・浸透もその1つだが，その浸透は，被植民地側の社会では支配層から始まることが多かった。なかでも，19世紀ヨーロッパの料理の中でも高級料理として体系化されるようになったフランス料理は，ヨーロッパ以外の地でも近代化とともに各国の正式な晩餐会などに取り入れられた。日本でも明治維新以降，政府などの主催による公式な会食はフランス料理となっている。また，現在の日本におけるパン食の普及にも，その背景には欧米による世界支配という構図が見てとれる。第二次世界大戦直後，食料不足の日本には支援の一環としてアメリカから大量の小麦粉が輸入され，特に子どもたちの健康のため学校給食用のパンとして利用されたことはよく知られている[10]。主婦たちに小麦等を使う料理を教えるキッチンカーという移動式の料理教室も盛んに行われた。ただしそこには，アメリカが当時大量に抱えていた小麦の在庫を放出し，その後も日本をアメリカの市場として利用しようとする意図もあった。私たちの今の食のあり方は，支配や権力の世界史と深くかかわっているのである。

＊10　藤原辰史：給食の歴史，岩波新書，2018

2．人の移動と技術の進展

（1）移民と食

　ここまでは，主に支配権力側からの，いわば「上から」の食の伝播や変化について述べてきたが，「下から」の伝播や変化も少なくない。その1つが移民たちによるものである。

　人の移動はかつてから行われており，それにともなって食も様々な形で伝播していた。ただし近代以降は，交通の発達も相まって，よりよい生活や仕事を求めたり，戦争や迫害などによって土地を追われたりして移動する人々が世界中で急激に増えてきた。彼らは移り住んだ土地の食生活に適応しつつも，そこで移民たちのコミュニティができると，それまでの食生活を続けようとすることもよく見られた。そして，そうした移民たちの食や料理がホスト社会で注目され，その食文化の一部として定着することもあった。日本の中華街もその一例だが，アメリカにおけるイタリア移民の例を見てみよう。

　イタリアでは19世紀後半，国家が統一されたばかりの混乱の中で，多くの人々が働き口を求めて出国した。その行き先の1つがアメリカだった。彼らは，言葉の問題もあり，互いに助け合ってニューヨークのリトル・イタリー（図1-5）などのような移民コミュニティを作ることが多く，そこでしばしばイタリア料理店を開いた。それは当初，自分たちのためであったが，次第に他のアメリカ人にも評判をよび，いまではピザ（ピッツァ）など，イタリア由来の食はアメリカの食文化に深く根付くようになっている。ただし，そもそもアメリカは，ヨーロッ

パだけでなくアフリカ，アジアから数多くの植民者や奴隷，移民たちがやってきて作られた国である。このため，アメリカの食文化自体が，植民の基礎を作ったイギリスを土台としつつ多様な食文化に大きな影響を受けて作られてきたことも忘れてはならない。

図1-5　ニューヨーク　リトル・イタリー（ウィキメディア・コモンズ）

　また，そうしたアメリカにおけるイタリア料理は，けっしてイタリアのものと同じではないことにも注意したい。例えばアメリカのピザは，一般的に具の量や種類が多く，生地が厚く，タバスコをかけて食べられるが，イタリアではそうしたピザはあまりない。ミートボール・スパゲッティも，アメリカで生まれたパスタのメニューである。しかも興味深いことに，これらがさらに他国へ「イタリア料理」として伝播されることもある。例えば日本の宅配ピザはアメリカのそれに似ているが，それはピザがアメリカから入ってきたからである。スパゲッティナポリタンも諸説あるが，第二次世界大戦後にＧＨＱ[*11]のアメリカ兵の好みに合わせて日本人が考案したとする説が有力で，イタリアにはない。そもそもナポリタンの材料の１つ，トマトケチャップはアメリカで考案され普及したが，イタリアでは今でもほとんど用いられていない。食の伝播とは，いずれも伝えられた先でさらに変化が加わりながら行われているのであり，そこからは食の伝播と交流の複雑さが見えてくる。

*11　連合国軍最高司令官総司令部。General Headquarters の略。

（2）交通と技術の発達

　ところで食の伝播や交流は，当然のことながら，人だけでなく食自体が動くことによっても起こる。ヨーロッパがより安価に砂糖を獲得しようと，カリブ海地域にサトウキビのプランテーションを作ったことは先に述べたが，そこで作られた砂糖は，当時産業革命が始まったヨーロッパに大量に流入し，急増していた工場労働者たちの間でも疲労回復のため紅茶やコーヒーとともに摂取する習慣が定着するなど，人々の嗜好に大きな影響を及ぼした。

　もちろん，そうした食の移動は以前からもあった。どの国でも税として徴収した米や麦などを運ぶ道は，陸だけでなく川や海も含めて発達し，そこでは他の食品の輸送も行われ，多くの市場が生まれていた。しかし産業革命期，蒸気機関という新たな動力源を応用した汽船や鉄道が発明されると，比較にならないほど大量の物や人をより短時間で輸送することが可能になった。以降，交通はさらに発達し，今や世界中を覆う輸送網が空路を含めて作られている。私たちはその支えがあるからこそ，世界各地の食を生産地から離れた場所でも入手して食べることができるようになっている。

　とはいえ，いくら交通が発達しても輸送中に食が腐敗してしまう危険性はある。つまり，食の移動にはもう１つ，保存という課題があり，その技術についても，19世紀，缶詰の発明をきっかけに急速に発達した。

図1-6　製缶機械

20世紀以降，製缶機械は急速に発達した。(イタリア・パルマのトマト博物館，著者撮影，2018年)

＊12　とくにアメリカの南北戦争（1861－1865年）や，ヨーロッパのクリミア戦争（1853—1856年）など。

＊13　貯蔵，携行するための食料。

＊14　宇田川妙子：トマトとイタリアの浅くて深い関係，vesta112号，味の素食の文化センター，2018，pp.54-59

＊15　日本の最初の缶詰は，1871年（明治4年）に作られたイワシの缶詰だった。当初，缶詰は主に軍需用や輸出用として生産されたが，1923年の関東大震災後にアメリカから支援物資として缶詰が送られてきたから庶民の生活に缶詰が普及するようになったという。

それまで保存といえば塩漬けや砂糖漬け，酢漬け，乾燥などだったが，缶詰技術はより多様な種類の食をより長期に保存することを可能にした。その原理は，18世紀末，ナポレオンが遠征する兵士のため食を保存する方法を懸賞金付きで募った際に，ニコラ・アペールによって考案されたという。彼は瓶に食品を詰めて煮沸・密封する保存法で懸賞金を獲得した。もっとも，瓶詰は重く壊れやすいという欠点があった。このため，その後すぐイギリスでブリキを使った缶詰が作られると，さらなる改良が行われて機械化も進み，急激に広まった（図1-6）。当時ヨーロッパやアメリカでは多くの戦争＊12が行われており，糧食＊13用としての缶詰の需要が非常に高かったためである。そして戦争後は，軍需用に膨らんだ市場が一般家庭に向けられていき，人々の生活にも急激に浸透していった。現在も缶詰で有名なキャンベルやハインツなどの加工食品会社も，この時期に創立している。

（3）保存食の普及と食の変化

こうした長期保存可能な食品の普及は，人々が，場所だけでなく季節なども問わずに年中食品を手にできるようになったことを意味している。例えばトマトの収穫は夏の一時期に集中するが，それまでの保存方法は乾燥させる程度だった。しかし，缶詰によってより長い保管が可能になり，いつでも，そして交通の発達によってトマトの収穫しにくい地域でも食べられるようになった。先述のように中南米からヨーロッパに渡ったトマトがイタリアで食され始めたのはせいぜい19世紀初めだが，その後，トマト料理が急激に普及していった背景＊14には，トマト缶によって日常的に人々の食卓に上りやすくなったことが影響している。そしてイタリア移民が世界に広がると，その移民用にトマト缶も盛んに輸出されていき，トマトとイタリアのつながりは世界的にも知られるようになっていった（図1-7）。

また，それまで一般の人々の食卓にはあまり上らなかった肉や魚などについても缶詰が作られ，しかも生産量が増えて安価になると，それらの食品も一般家庭に少しずつ入り込むようになった＊15。さらに，スープなどの調理済み食品の缶詰が濃縮技術とともに普及していくと，缶詰は調理の手間を省く食品としても浸透しはじめた。こうしてみると，保存食品の発達は，各地で人々の食の選択肢を増やして豊かにしていったことは間違いない。ただし他方では，それらは工場で一律に作られた製品であるという点で，地域や家庭毎の味の違いを小さくし，その普及は食の画一化を進めたともいえる。食の保存技術は現在，レトルト，冷凍，フリーズドドライなどさらに発達している。そして，こうして産業化した食品は今や世界中に広まっており，私たちは誰もが多様な食を入手できるようになっている。一方で，その中身はグローバル規模で画一化している側面があることも否定できない。

図1-7　20世紀初頭のイタリアのトマト缶（©Museo del cibo.）

3．グローバル化から生まれるローカルな食

（1）グローバル化への懸念

　こうした食の産業化・グローバル化は，現在，その象徴
たるファストフードの企業名をとって「マクドナルド
化」[*16] ともよばれるが，そのあり方には批判も出ている。
現代の産業化した食には，往々にして薬品や肥料等が大量
に使用され，輸送にも多大なエネルギーが消費されている
ことなどから，健康や環境に悪影響を与えるという懸念が
強くなってきたためである。また，世界中どこでも同じ規
格や味という画一性が，食の地域性，その豊かな多様性や
楽しみを奪っていると批判する声も大きい。よって近年で

図1-8　イタリア・スローフード協会の本部入り口に設置されているカタツムリのオブジェ

カタツムリはスローの象徴（イタリア・ブラ，著者撮影，2015年）

は，それぞれの土地で育まれてきた伝統的な食が見直され，地元の食材を積極的
に使用する地産地消などへの関心が世界各地で高まっている。例えば，地域の伝
統的な食を大切にして皆で食事を楽しもうという理念の下，1980年代半ばにイ
タリアで始まったスローフード運動[*17]もその1つであり，今では世界的な広が
りをみせている（図1-8）。ちなみに「スローフード」とは，ファストフードに
対抗する概念として作られた造語であり，この運動のきっかけの1つは，イ
タリアでマクドナルド第一号店が開かれることへの抗議運動だった。

（2）異なる食への関心－情報・知識の流通－

　ただし，グローバル化は食の画一化だけにつながっているわけではない。現代
でも旅行の楽しみの1つが旅先での料理にあるように，特に人の移動は他地域
の食に関する興味を掻き立て，その情報や知識を得る機会になってきた。かつて
から，商人や巡礼者など，様々な目的で旅をする人は少なくない。そして，旅先
で経験した様々な食が紀行文や旅行書等で紹介されると，それらはその土地の
人々にも自分たちの名物料理や名産品として意識化され，積極的に観光化されて
いくようになっていた。

　例えば，今では高級レストラン・ガイドとして有名な「ミシュラン」の始まり
は，タイヤ会社のミシュランが1900年，ドライバー向けのガイドブックとして
刊行したものである。最初は地図や自動車の整備方法などの記事を中心としてい
たが，モータリゼーションが進み自動車旅行が普及し始めた1920年代，レスト
ラン付きのホテルの格付けを始めて，評判をよぶようになった。同様の事例は他
でも見られ，日本でも，江戸時代にはすでに「東海道名所図会」など，街道沿い
の名物料理を掲載したガイドブックが作られていた。また，第二次世界大戦後に
イギリスで活躍した料理作家のエリザベス・デイビッドは，多くのレシピ本を書
いて英国家庭料理に影響を与えたが，その知識は戦時中にギリシャやエジプトで
暮らした経験がもとになっている。彼女が戦後帰国してすぐに出版した『地中海
食の本』は，まだ食料不足が続いていたイギリスに，明るく豊かな食卓というイ
メージの地中海の家庭料理を紹介して，ベストセラーになった。そしてその後も

＊16　ジョージ・リッツア著，正岡寛司監訳：マクドナルド化する社会，早稲田大学出版部，1999

＊17　カルロ・ペトリーニ著，石田雅芳訳：スローフードの奇跡，三修社，2009

フランスやイタリアなどに関する料理本を数多く出版し，他の国でも翻訳され，地中海料理がヨーロッパで広く知られていくきっかけにもなったという。

　近年では，こうした他の地域の食や料理の情報・知識は，そのレシピも含めて，インターネットを通じてより簡単に得られるようになっており，各地の多様な食や料理への関心はますます高まっているといえるだろう。

（3）ナショナルな食，ローカルな食の（再）創造

　そして，こうした外部からの関心や見方が，じつは，それぞれの土地の特徴的・伝統的とみなされる食の形成に大きな影響を与えてきたことも忘れてはならない。例えば，今「イタリア料理」といわれているものもその1つである[18]。イタリアは，先に述べたように海外への移民が急増した19世紀後半，ようやく国家統一を果たしたばかりで，国としての共通性やまとまりはあまり意識されていなかった。食に関しても同様で，今ではイタリア料理の定番であるトマトソースのパスタを食べたことがないイタリア人も，当時は多かったという。ところが，移民先のアメリカで移民たちが開いたイタリア料理店が評判をよび，そこに出されていたパスタやピッツァなどがいつの間にかイタリアを代表するものとみなされていき，そればかりか，そのイメージがイタリア本国にもいわば逆輸入され，イタリア人自身もそれらをイタリア料理として意識化して誇りを持つようになっていったのである。

　同様のことは，他の「フランス料理」「日本料理」など，国の名前を冠した料理（国民料理[19]，国民食ともよばれる）にも，程度の差こそあれ当てはまる。それらの形成には，食に関する外部からのイメージを自らも模倣し強調していくようになった経緯がしばしば見てとれるからである。そもそも，こうした国名を用いた料理の名付け方は昔からあったわけではなく，近代のナショナリズムとともに始まった。近代以降，外部との接触・交流が世界中で活発化してきたからこそ，個々の国や地域の特徴や差違がより明確になり，それを自分たちのアイデンティティの象徴の1つとみなしていくという，ナショナル化やローカル化が同時に起きてきたのである。最近では，2010年の「フランスの美食術」「メキシコの伝統料理」「地中海料理」[20]を皮切りに，自分たちの食文化をユネスコ無形文化遺産にしようとする動きも活発化しており[21]，日本の「和食」は2013年に登録されている（図1-9）。

　そして現在，国だけでなく地方や町のレベルにおいても，それぞれの土地に特有な伝統的食や料理を復興し継承していこうとする運動が盛んになっている。もちろんそこには，そうした食が観光収入等につながるなど，経済効果をねらう思惑や，先述のように地元で作られたものを消費することは環境にも健康にも良いという考え方，さらには食文化の多様性を尊重していこうとする考え方など，他の理由や要因もかかわっている。ただし，それらも含めて，近年のこうしたローカル食への注目はいずれもグローバル化を背

＊18　マッシモ・モンタナーリ著，正戸あゆみ訳：イタリア料理のアイデンティティ，河出書房新社，2017

＊19　西澤治彦編：「国民料理」の形成，ドメス出版，2019

＊20　地中海料理は，2010年にイタリア，スペイン，ギリシャ，モロッコの4国共同で登録されたが，2013年にキプロス，クロアチア，ポルトガルが加わっている。

＊21　野林厚志監修，飯田卓：遺産化する地域料理「世界の食文化百科事典」，2021，丸善書店，pp.636-641

図1-9　地中海料理博物館
2010年のユネスコ無形文化遺産に登録された際に設立された。（イタリア・ナポリ近郊，著者撮影，2018年）

景としており，むしろ，それを利用しながら進展しているといえる。ゆえに，近年注目されるようになったローカルな食は，グローバル化の中で（再）発見・（再）創造されたものであって，それ以前のローカルなものと同じものではないという指摘もなされている。その意味で「グローカル*22」という言葉が使われることもある。

　グローバル化は今後もあらゆる分野で進み，それにともなって食も世界中でさらに変化していくだろう。しかもその変化は，もはや，グローバル化／ローカル化，画一化／多様化という二項対立的な図式で把握できるほど単純ではなく，複雑さを増している。現代社会に生きる私たちが，自分たちの食をあらためて考え直そうとするならば，この複雑さにこそ向き合っていく必要があるに違いない。

*22　global（世界規模，地球規模）と local（地域，地元）を組み合わせた日本で作られた造語。地球規模の視野を持ちながら，地域の視点で問題をとらえ，行動（Think globally, act locally）していこうとする考え方。

第2章 世界の食文化

 第1節　西洋の食文化

1．西洋の食文化の概要

　西洋の食文化は，ヨーロッパならびに北米，カナダ，オーストラリアといったイギリスやフランスの植民地が後に独立した国々で形成された。おおもとになるヨーロッパの食文化は，隣接する西アジア地域との接触や大航海時代以降，より盛んとなるアジアや新大陸との交易の影響が大きく，他の地域から様々な食品や料理法がとりこまれ，形づくられていった。

　ヨーロッパの自然環境は温暖な地中海地域から寒冷な高緯度地域まで多様であり，主食となる作物は，冷涼で乾燥した環境に適応した小麦や大麦，ジャガイモである。

　穀類から作られるパンは西洋の代表的な主食であり，フランスのバゲットやクロワッサン，イギリスのイギリス食パン，イタリアのフォカッチャやドイツのライ麦パンのように国や地域ごとに独特なパンが作られ消費されてきた。

　また，牛や豚，羊やヤギの牧畜が盛んで，肉料理や乳製品が食生活には欠かせない。近代的な冷蔵技術が発達する以前は塩漬け，燻製，乾燥などの技術で肉を保存し，多種多様なハムやソーセージが作られるようになった。乳もバターやチーズに加工され保存された。この過程でイギリスのチェダーやオランダのゴーダ，チーズのイラストでよく見かける小さな気泡をもつスイスのエメンタール，フランスのミモレットのような地域の味が生まれていった。

　ヨーロッパの自然環境が育んだもう1つの食文化が，何世代にもわたって受け継がれてきた果実から作るワインである。ワインはブドウという印象が強いが，温帯地域で栽培されるリンゴや洋ナシ，丘陵地域等で栽培されるチェリーやプラム，時には野生のベリー類の果実から酒が造られてきた。

　こうしたヨーロッパの食文化はフランス語のテロワールという言葉で表現されることがある。テロワールとは「土地の味」という意味で，気候，土壌，地理的条件，食べ物や飲み物を作る人間の営みなど，様々な要素が組み合わさった概念である。自分たちの国や地域がもつ食文化はヨーロッパの人たちにとって非常に大切なものと認識されるとともに，食事が家族や友人との交流の場として重要視され，食事を共にすることで文化や伝統が継承されている。ヨーロッパの人々の食文化への強い関心は，ユネスコの世界無形文化遺産に食文化が認定されるようになった早い時期に，フランス，地中海地域，ジョージア（認定当時の国名はグ

ルジア）の食文化が選ばれていることからもうかがえる。

　西洋の食文化で忘れてはならないのは北米とりわけアメリカ合衆国（以下，アメリカ）の影響である。ハンバーガーやフライドチキン，フライドポテトといったファストフード，ドーナツやコーヒーなどのチェーン店形式での食事はアメリカで誕生し世界にひろがった。食品の生産から流通，製造の過程を機械を導入して合理化，大規模化することで，手軽に同じ品質のものが提供可能となった一方で，消費されなかった食品が大量に廃棄されるフードロスも顕著となった。

　地球規模の環境問題の重要性が高まる中で，ヨーロッパでは持続可能な食品生産や地産地消がより重視され，「食の民主主義」といった言葉も生まれている。アメリカでもビーガン[*1]やパレオダイエット[*2]といった環境や人間の自身の身体と食との関係に強い関心が示され，それが世界の食文化に影響を与えるというグローバルな構造を西洋の食文化が作っている。

2．西洋の食文化の変遷

　ここでは「西洋の食文化」をヨーロッパ中心に解説する。アメリカなども「西洋の食文化」に含まれるが，それはヨーロッパの食が歴史的に変化したものの1つと考えてよい。

　多様な地域からなるヨーロッパはひとくくりにできない。ユーラシア全体から見ると，中央部の乾燥地帯をはさんでヨーロッパは西側の端に位置し，東側の東南アジアや東アジアとは異なる環境的特色を有する。農耕・牧畜の開始以降，ヨーロッパの人々は小麦や大麦などの穀物の生産と牛や羊，豚などの家畜の飼育を通して基礎的な食料を獲得してきた。そうした食文化は家畜から得られる肉類も含め，「麦とミルクのパッケージ」と特徴づけられる[*3]。糖質を供給する穀物（小麦，ライ麦等）とタンパク質の供給源となる乳類・肉類に基礎を置くのがヨーロッパの食文化である。

　一方で各地域に応じた多様な食材もあり，近代以降は，穀物と並んでジャガイモが糖質を供給する食材として普及し，地中海や北海・バルト海では，魚介類がタンパク質源として重要である。野菜や果物なども食生活には欠かせないし，さらに，オリーブ油などの油脂類やスパイス・ハーブ類が調理に必要となる。穀物や果実から作られるビールやワイン，蒸留酒などもヨーロッパの食文化を特徴づけている。

（1）古代から中世

　文字史料等から食文化の情報が得られるのは，ギリシア・ローマといった古代社会の成立以降である。ヨーロッパは地中海を擁する南ヨーロッパとアルプス山脈以北の北ヨーロッパに大別でき，異なる環境下で特徴的な食文化が形成された（図2-1）。

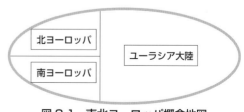

図 2-1　南北ヨーロッパ概念地図

＊1　卵や乳製品を含む動物性食品を摂取しない食生活をとる人。また，それを主張する人。ベジタリアンのさまざまな潮流の中の最も徹底した形態といえる。

＊2　栽培植物や家畜から得られる食べ物を摂取せずに，自然環境から狩猟や採集で得られるものでおくる食事法。現代の食生活が肥満や生活習慣病を引き起こしているという問題意識がもとになっている。栽培化や家畜化が生じる旧石器時代の食生活を想定していることから，パレオ（旧）という名称がつけられた。

＊3　佐藤洋一郎：食の人類史. 中公新書, 2015. p.158

　古代には，地中海世界を支配したローマ帝国でヨーロッパ的食文化の原型が形成される。地中海性気候に適合した小麦とブドウ・柑橘類，オリーブ油に代表されるような植物性の食材を中心とした食文化である。もちろん肉や魚などの動物性食品も食べられていたし，ローマ帝国最盛期には，インドからコショウなどアジア産のスパイスが大量に輸入され，支配階級の人々は贅沢な食生活を送っていた。他方，アルプス以北にはローマ人が「蛮族」とよんだゲルマン人やケルト人が住んでいた。彼らは農耕よりも狩猟・採集に基礎を置いた食生活を送り，乳と肉という動物性食品が重要な食材とされていた。

　農耕に基礎を置き，食の倫理として「節食」や「中庸」を重んじたローマ人からみると，ゲルマン人たちの食は野蛮とみなされた。また，ローマ帝国の支配下で徐々に勢力を拡大し，ゲルマン人たちの間にも浸透していったキリスト教では，肉食はタブーではなかったが，過度の飽食（大食）は罪とみなされていた。また，「最後の晩餐」にちなんで，小麦から作ったパンとブドウ酒は，イエスの肉体と血を象徴する食物とされ，宗教儀式で用いられたオリーブ油とともに神聖視されるようになった。

　古代世界では，これら地中海的な食文化の価値が優位に立っていたが，ローマ帝国の衰退とゲルマン人の進出によって，この両者が融合し「ローマ・ゲルマン的食物規範」*4 に基づくヨーロッパ的食文化が徐々に形成された。

　中世ヨーロッパでは，ゲルマン的な食の伝統を継承した貴族（「戦う身分」）が狩猟で得た肉を大量に消費したのに対し，「耕す身分」としての農民たちは穀物食を強いられるといった食における社会層の格差が拡大した。同時に，南北の地域的格差も存続し，それらはパンの色に現れた。温暖な南の住民たちや北の裕福な人々は小麦で作られた白いパンを食べ，北の貧しい農民は寒冷な気候に適したライ麦などで作られた黒いパンを食べるという格差である。こうした社会的かつ地域的な格差はヨーロッパの食文化の中で存在し続け，「アルプスの少女ハイジ」のような文学作品でもパンの色によってそれが象徴されている。

　11 世紀以降の中世後期になると，地中海を中心とした商業活動が活発となり，アジア産のスパイスや砂糖などが食の変容を促した。ただし，これらは食品というより高価な医薬品などとして最上層の人々を中心に受容された。また，牛馬に曳かせる鉄製の犂の普及や三圃制*5 の導入といった農業における技術革新（中世農業革命）によって，食料供給が安定化した。「祈る身分」である聖職者たちも，彼らが活動した修道院で，当時の先端的な技術によるワインやビールの生産に努め，食文化の発展に貢献した。

（2）「コロンブス交換」による食文化の大転換

　大航海時代以降ヨーロッパ人が新大陸（南北アメリカ大陸）へ進出するにつれ，新旧両大陸の交流が拡大し，ヨーロッパには新大陸原産の新しい食材が導入された。この現象は，時代を代表する人物にちなんで「コロンブス交換」とよばれ，ヨーロッパの食に大きな変化をもたらす（p.16 参照）。

　アメリカ大陸原産の作物で最も重要な食材は，ヨーロッパ北部ではジャガイモ，

*4　マッシモ・モンタナーリ著，山辺規子他訳：ヨーロッパの食文化，平凡社，1999，p.44

*5　耕地を3つに分け，3年周期で1年間休耕させることによって地力を回復させる土地制度。それ以前の二圃制よりも休耕地を減らすことができ収穫量の増加につながる。

南部ではトマトであろう。いずれもなじみのない新奇な食物なので，民衆の間では長いあいだ忌避され，広く普及したのは 19 世紀になってからである。ジャガイモは糖質供給源として穀物と並んで重要な地位を占め，トマトはイタリアやスペインなど地中海地域の料理には不可欠な食材となった。その他，トウモロコシやカカオ豆，トウガラシがヨーロッパの食に影響を与えた。トウガラシは，南イタリアやハンガリーで現地化し，品種改良による辛みを押さえたパプリカとしてハンガリーの国民的料理であるグヤーシュを生み出し，カカオ豆はチョコレートの原料としてヨーロッパの菓子文化に不可欠な存在となっている。

　新大陸原産ではないが，コーヒーや紅茶も「コロンブス交換」による新しい飲料である。東アフリカ原産のコーヒーはイスラーム圏を経由して，また東アジア原産の茶は中国からヨーロッパに導入され，紅茶として近代ヨーロッパ社会に広く普及した。どちらも従来の一般的な飲料と異なり，アルコールを含まず，温かい状態で供され，ヨーロッパ諸国の植民地となった新大陸のプランテーションで奴隷の労働力を利用して安価に大量生産されるようになった砂糖を入れて飲まれた。紅茶を飲む習慣はイギリスとロシアで定着し，コーヒーはフランス，ドイツ，イタリアなどで広まった。国による違いが生じた原因については諸説あるが，貿易ルートの問題も含め複合的な要因が絡んでおり，単純には説明できない。

　甘い飲料を飲む習慣は 19 世紀には中産層から労働者層にまで広がり，例えばイギリスではアフタヌーンティーが国民的アイデンティティとなるなど，ヨーロッパ各国の食文化に不可欠となっている。この近代ヨーロッパを象徴する飲料文化は，ヨーロッパ列強の海外進出にともなってグローバルに拡散し，世界中で定着していった。

（3）近代から現代へ

　19 世紀を迎えると，ヨーロッパの食をめぐる環境は大きく変化する。産業革命以降の農業社会から工業社会への移行，都市化による食生活を含めた生活様式の根本的転換，科学技術の発展による食料生産や食品流通における技術革新などの大きな歴史的変動のもとで，20 世紀へとつながる近代的なヨーロッパ的食文化が成立していった。

　蒸気機関の発明はヨーロッパの食文化の基盤となるパンの生産に影響を及ぼした。製粉やパン生地を捏ねる過程に蒸気力による新しい動力が導入され生産効率が格段に向上した。また，新たな食品の保存方法として 19 世紀初頭に缶詰が発明され，欧米各国で缶詰生産が発展していった。バターの代用品のマーガリンやコンデンスミルクなどといった人工的に開発された新しい工業的食品もヨーロッパの食に様々な変化をもたらした。

　また 19 世紀後半には，人工的な冷却技術が，進化し食品産業の分野で大いに活用されるようになる。ドイツではこの冷却技術によって低温発酵酵母を利用したラガービールの製造が拡大し，一時期衰退していたビール産業が再び繁栄を取り戻した。都市部におけるミルクの宅配事業にも冷却技術は役立った。冷凍船や冷凍貨車といった新たな輸送手段が登場し，肉などの腐りやすい食品の輸送に革

新がもたらされた。南北アメリカからの大量で安価な肉の供給はヨーロッパにおける食生活の向上につながった。

　科学の発展は調理の分野でも革命をもたらした。インスタント調味料の開発がそれである。肉や野菜を長時間煮込んだりする代わりに，うま味成分を凝縮した調味料により短時間で調理を可能にした最初の調味料は，有機化学の父と呼ばれたドイツのリービヒが手がけた肉エキスである。高価な滋養強壮剤として一世を風靡したこの「リービヒ肉エキス」に対し，19世紀末から20世紀初頭にかけてクノール（ドイツ）やマギー（スイス）といった新興の食品メーカーが安価な植物性材料を用いた「スープの素」を開発し市場を支配した。簡便さとスピードが求められる近代的な食生活にとってこれらは不可欠な存在となった。

　他方で都市への人口集中により都市化が進展し，都市的な生活スタイルが発展した。食の領域での変化は，食の外部化や外食の出現といった現象に端的に現される。近代以前の社会では食品の一部は家庭内で加工・保存されていたが，近代の都市ではほぼすべての食品が商品化され，食べ物は基本的に家庭外で購入するものとなった。家庭での調理の一部も外部化され，近代以前は一般的でなかった外食の習慣が都市市民の間で拡大した。外食の場としてレストランが登場し成長していく。レストラン文化もまたヨーロッパの食文化の特色を表すものとなり，ヨーロッパ外の世界へ伝播していく。

　こうした簡便さやスピードを特色とする食文化は20世紀以降さらに急成長する。ヨーロッパからの移民を中心に誕生したアメリカが19世紀末から急激に経済成長をとげ，二度の世界大戦を経て，ヨーロッパに代わって世界一の経済大国となった。アメリカでは大量生産・大量消費，モータリゼーションなどといった現代的生活スタイルが生み出されていった。そうした中で，インスタント食品やファストフードなどに象徴される新しい食文化が誕生する。こうしたアメリカ的食文化は，そのルーツであるヨーロッパだけではなく全世界に拡大し，グローバルな食文化として普遍化しつつある。

3. 西洋の食文化，料理の特徴

（1）食文化の前提条件

　ヨーロッパはおおよそ3つの地域に分けると理解しやすい。民族や宗教を基準とすると，①ゲルマン的・プロテスタント的世界，②ラテン的・カトリック的世界，③スラヴ的・正教的世界の3つとなる。食文化の背景にある自然環境や気候風土の観点からみても同じような3区分となる（図2-2）。①ゲルマン的・プロテスタント的世界に相当するのが西岸海洋性気候の地域，②ラテン的・カトリック的世界に相当するのが地中海性気候の地域，③スラヴ的・正教的世界に相当するのが大陸性気候の地域

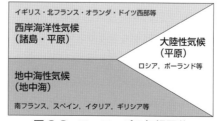

図2-2　ヨーロッパの気候区分

*6　ただし，最近は地球温暖化，異常気象などのためこの地域もしばしば夏に高温になる。

*7　原田信男：コメを選んだ日本の歴史，文春新書，2006，p.18 によると，稲が「現在の技術では（1粒が）2000 粒にもなる多産性の植物である」のに対し，小麦は「1粒から例外的に 500 粒に及ぶ品種もあるが，基本的には 150〜170 粒に過ぎない」とされる。

*8　同じ農地で毎年同じ作物を栽培すると生育不良が生じるという現象のこと。三圃制度は 3 年ごとに耕地を休ませることによってそれを防止しようとするものである。

*9　冷涼な気候ゆえに家畜の飼料に向いている柔らかな牧草が生育するので好都合であり，また家畜の排泄物によって休耕地は地力を回復できた。

である。

　西岸海洋性気候の地域は全体的に湿潤であり，夏は雨が多く冷涼で冬は比較的温暖となる*6。ヨーロッパ大陸を東の方へ移動するにつれて大陸性気候が優勢となる。大陸性気候は寒暖の差が大きく，特に冬は厳しい寒さに支配され，東へ行けば行くほど寒くなる。これらに対し，アルプス山脈の南側の地中海性気候は，夏は高温で著しく乾燥し，逆に冬は比較的温暖で雨が多くなるという異なったパターンを示す。3 つの気候の特徴は各地域の農業や食料生産のあり方に大きな影響を与え，それが食文化の特徴に反映される。

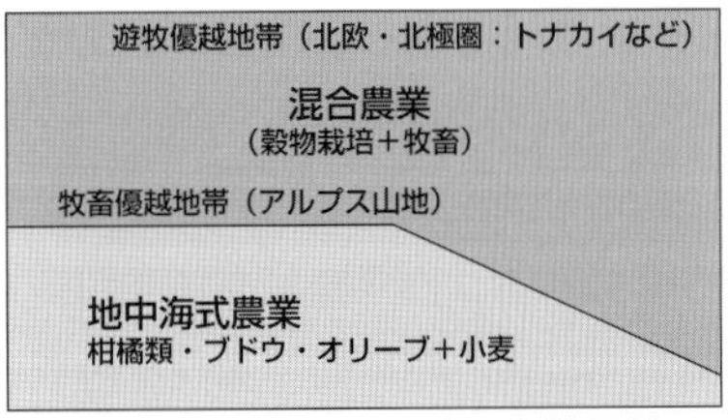

図 2-3　ヨーロッパの農業区分

　農業の特徴は，図 2-3 のようにアルプス以北とアルプス以南で大きく 2 つに分かれる。西岸海洋性気候と大陸性気候の地域では穀物生産と牧畜が組み合わさった混合農業が展開される。アルプス以南の地中海性気候が優勢な地域では，夏に高温・乾燥，冬に温暖・湿潤という気候に適した地中海式農業が展開される。

　混合農業は，中世以来の三圃制農業（p.27 参照）が近代の農業技術の革新に適応して発展した形態といえる。アルプス以北の地域は，夏が冷涼で全体として土地の肥沃度が高くないこと，主な作物である麦類の生産性が稲などに比べて低く*7，しかも連作障害*8 が起こりやすいなど，食料生産の点で，東アジアの稲作地帯などと比べると見劣りがする地域であり，穀物だけで人口を養っていけるような地域ではなかった。そのため休耕地に家畜を放牧して地力を回復させ*9，その家畜の力を利用して耕地を耕すことで生産性を高め，さらに家畜から得られる食料（乳製品や肉類）を貴重なタンパク質源とした。この地域では穀物生産と牧畜は不可分に結びつき，混合農業の特徴として近代以降にも引き継がれていった。

　一方，地中海式農業の場合はまったく事情が異なっている。もともと小麦は冬に雨が降る地中海性気候の地域に適合した作物であり，地中海地域では主食的な地位を占める穀物である。そして夏の間の高温・乾燥という，地中海性気候のもう 1 つの特徴に適していたのがブドウやオリーブ，そして柑橘類である。小麦，ブドウ，オリーブ，柑橘類が地中海式農業における食料生産の大きな特徴となった。

　このような気候風土とそれに影響される農業，食料生産のあり方によって，ヨーロッパの食文化の基本的な特徴が形づくられてくる。

（2）穀類とパン，ジャガイモ

　糖質を供給する食材として，小麦やライ麦などの穀物があげられる。それらから作られる様々な種類のパンがヨーロッパの食を支える重要な要素である。

　小麦は地中海地域の産物だが，現在ではアルプス以北の地域でも広く生産されている。小麦は米とは異なり，粉にしたうえで食用とされる。小麦の外皮が硬く内側の食用にする胚乳部分が柔らかいため，脱穀しようとすると粒全体が粉々になってしまうからである。小麦粉に水分を加えてパン生地を作り，それをイース

ト菌で発酵させて空気を含ませ，その後パン焼き竈などで焼いてパンを作る。小麦粉は色が白いので白パンとなる。ヨーロッパではこのように発酵させたパンが主流だが，中には無発酵パンもある。

図2-4　ライ麦パン（ウィキメディア・コモンズ）

　小麦で作られる白いパンに対し，ヨーロッパ北部で栽培されてきたライ麦で作られるパン（図2-4）は，ライ麦自体の色が黒いので黒パンとなる。ライ麦パンは小麦パンのような軽い食感ではなく重く噛み応えのあるパンである。またサワー種という，発酵させたパン生地の一部を残しておいたパン種を使うので，酸味の強いパンができる。ライ麦パンの独特の味はこうした製法の特徴に由来する[10]。

*10　舟田詠子：パンの文化史，朝日新聞社，1998を参照。

　ヨーロッパで生産されるのは小麦，ライ麦のほか大麦やオート麦（カラス麦または燕麦）がある。特にオート麦は厳しい自然環境下でも栽培できるため，粥状に調理したオートミールとして貧しい人々の食料となった。

　小麦粉からは，もちろんパンだけではなくパスタ類も作ることができる。イタリアでは古代ローマの時代からパスタ類が作られており，中世に一時中断するが中世後期からは再び作られるようになった。さらに19世紀になると，トマトと結びつくことでイタリアの国民食のような地位に到達する[11]。

*11　池上俊一：パスタでたどるイタリア史，岩波書店，2011を参照。

　近代以降になると，糖質を供給する食材としてジャガイモが登場する。南アメリカ原産で，寒さに強く痩せた土地でもよく育つため食料として非常に優秀であり，ヨーロッパをたびたび襲った飢饉の際に人々を飢えから救った。さらに，小麦のように製粉加工を必要とせずそのまま調理して食べられ，糖質のほかにビタミン類なども含まれていて栄養的にも優れている。こうしてジャガイモは18・19世紀頃からヨーロッパ全体（特にアルプス以北）で広く普及していった。今では穀類と並んでヨーロッパの食を構成する最も基本的な要素となっている。

*12　前掲*4同書，p.32

（3）肉類と乳製品

　ヨーロッパの食文化の特徴をとらえるうえで，もう1つの基礎的要素はタンパク質を供給する食材としての肉類と乳製品である。

　ヨーロッパで主に食されるのは豚，牛，羊，家禽で，中でも豚は肉の生産効率の高い食肉用家畜として大いに利用されてきた。近代以前，ヨーロッパにまだ深い森が残っていた時代には，豚は森のドングリの実で飼育されており，森の広さを測る単位として「何頭の豚を飼育できる森」という単位があったほどである[12]。その時代の様子を示す有名な絵画が，15世紀に制作された『ベリー公のいとも豪華なる時祷書』（ランブール兄弟）の11月の部分である。森のドングリの実を豚が食べている様子が描かれている（図2-5）。こうして太らせた豚を初冬に解体し，塩漬け肉やハム，ソーセージなどの保存できる肉

図2-5　森と豚
（ベリー公のいとも豪華なる時祷書11月：wikipedia public domain）

図 2-6　精肉売り場

（ベルリンの老舗百貨店フードコーナー，著者撮影，2022 年）

図 2-7　多種多様なハム・ソーセージ

（ミュンヘンの食品市場，著者撮影，2022 年）

＊13　このように豚肉はヨーロッパの肉食文化の中で非常に重要な存在ではあるが，肉の序列からみるとかつては低くみられていた。

＊14　石毛直道・鄭大聲編：食文化入門，講談社，1995，p.41

＊15　たとえば白カビタイプのカマンベール（フランス），青カビタイプのロックフォール（フランス）やゴルゴンゾーラ（イタリア），ハードないしセミハードタイプのパルミジャーノ・レッジャーノ（イタリア）やゴーダ（オランダ）など。

加工品を作るという伝統的な祝祭は，各地で年中行事として残されている＊13。

　肉は傷みやすい食べ物であるため，精肉（図 2-6）よりこのような肉加工品が重要な役割を果たしてきた。今でもヨーロッパ各地には地域ごとに特色あるハムやソーセージが作られている。スペインのハモン・イベリコやイタリアのパルマ産生ハムなど有名なブランドがあるが，地元でもっぱら消費されるような伝統的肉加工品が数多くあり，それらがヨーロッパの食文化を代表すると考えてよい。冷蔵技術が発達し伝統的な保存方法に頼る必要がなくなった現在でも多様な肉加工品はヨーロッパの肉食文化の花形となっている（図 2-7）。

　もう 1 つのタンパク質源である乳製品に目を向けてみよう。アルプス以北のヨーロッパにおける農業の主流は穀物生産と牧畜を組み合わせた混合農業であり，牧畜から得られる最大の食資源はミルクである。牧畜や遊牧によって生活する人々にとって，家畜を殺さねば入手できない肉より生きたまま入手可能なミルクの方が相対的に身近な食材であった。日本の食文化研究の第一人者である石毛直道はこの関係を「銀行預金の元金と利息の関係」と表現している＊14。ただミルクも変質しやすい食材であり，ヨーグルトやチーズなどの保存食品にして消費されるのが一般的であった。実際，乳牛を飼っている農家やその近郊以外で生のミルクを飲む機会は，冷蔵技術や殺菌技術が整う以前は非常に限られていた。

　比較的長期に保存できるチーズは，肉加工品のハムやソーセージと同様にヨーロッパ各地で特色ある製品が作られており，非常に多種多様である。大きく分けると，人工的に加工されたプロセスチーズと伝統的な製法で作られるナチュラルチーズがあり，食文化という点で重要なのは後者のナチュラルチーズといえる。製法によって様々なタイプのナチュラルチーズがある。簡単に分類すると，原乳を酸で固め熟成させないフレッシュチーズ，表面に白カビを繁殖させて熟成させる白カビチーズ，内部に青カビを入れて熟成させる青カビチーズ，熟成中に表面を塩水などで何度も洗って内部まで熟成させるウォッシュチーズ，長期間熟成させ加圧したり加温したりして作るハードタイプ，セミハードタイプのチーズなど非常にバラエティに富む。一部のチーズは有名ブランドとなり，日本でもよく知られている＊15。ただし，こうしたブランドもののチーズは美食の世界ではたしかに高い地位を占めているが，全体からみるとごく一部である。地元で愛好され消費されるような伝統的なチーズにこそヨーロッパの食文化の真髄がある。

（4）魚介類

　魚介類もヨーロッパではタンパク質源として重要な役割を果たしてきた。それはキリスト教と密接に関係する。キリスト教の食の倫理では，肉が快楽や大食の

象徴として位置づけられ，こうした負の象徴性を背負った肉を食べることができない期間が，宗教が強い影響力を持った中世においてかなり長かった。イエスが十字架にかけられ処刑されたとされる金曜日や四旬節(しじゅんせつ)(復活祭前の40日間)など，1年のうちおよそ半分が肉食を避けるべき期間となり，代わりに魚を食べることとなる。ヨーロッパの魚食はこうした伝統を背負っている*16。

＊16　越智敏之：魚で始まる世界史，平凡社，2014，第2章を参照。

　ヨーロッパには南の地中海，北の北海やバルト海という魚に恵まれた海がある。地中海では多種多様な魚介類が獲れるため，地中海沿岸の国々にはアクアパッツァやブイヤベースなど魚介類を利用したバラエティに富んだ料理がある。また古代のローマ帝国期には，魚を発酵させて作ったガルムという魚醤が調味料として広く利用されていた。地中海はヨーロッパの魚食文化を古くから支えてきたといえる。北海やバルト海もまた豊かな海である。魚種は地中海より少ないが，中世以来タラやニシン漁が盛んに行われてきた。サケも豊富に獲れ，様々な料理に利用される。酢漬けのニシンはオランダや北ドイツの港町ではどこでもよく食べられている代表的な魚料理であり，タラのフライはイギリスの国民食ともいえるフィッシュ・アンド・チップスには欠かせない。タラは北大西洋でも大量に漁獲され，その担い手であったポルトガルでは今日でも干ダラの料理が代表的な料理となっている。北米ニューファンドランド沖のタラ漁業は北米植民地の経済を潤し，後にアメリカとして独立する経済的基盤を築き上げていく要因の1つとなる。このように魚介類は経済や政治を動かす力ともなった。

　魚は肉よりも腐りやすいため遠くまで輸送するのは難しい。したがって内陸部では海の魚はほとんど流通せず，もっぱら淡水魚に頼っていた。沿岸部に比べて魚介類の消費量は少なくなるが，マスやコイといった淡水魚は養殖もされており，食用に適するための品種改良も行われてきた。

　近年では，魚＝健康的というイメージが一般化してきたため，全般的に魚介類の人気が高まっている。魚を生で食べる食文化はもともとヨーロッパにはなかったが，近年では「Sushi」がブームとなり，ヨーロッパの地方の小都市でもスーパーマーケットでパック入りの「Sushi」を購入できる。また，カニカマが「Surimi」という名前で人気が急上昇している。ヨーロッパの魚食文化が新たな展開を迎えているといえる。

（5）野菜，果物

　ヨーロッパの食では野菜や果物も重要な位置を占める。冬でも温暖なヨーロッパ南部，地中海地域では豊富でバラエティに富んだ野菜，特にレタスなどの葉野菜が生産され，サラダとして食べられてきた。南アメリカ原産のトマトも新しい食材として導入され，トマトソースなどに加工され食卓を豊かにしている。ヨーロッパ北部は，野菜は根菜類やキャベツが中心となる。調理の仕方も生で食べるより熱を加えることが多く，サラダで食べられる野菜をくたくたに煮込んでしまうこともしばしばあった。ヨーロッパの北半分は寒冷な気候で冬の間のビタミン摂取が栄養面で問題であったが，キャベツを塩漬けにして発酵させるザウアークラウトがこの地域では広く普及し，貴重なビタミンの供給源となっていた。

食文化の南北差は果物についても顕著にみられる。南の地域は地中海性気候に適したブドウ，オリーブをはじめいくつもの柑橘類が豊富に獲れるが，アルプス以北の地域は寒冷な気候でもっぱらリンゴやベリー類が中心で，種類の点で地中海地域より見劣りがする。しかし，豊富なベリー類*17はジャムなどの保存食として利用され，冬の間のビタミンの供給源として人々の健康に貢献している。

またヨーロッパは四季の移り変わりに応じて旬を楽しむ植物性の食材もある。寒い地域の人々にとって，長い冬が終わった後で訪れる春の味覚は格別で，ホワイトアスパラガスはその代表的存在である。秋の味覚はキノコ類で，さまざまな種類のキノコが家庭の食卓やレストランのメニューに登場する。

（6）油脂類とアルコール飲料

ヨーロッパの食文化を考える場合，油脂類も非常に重要な要素となる。なぜなら，伝統的にあまり油を使わない日本料理とは異なり，ヨーロッパでは調理や或いはパンなどを食べる際に油が不可欠であるからだ。その油脂の種類についても南北の違いが明確にあらわれる。オリーブの生育に適した地中海地域ではオリーブ油が圧倒的に重要な役割を演じている。オリーブ油なしに地中海地域の食文化を語ることはできないといえよう。それに対し，かつてゲルマン人が住んでいた北の方では，油脂といえば獣脂，とくに食肉用としても重要な豚の脂であるラードが最も一般的であった。しかし近世以降，酪農業が成長し牛乳の供給が増大するにつれて，バターが食用油脂として重要性を増すようになった。17世紀以降ヨーロッパの料理芸術の分野で覇権を握ることとなる古典的フランス料理では，このバターを利用したソースが重要な役割を果たすこととなる。

ヨーロッパの食文化を語る際には，ワインやビールといったアルコール飲料にも触れておく必要がある。こうした嗜好品は栄養学的価値より食を豊かにするという文化的価値があるからだ。アルコール飲料においても，ヨーロッパは南北で対照的である。地中海沿岸を中心にブドウが生育する地域ではワインが作られる。ブドウはもともと糖分を含んでおり果実に付着している酵母が作用して自然にアルコールが得られる。ワインはこうして比較的単純な手法で生産できたため広く飲まれてきた。また前述のように，キリスト教においては，最後の晩餐に示されるイエスの血の象徴としてワインが特別な地位を占めてきた。その意味で，ワインはキリスト教的ヨーロッパを代表する酒といえる。

これに対しブドウが生育できない北の方では，穀物が原料となる。穀物を発芽させて得られる糖分を発酵させてアルコール飲料を作るわけである。ビールやエールなどがそれにあたる。ゲルマン人もそうした酒を飲んでおり，アルプス以北のヨーロッパではこれが一般的であった。その後近世以降になると，中世の錬金術に由来する蒸留技術が進展し，蒸留酒も普及するようになる。オランダでは杜松の実で風味を付けたジンが17世紀に開発され，イギリスではウィスキーが普及し，東欧やロシアではウォッカが飲まれる。また新たな作物としてジャガイモが普及するとジャガイモも蒸留酒の原料として利用されるようになる。

同じく嗜好品としては非アルコール飲料であるコーヒーや紅茶も重要だが，こ

*17　代表的なものとしてラズベリー，ブラックベリー，ブルーベリー，ビルベリー，レッドカラント，ブラックカラントなどがある。イチゴももちろんその1つである。

表2-1　伝統的なヨーロッパの食文化を構成する食品

	ヨーロッパ北部	ヨーロッパ南部
穀類など	ライ麦パン，ジャガイモ	小麦パン，パスタ類
肉加工品	ハム，ソーセージなど	ハム，ソーセージなど
乳製品	チーズなど	チーズなど
魚介類	ニシンやタラなどが中心	豊富な地中海の魚種
野菜類	根菜類とキャベツ（保存食としてザウアークラウト）	多様な葉野菜類
果実類	リンゴやベリー類（保存食としてジャムなど）	柑橘類，オリーブ
油脂類	ラード	オリーブ油
アルコール飲料	ビール，エールなど	ワイン

れはすでに「2．西洋の食文化の変遷」で説明済みであるためここでは省略する。

（7）まとめ

　穀類・ジャガイモなど植物性の食べものから肉・乳製品・魚といった動物性の食べもの，さらには嗜好飲料まで，さまざまな飲食物がヨーロッパの食文化の構成要素となっていることが確認できる。同時に，基本的な構成要素は共通しているが，南北の違いがあることにも留意すべきであろう。

　こうした点を踏まえて伝統的なヨーロッパの食文化を構成する食べものを簡単に整理すると表2-1のようにまとめることができる。

4．代表的な国ごとの食文化

（1）スウェーデン

　北欧に関しては，この地域の代表的存在としてスウェーデン*18を取り上げる。

　食文化はヨーロッパの北半分の地域と共通している。寒さに強いジャガイモが糖質を供給する食材として主食的地位にある。しかしライ麦や小麦も生育しておりパン（主に黒パン）も食べられる。タンパク質を供給する食物は肉類と乳製品で，とくにミートボールが国民食とされており，ミートボールとジャガイモを付け合わせた料理がポピュラーな料理である。バルト海に面しニシンやサケといった魚介類に恵まれ，夏のザリガニ料理，冬のタラ料理も愛好されている。ニシンを缶詰内で発酵させたシュールストレミングはその強い発酵臭で有名である。果物ではリンゴとベリー類が豊富で，ジャムなどに加工して冬に向けた保存食とする。

　スウェーデンではフィーカというコーヒーブレイクの習慣が根付いており，コーヒーなどの飲み物と甘いお菓子を食べて休息する。仕事の合間に軽食をとる習慣は，イギリスのアフタヌーンティなど他の国々でも見られる。いろいろな料理を並べて各自が自由に食べるブュッフェ形式の食事，「スモーガスボード」（図

*18　ヴァイキングとして知られるノルマン人が10世紀頃にスカンディナヴィア半島東部に形成した王国から出発した。一時期デンマークとの連合国家を形成するがその後自立し，17世紀には軍事強国としての地位を得てバルト海地域に君臨した。しかしその後ロシアとの覇権争いに敗れ，紆余曲折の後，20世紀には中立政策をとりつつ社会福祉国家として安定した国際的地位を得た。

＊19　この食事スタイ
ルは，1957 年に北欧を
視察した帝国ホテルの社
長が日本に紹介し，「バ
イキング料理」と命名さ
れて広く流布されること
となった。

2-8）も忘れてはならない食文化である[19]。

（2）イギリス

　西ヨーロッパの代表としては，産業革命を最初
に経験し食の近代化の先頭に立ったイギリスの食
文化をあげるべきだが，イギリスの食文化を語る
ことは実は難しい。なぜなら，この国はイングラ
ンド，ウェールズ，スコットランド，北アイルラ
ンドの４つの異なる個性ある国からなる「連合
王国」であり，また多くの移民を受け入れカレー
を始めとする様々な食文化が入り込んでいるから

図 2-8　スモーガスボード
（ウィキメディア・コモンズ）

だ。それゆえ，「これが典型的なイギリスの食文化」と決
めることは難しい。

　イギリスはヨーロッパの北半分に属するため，ジャガイ
モや麦類が糖質を供給する主食的な位置を占め，肉類と乳
製品が主なタンパク質源となる。それゆえ，「ジャケット
ポテト」（オーブンで焼いた丸ごとのジャガイモにベイク
ドビーンズなどを載せたもの）やローストビーフ，「ハギス」
（スコットランドの羊の内臓料理）などが代表的なイギリ

ス料理ともいえる。また，タラなどの白身魚のフライとジャガイモの細切りを揚
げた「フィッシュ・アンド・チップス」（図 2-9）もイギリス料理の典型とみな
される。

　しかし，これらの料理は実は伝統的なものではない。「フィッシュ・アンド・チッ
プス」は，トロール漁業と天然氷の大量供給によって大都市に鮮魚の供給が可能
となった 19 世紀に誕生したもので，古くからある料理ではないし，ジャガイモ
はアメリカ原産の新しい作物である。

　ベーコンやソーセージ，卵料理，ベイクドビーンズ，火を通した野菜，そして
薄切りトーストといった豪華な内容の「イングリッシュ・ブレックファスト」こ
そ（大陸風の貧弱な朝食[20]と対比して）最も典型的なイギリス料理といえるか
もしれない。しかし，これはかつての上流階級の朝食に由来し，19 世紀の貧し
い人々が食べた砂糖入り紅茶と甘いパンだけの「イギリス風朝食」とは全く異な

る。後者はインドや中国で生産された茶
とカリブ海地域で生産された砂糖を組み
合わせた，当時の大英帝国の覇権を象徴
する食事ではあったが，栄養学的にはき
わめて貧弱な，貧しい労働者家庭に普及
した食事であった。

　工業化以前のイギリスはヨーロッパ有
数の牧畜先進国であり，豊かな肉食文化
を誇っていた。ただし洗練された料理術

図 2-9　フィッシュ・アンド・チップス
（ウィキメディア・コモンズ）

という点ではフランスに圧倒されるようになり，次第に「イギリス料理はまずい」という悪評が国内外で流布されることとなった。これは今日でもよく語られるが，食文化研究からみると一面的な主張である。しかしながら，フランスとの対抗関係の中で出現してきたという意味で，食にかかわる英仏の歴史の一面を反映した言説でもある。この問題は非常に込み入っておりここで詳しく論じることはできないが，禁欲を是とする17世紀以来のピューリタン的価値観がイギリスに根付いたこと，産業革命期に労働者の食生活の貧困化がすすみ，また中産層の間でも豊かな伝統食に根付いた古き良き食文化が消失してしまったこと，といった事情が反映している[21]。

　今日ではイギリスの食をめぐる状況に大きな変化が生じている。1つは1973年のヨーロッパ共同体（現在のヨーロッパ連合）加盟[22]を機に南欧から野菜や果物が輸入され食卓に並ぶようになったこと，もう1つは多数の移民の流入にともなって，イギリス各地にいわゆるエスニック料理が急速に定着し，外食だけではなく家庭料理や調理済み食品（中食）の市場でも大きな部分を占めるようになったことである。こうした変化に呼応し，美食の世界でもイギリスが先進的な地位をうかがうようになった。今や「イギリス料理はまずい」という言説は過去のものとなったといえよう。

（3）イタリア

　次に，南ヨーロッパを代表してイタリアの食文化について解説する。イタリアは地中海地域に属するが，南北で気候風土や歴史文化が大きく異なる。南イタリアは典型的な地中海性気候であるが，アルプス山脈に近い北部は西岸海洋性気候に似た特徴を示す。また北・中部イタリアは中世以来地中海貿易などの恩恵を受けて経済的に豊かな地域であり続けたのに対し，南イタリアは外国支配の歴史が長く，政治的にも経済的にも後進的な地位に甘んじてきた。こうした南北格差は様々な問題を引き起こし，現在でもまだ解消されていない。

　南北差だけではない。イタリアは中世以来都市国家に分立してきた歴史があり（特に北・中部），食文化や料理においても地域ごとに非常にバラエティに富んでいる。それゆえ標準的なイタリア料理なるものは存在しない。1861年に統一イタリア王国が成立したあと，地域間の分裂を克服して国民国家イタリアを形成する努力がなされるが，食文化の領域ではペッレグリーノ・アルトゥージという人物が出版した料理書がそうした役割を担うこととなった。同書は，トスカーナ地方とロマーニャ地方を中心に様々な地方料理を集めて総合的なイタリア料理のモデルを提示した。例えば，トマトソースとパスタの結合やジャガイモから作るニョッキなど，新しいイタリア料理の規範を作り出し，イタリア各地の料理をまとめ上げて，1つのナショナルレベルの料理文化を作り上げた[23]。

　しかし，イタリアの食文化を理解するにはやはり地域差を意識することが大切である。イタリアの食文化の中核といえるパスタ（**図2-10**）からみてみよう。

*21　詳しくは、スティーブン・メネル著，北代美和子訳：食卓の歴史．中央公論社，1989を参照。

*22　ただし，イギリスは2020年末をもってヨーロッパ連合（EU）から完全に離脱することとなった。これがイギリスの食文化にどのような影響を及ぼすのかはわからない。

*23　池上俊一：世界の食文化⑮イタリア．農文協，2003，pp.192-196

イタリアにおいて糖質を供給する主食となるのは小麦で，それを原料としてパスタが作られる。北部では軟質小麦が，南部では硬質小麦が生産され，これがパスタの種類と関係する。前者からは生パスタが，後者からは乾燥パスタが作られる。こうして北部では生パスタ，南部では乾燥パスタという地域区分が生じ，北部では例えばラ

図 2-10　パスタ（タリアテッレ）
（週刊朝日百科：世界の食べもの 24，1981，p.101）

ザーニャやラヴィオリといった手打ちの生パスタが食べられ，南部ではスパゲッティやマカロニなどの乾燥パスタが多くなる。

　ただし，イタリアには無数のパスタがあり，南北で異なるだけではない。原料も小麦に限定されず（例えば前述のジャガイモから作ったニョッキなど），形態はロングパスタ，ショートパスタ，詰め物パスタに分けられ，それぞれ数多くの形が存在する。調理法からみると，茹でたパスタをソースと和える「パスタ・アシュッタ」，スープに入れる「パスタ・イン・ブロード」，調味料で味付けしてオーブンで焼く「パスタ・アル・フォルノ」に分けられる[24]。

　イタリアを代表するもう 1 つの食品であるピッツァは基本的に南イタリアの産物である。19 世紀のナポリで貧しい人々の食べ物として誕生した。その後移民を通じてアメリカで進化を遂げたピザが世界中に広まった。本家のナポリピッツァはヨーロッパの伝統的特産品保証に認定され，その伝統的製法を守るため「真のナポリピッツァ協会」が結成されている。日本にもその認証を受けた店がいくつか存在する。

　イタリアの食文化は，パスタやピッツァだけではとても語りつくせない。タンパク質源となる肉や乳製品についても豊かな食材に恵まれている。牛肉では中部トスカーナ地方の銘柄牛キアニナ牛から作るビステッカ・アッラ・フィオレンティーナ（フィレンツェ風ステーキ）があげられる。生ハムでは北部の都市パルマ産のプロシュートが名高い。チーズはパルミジャーノ，カチョカヴァッロ，ゴルゴンゾーラ，マスカルポーネ，リコッタ，モッツァレッラなど各地に名産品がある。南イタリアでは魚介類もよく食べられアクアパッツァなどの料理にする。

　植物性の食材では，北部では米が生産されリゾットにして食べるが，イタリア全体では豆類が重要である。貧しい庶民層のタンパク質源として古代ローマ時代から食べられてきた。ソラ豆，ヒヨコ豆，レンズ豆，それにアメリカから導入されたインゲン豆が加わる。もちろん南アメリカ原産のトマトはイタリアを代表する食材で，パスタをはじめ様々な料理で利用される。南部では保存用の乾燥トマトも作られる。油脂としてはオリーブ油が各地で作られており，これもイタリアの食文化の基礎をなすが，北部ではバターもよく利用される。調味料としてはバルサミコ酢があり，近年日本でも利用されるようになっている。

* 24　前掲 * 11 同書，pp.17-18

　地中海に位置するイタリアはブドウの生育に適した気候に恵まれ，フランスと並ぶヨーロッパ最大のワイン生産国であり，消費国である。北部ピエモンテ州のバローロやバルバレスコ，中部トスカーナ地方のキャンティやブルネッロ・ディ・モンタルチーノといった世界的に有名なブランドワインがある。イタリア国内の20州すべてで独自のワインが生産され，バラエティに富むワインが飲食文化の豊かさを支えている。

　イタリアは，食のグローバル化にともなう様々な弊害に対抗することをめざして各国で展開されているスローフード運動の発祥の地である。それと密接に連動してピエモンテ州のブラという小都市で「食科学大学」という食を学際的に研究することに特化した高等教育機関が設置された。こうしたことにも，イタリアがヨーロッパの食文化の中で特別な地位を占めていることが表れている。

（4）ドイツ

　ヨーロッパ中央部は歴史的に独自の文化圏を形成し，食文化の面でも特徴的な存在といえる。その代表としてドイツの食文化について解説する[25]。

　ドイツはヨーロッパ大陸のほぼ中央部に位置し，東西南北いずれにおいても他国と接する。食文化からみれば，他の国や地域からの影響を受けやすく，隣接国との共通性も大きい。

　ドイツの食は，ヨーロッパのアルプス以北の地域の食の縮図という性格を持つ。農業からみると，穀物生産と牧畜が結びついた混合農業地域で，最も重要な食資源は，糖質を供給する穀類，タンパク質を供給する肉類，乳製品となる。19世紀からは，穀類に加えてジャガイモが糖質の供給源として重要性を拡大し，今や穀類と並ぶ最重要な位置を占める。ドイツの食生活の基礎は穀類とジャガイモ，肉類と乳製品から成り立っている。もちろん，その他にタンパク質源としての魚介類，植物性タンパク質が豊富な豆類も大切な役割がある。野菜や果物では，根菜類やリンゴ，ベリー類がドイツの人々の食卓においては重要な食材となっていた。おいしく食べるために必要な油脂類ではラードとバター，飲食の楽しみのための嗜好品では穀物から作られるビール類がゲルマン人の時代から飲まれており[26]，近代にはジャガイモも原料に加えて種々の蒸留酒も普及していった。

　パンの原料の麦類はライ麦が主流であったが現在では小麦も普及しており，両者を混合した「ミッシュブロート」が広く消費される。主に朝食で食べられる小型パンは小麦パンが多く，スライスして食べる大型パンの場合は混合パンがかなり多くなる。両者とも地域ごとに多くの種類があり，パン屋の店先に並べられている。その他の小麦粉食品もドイツで広く普及しており，パスタや団子類が南部を中心に食べられている。西南ドイツのシュペッツレやバイエルン地方のクネーデルは郷土料理として知られている。

　ジャガイモはドイツの食文化の主役の1つである。ジャガイモ炒め，「ポムフ

＊25　詳しくは，南直人：世界の食文化⑱ドイツ，農文協，2003を参照。

＊26　ただし西南ドイツを中心にワイン文化圏も存在する。

図 2-11　カレーソーセージ Currywurst
（ドイツ・ベルリン，著者撮影，2009 年）

図 2-12　焼きソーセージ
（ドイツ・ベルリン，著者撮影，2019 年）

リッツ」とよばれるフライドポテト，ジャガイモスープ，マッシュポテト，ジャガイモサラダなどさまざまジャガイモ料理がある。多くの場合肉料理などの付け合わせとして食べられる。

　次に肉に目を向けてみよう。ドイツでは豚肉を使った肉料理がポピュラーなものとなる。代表的な豚肉料理には，シュヴァイネブラーテン（豚肉のロースト），カスラー（塩漬し軽く燻製した豚肉のロースト），アイスバイン（豚スネ肉を茹でたもの），シュヴァイネハクセ（豚スネ肉のロースト），シュニッツェル（薄く伸ばした肉をカツレツにしたもの，本来は仔牛肉を用いる）などがあげられる。

　ソーセージやハムといった肉加工品も非常に重要な位置を占める。本来のハム（ドイツ語ではシンケン）とは骨付きの豚モモ肉から作る生ハムのことを指すが，製造過程で加熱処理したハムにも様々な種類がある。ソーセージ（ヴルスト）は精肉として利用できない部位や内臓，脂肪，血などから作られ，ハムに比べるとよりポピュラーな肉加工品である。地域によってきわめて多種類の製品があり，ドイツの食文化の豊かさを象徴する食品といえる。製法や原材料によって茹でソーセージ，非加熱ソーセージ，内臓や血のソーセージの 3 つに分類され，その中では茹でソーセージが最も一般的なタイプである。各地の店や駅前の屋台などで売られているカレーソーセージ（図 2-11）や焼きソーセージ（図 2-12）の多くはこの茹でソーセージから作られている。

　肉と並ぶ重要なタンパク質源が乳製品である。アルプス以北は混合農業地域で，乳製品が数多く生産され，様々なチーズやバターが食文化を支えている。バイエルン南部のアルゴイ地方や北ドイツのシュレスヴィヒ・ホルシュタイン地方など有数の酪農地帯がある。

　ドイツ北部は北海やバルト海に面しニシンやタラなどの魚が獲れるため，沿岸部ではそれらを使った料理がよく食べられている。内陸部では，淡水魚の養殖も行われ，マスやコイなどの料理が地域の特色を示している。さらに近年では，健康食ブームの中で魚が健康に良いとされ，魚料理が全国的に人気を博するようになった（図 2-13）。

　野菜に目を転じると，ドイツではキャベツが代表的な野菜でそのまま食べることもあるが，塩をして漬け込み乳酸発酵させたザウアークラウトを作る。野菜が不足する冬のビタミン源となる。そのほかはローテ・ベーテというポーランドやロシアと共通した赤みの強い根菜 [27] がある。春から初夏にかけての旬の野菜で

＊ 27　ビーツ（甜菜）と近縁の根菜。

はアスパラガスが珍重される。秋のキノコ類も季節の食材として人気がある。

　果物類はヨーロッパ北部と共通しており，リンゴやベリー類，洋ナシ，サクランボなどが気候に応じて栽培される。果物はお菓子と結びついて，ドイツの菓子文化を豊かにしている。代表例として，西南ドイツ・シュヴァルツヴァルト地方の名物サクランボケーキ（シュヴァルツヴェルダー・キルシュトルテ）がある。

図2-13　フィッシュサンドイッチ店チェーン Nordsee
（ドイツ・ミュンスター，著者撮影，2002年）

（5）ロシア

　東ヨーロッパの食文化を検討するうえでロシアにまず目を向けよう。

　ロシアのような巨大な国の食を一言で説明するのは難しいが，あえて簡潔にまとめると以下のようになる。糖質を供給するパンはもっぱらライ麦から作る黒パンで，これを大量に食べる。代表的な野菜はビーツだが，塩漬けや酢漬けの野菜・キノコ類も多い。前菜とスープの種類が豊富で，特に具だくさんのスープが欠かせない。パイ類の種類が多くその中身は肉，野菜，卵，果物など多様である。料理の味つけは塩とコショウとシンプルではあるがハーブもふんだんに使われる。スメタナ（ロシア風のサワークリーム）をいろいろな料理に添えて食べる。果物を甘く煮た保存食品が好まれる[28]。

　こうした食材や味つけを特徴とするロシア料理で代表的なものとしてはボルシチがまずあげられる。ビーツから作られ赤みがかったスープ料理であり，日本でもロシア料理レストランでよく出されるが，この料理はウクライナ起源である（図2-14）[29]。ビーフストロガノフもロシア料理の定番として世界的に知られている。しかしこれは決して伝統料理などではなく，フランス料理の影響下で生まれた新しい創作料理であり，どのようにして誕生したのかという経緯については様々な説がある[30]。

　これぞ伝統的なロシア料理といえるのがシチーである。発酵させたキャベツから作るスープで，入れる材料によって質素に

図2-14　ウクライナのボルシチ
（ウィキメディア・コモンズ）

＊28　沼野充義・沼野恭子：世界の食文化⑲ロシア，農文協，2006，pp.14-15，pp.27-30

＊29　2022年7月1日にユネスコが「ウクライナのボルシチ料理の文化」を無形文化遺産に登録した。

＊30　名門貴族であるストロガノフ伯爵にちなんで命名されたのは確かであるが，年を取って歯が悪くなった伯爵のために考案されたという俗説は誤りとされる。前掲＊28同書，pp.89-92

も豪華にもなる古くから伝わる代表的な家庭料理である。西欧のシチュー（stew）とは全く異なる。また，古くからある伝統料理としてカーシャをあげることができる。ソバの穀粒や挽き割りの穀物から作る粥で，水やミルクで煮て塩やバターで味をつけるといった非常に素朴な調理法で作られる。

　ロシアの食文化の 1 つの特質は，こうした古くから伝わる農民風の素朴な料理と西欧から伝わった洗練され貴族的な料理に二極分化しているということである。1861 年のアレクサンドル 2 世による農奴解放令まで農奴制が存続し，その後も政治や社会の近代化・民主化が遅々として進まなかった国の特殊事情が食文化にも反映しているのではないかと思われる。

（6）ポーランド，チェコ，ハンガリー

　かつてはソ連を中心とした社会主義圏に組み入れられつつも，中央ヨーロッパとして独自の歴史と文化を持つポーランド，チェコ，ハンガリーの食文化を次に検討する。

　ポーランドはロシアとドイツに挟まれ，両国による侵略や支配に苦しんできた歴史的背景を持ち，食文化にも両国からの影響がみられる。ロシアとの共通性には，バルシチというビーツから作った料理の存在やサワークリームの料理の味つけへの利用がある。また，ピエロギ（ペリメニ）という小麦粉の皮に肉や野菜を詰めた餃子に似た料理をよく食べる。この料理はロシアのウラル地方が起源で，ウラル地方やシベリアのロシア人が愛好したものである。専門のレストランがあるほどポーランドでも人気がある。同時にジャガイモやハム，ソーセージなどの肉製品を中心とするドイツを代表とするアルプス以北のヨーロッパの食文化との共通性も色濃くみられる。ビゴスというポーランドで最も一般的とされる家庭料理は，ソーセージとザウアークラウトを煮込んだ料理でドイツでもよく食べられている。

　チェコの料理は伝統的に肉や肉加工品の料理が主役で，やはりヨーロッパの北の方の食文化と共通する。初冬の時期に豚を解体して塩漬け肉やソーセージを作る伝統的な行事があり，肉料理や肉加工品にはマジョラムというハーブとニンニクで風味をつけることが特徴である。代表的料理は「ヴェプショ，クネドロ，ゼリー」で，ヴェプショとは豚肉のこと，クネドロとはパン生地を茹でて蒸しパン状にしたクネドリーキの短縮形で肉料理に不可欠な付け合わせ，ゼリーとはザウアークラウトのことを指す。クネドリーキと同じような料理は隣接するドイツのバイエルン地方にもあり（クネーデル），元は共通する食べ物であったと考えられる。チェコはかつて神聖ローマ帝国の中核地域の 1 つをなし，中世以来多くのドイツ人も居住した。ドイツの食文化との共通点が多いのはこうした歴史的背景がある。

　チェコは世界有数のビール消費国として知られている。下面発酵酵母を使うラガータイプのビールのうち世界中で最もよく飲まれているピルスナータイプは，チェコのプルゼニュ（ドイツ語名はピルゼン）が発祥の地である。ピルスナーだ

けではなく，地域ごとに多様なビールがあり，町ごとにブルワリーがあって地元の人々がビールを楽しんでいる。

　ハンガリーはドナウ川中流の大平原地帯に位置しており，中世以来ここで牛などの家畜を大規模に飼育し西ヨーロッパ方面へ輸出していた。そのためハンガリー料理といえばやはり牛肉料理がメインとなる。中でも国民的料理といえるのがグヤーシュである。これはパプリカを大量に使ったビーフシチューで，もとは大平原で牛を追っていた牧童の素朴な煮込み料理だったものが，19世紀に民族主義の高まりに従って国民的料理へと祭り上げられた料理である。この料理は近隣諸国にも伝わり，グーラシュという名称で広く普及している。パプリカはトウガラシの一種で，ハンガリーへは16世紀に観賞用としてスペインから，17世紀に食用として当時ハンガリー平原の大部分を支配していたトルコから伝わり，ハンガリーで辛みの少ないパプリカが生み出され定着した。ふんだんにパプリカを使うことがハンガリー料理の特徴となる。

（7）バルカン半島

　中欧の南側に位置するのがバルカン半島で，この地域もまた独特の食文化を有する。その特徴をいくつかあげると，羊が肉料理の主流であること，ヨーグルトを料理に多用すること，トルコ料理と共通したオリーブや野菜の独特の調理法があることである。かんたんにいえばトルコ的要素が優越している。この地域の代表的な料理は，チョルバ（スープ），キョフテ（肉団子），ケバブ（種々の形態の羊の焼肉），ムサカ（挽肉と野菜の重ね蒸し焼き），サルミ（挽肉などの野菜包み）などで，名称自体はその国の言葉で表されても，すべてトルコ料理と共通している。トルコの影響が強い理由はこの地域が何世紀にもわたってオスマン帝国の領土であったからである。バルカン半島の大部分は19世紀の後半までトルコの支配が続き，食文化にも大きな影響を及ぼした。

　バルカン半島の中で地理的にトルコに最も近く，大きな影響を受けているブルガリアの料理をいくつか紹介する。代表的な料理は肉（通常は羊肉）を焼いたケバブである。肉を野菜などと一緒に串に刺して焼くシシュケバブや，挽肉をソーセージのように長細く成形して網で焼くケバプチェなどがあり，トルコにも同じようなケバブ料理が数多くある。また挽肉にタマネギやパン粉などを混ぜ，団子状にしたキョフテ（キュフテ）という料理，挽肉となすやトマトなどの野菜を重ねて蒸し焼きにしたムサカ，キャベツやブドウの葉で挽肉などを包むサルマなどの料理もトルコと共通する。さらにサラダやスープにおいても同様で，例えば牛や豚，羊などの胃袋を煮込んだスープであるシュケンベ・チョルバはトルコのイシュケンベ・チョルバと同じものである。飲料のヨーグルトドリンクやチャイ，そして甘いお菓子の代表のバクラヴァなどもトルコとの共通性を物語る。

　ところで，ブルガリアの日本でのイメージはヨーグルトと結びついている。ブルガリアの食文化でもヨーグルトは大きな役割を演じている。ブルガリアの国民

食ともいわれるバニツァ（小麦粉の薄皮にヨーグルトやチーズ，卵などを入れて焼き上げるパイ状の料理）やタラトール（キュウリやクルミ，ハーブなどを入れた冷製のヨーグルトスープ）など，ヨーグルトを使った料理が数多くあるし，料理の際にヨーグルトを調味料として利用したり，料理に添えて一緒に食べたりする。こうしたヨーグルトの利用法もまたトルコ料理と共通する。

（8）フランス

最後に，ヨーロッパ世界を代表するものとしてフランスの食文化に触れておきたい。フランスは地理的には南北に分かれ，北フランスは西岸海洋性気候，南フランスは地中海性気候の影響を受ける。環境という視点からみると，ヨーロッパ北部と南部の両方の特徴をあわせ持つ。もう少し細かくみると，海に近い西部と内陸部の東部というように東西に分かれ，さらにアルプスやピレネー，中央山岳地帯といった地域も独自の特徴を有する。そうしたことから，現在フランスには行政区分として13の地域圏が設定されている。

フランスは西ヨーロッパで最大の面積を持つ国で，地域ごとに気候風土も異なっているため，食文化を単一のものとみなすことはできない。地域圏に分かれてそれぞれの地域ごとに食文化をみていく必要がある。辻静雄が述べているように12の地域に区分して考えるのがわかりやすいであろう（図2-15）[31]。①パリを中心としたイル＝ド＝フランスなど，②ロワール川中・下流域，③ブルターニュ，④ノルマンディ，⑤シャンパーニュと北部地方，⑥アルザス・ロレーヌ，⑦アルプスやジュラ山地，⑧ブルゴーニュ，リヨンとその周辺，⑨オーヴェルニュなど中央高地，⑩南西地方（ガスコーニュなど），⑪ラングドックとルーシヨン，⑫プロヴァンスおよびコルシカ島である。この区分は行政上の地域圏とおおまかに重なる。いくつかの地域の料理をあげておこう。

＊31　週刊朝日百科：世界の食べもの 3，朝日新聞社，1980，p.84

＊32　週刊朝日百科：世界の食べもの 5，朝日新聞社，1981，p.122

「フランスの庭」とよばれる風光明媚なロワール川流域（②）では，川魚料理も有名だが，中流域のトゥールを中心としたトゥーレーヌ地方は豊かな風土と特産品に恵まれ，「あまり手を加えずに最もフランス料理らしい洗練された料理を楽しんでいる」とされる[32]。例えばリエット（ラードで豚肉を煮込んだ豚肉版のコーンビーフのような伝統食）はトゥール産が最高級とされ，ここ出身の文豪バルザックの小説にも登場する。フランスの東部に位置し，フランスを代表するワイン産地でもあるブルゴーニュ地方（⑧）は，ブレス鶏やシャロレー牛の産地としても知られており，「ブフ・ブルギニョン（牛肉の赤ワイン煮込み）」という有名な料理がある。同じく代表的なワイン名

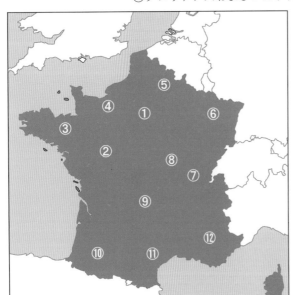

図2-15　食文化による12地域の区分

産地のボルドーなどが含まれる南西地方（⑩）は，概して肥沃とはいいがたいが，ペリゴール地方などを中心にフォアグラやトリュフといった高級食材の産地として知られている。

　北西部ノルマンディ地方（④）は酪農が盛んで乳製品，とりわけカマンベールやリヴァロなどのチーズで有名である。また寒冷な気候ゆえにブドウが栽培できないため，ワインの代わりにリンゴから作るシードルやカルヴァドスといった酒がよく飲まれる。北東部アルザス・ロレーヌ地方（⑥）はフランス最大の鉱工業地帯で，ドイツと境を接しており所属をめぐる戦争に翻弄された地域である。南西地方のペリゴール地方と並んで高級食材のフォアグラの産地として名高いが，ドイツの食文化の影響も強く，ザウアークラウト（フランス語ではシュークルート）をベーコンやハム，豚肉類と一緒に煮込んだ料理はアルザス地方の郷土料理として有名である（この料理自体もシュークルートとよばれる）。

　地中海に面したラングドック（⑪）やプロヴァンス（⑫）は，もともと古代のギリシア・ローマ文明の遺産を引き継いだ伝統を持ち，中世ではオック語というフランス北部とは異なる系統の言語が話されていた。パリを中心とするフランス王権に征服されていったが，地理的にも文化的にも北部フランスとは異質な地域といえる。地中海性気候のもとブドウとオリーブの栽培が盛んで，フランス最大のワイン生産地域となっている。食文化からみると，地中海的な要素が卓越しており，プロヴァンスについては「料理はフランスというよりも，イタリア，スペインに近い」[33]とされる。魚介類の料理が多く，何といってもプロヴァンスのブイヤベース（図2-16）が世界的に有名である。様々な種類の魚介類を野菜やハーブと一緒に1つの鍋で煮立てるだけのシンプルな料理だが，庶民的なものから高級レストランで供されるものまで千差万別である。ラングドックでは，魚介料理として干ダラのブランダードという料理が代表的な郷土料理となる。ラングドックの内陸部では白インゲン豆と肉を煮込んだカスレという料理があり，これもこの地域を代表する郷土料理として名高い。

＊33　週刊朝日百科：世界の食べもの15，朝日新聞社，1981，p.118

　以上紹介してきたように，ヨーロッパ有数の大国であるフランスには地域ごとに様々な食文化がある。しかしフランスといえばやはり，いわゆる「世界の三大料理」としてグローバルな価値を持つ美食術としてのフランス料理について語らなければならない。これは，ここまで紹介してきたようなどちらかといえば庶民レベルの料理ではなく，王侯貴族や裕福な社会層が享受してきた高級料理として一般的にイメージされるものである。2010年に食文化の分野で初めてユネスコの無形文化遺産に登録さ

図2-16　ブイヤベース
（週刊朝日百科：世界の食べもの15，1981，p.119）

れる際には，「社会的慣習」という言葉を用いて，高級料理としての性格をぼかしているが，歴史的にみれば，フランス料理の歴史はまさに高級料理の歴史であったといっても過言ではない。

　簡単にまとめれば，17・18 世紀のフランス王国の繁栄を背景として，食文化先進地のイタリアから吸収してきた様々な料理文化がフランス宮廷文化の産物として成熟し，フランス古典料理が完成された。その後フランス革命を経て，宮廷料理ではなく市民層のレストラン文化という枠組みの中で近代的フランス料理が花開き，オーギュスト・エスコフィエなどの力によって調理技術の近代化・合理化が成し遂げられる。20 世紀にはいると，ミシュランガイドに代表されるように美食と観光とが結びついたり，上記のような様々な地方料理がフランス料理の体系の中に取り込まれたりする一方で，二度の世界大戦の激動や大衆社会の出現といった時代の変化を経て，20 世紀後半には，経済的繁栄およびそれとも関係する飽食・過剰栄養などの弊害の拡大を背景としてヌーベル・キュイジーヌという新しい料理が再びフランス料理を活性化させた。フランス料理の歴史的変遷については，以上のような事象を指摘することができよう。

　今日，グローバルスタンダードとしてのフランス料理の地位は，他の様々な料理の発展によって脅かされているともいえる。しかし，ヨーロッパを代表する高級料理としてのフランス料理の位置づけはいまだ有効である。

5．西洋料理の様式，食事作法

（1）料理の様式

　ヨーロッパでは穀類やジャガイモ，肉や乳製品を中心として，その他魚介類や野菜類，果物類，油脂などを調理して様々な料理を作る。そこで，いくつかの料理を組み合わせた献立としての食事を考えてみる。

　西洋料理全体に共通する特徴として，肉や魚などのメイン料理を中心に，スープとデザートが加わり食事が組み立てられることがあげられる。レストランでの食事の基本形は（家庭でも基本的には同じだが），最初にスープ，そのあとメインディッシュ，最後にデザートの 3 皿が出される。より豪華になるとこれにオードブルやメインディッシュがもう 1 品追加されるなど拡張していくが，あくまで基本はこの 3 皿で，これらが時間を置いて順番に提供される。このスタイルは，一度に料理を並べる日本の食事スタイルとは対照的である。

　こうした食事のスタイルがいつ頃成立したかについては社会層の違いに留意しなければならない。かつての西洋絵画に描かれているように，貧しい人々の食事は非常に質素なものだったと考えられる。例えばゴッホの描いた「馬鈴薯を食べる人々」（1885 年）（図 2-17）をみると，食卓の上には茹でたジャガイモが置かれているだけである。近代以前のアルプス以北の農民の食事は，基本的に挽き割り穀物や豆，野菜にわずかな肉類を加え煮た鍋料理（ごった煮）のようなものであり，炉ないし火床の上でそれを煮込んでいたと考えられる。料理はそれのみであった。アルプス以南の庶民の食事は，パンが添えられるなどもう少し品数が

増えるが，内容的には同じようなものであった。これに対して，王侯貴族などの支配層の食事は非常に豪華なもので，肉料理がふんだんに提供されていた。今日私たちがイメージする西洋料理の様式はこうした上流層の食事に由来する。

図2-17　ゴッホ「馬鈴薯を食べる人々」
（ウィキメディア・コモンズ）

17・18世紀に成立したフランス古典料理において，スタンダードな食事スタイルが確立しフランス式サービスとよばれるようになった。通常は3つのコースからなり，その中で様々な料理が出される。現代と異なるのはコースごとにすべての料理が一度に並べられるということである。その中では，現代のメインディッシュに当たる料理やオードブル的な料理，ポタージュなどのスープ，デザートに当たる甘い料理が混在していた。食卓は豪華で華やかになるが当然料理は冷めてしまう。味よりも見た目を重視する演出法であり，身分が絶対視されるフランス革命前の宮廷社会にふさわしい手法であったといえる。

革命を経て市民層を中心とする社会が形成され，工業化によって経済合理性が重視されるようになると，こうした古いフランス式給仕法は時代に合わなくなった。前述のような近代的なフランス料理が確立していくのに合わせて，一品ずつ料理を食卓に運ぶロシア式サービスが一般化していく。ロシア式サービスでは，料理はオードブル，スープ，メインディッシュ，デザートというように時間を追って提供される。これは寒冷なロシアから導入されたスタイルであるが，どのような経路でフランスに定着したのかは定かではない。しかしこのスタイルは，厨房ですべての料理を完成させ一人前ずつ皿に載せて客に提供するというレストランでの食事に適応しており，今日の西洋料理の標準的な様式となった。

（2）食事作法

食事作法も料理様式と同様，前近代の上流層の食卓において徐々に進化してきた。

ヨーロッパ中世における食事の際の振る舞いをみると，王侯貴族の食事においても粗野であったことが指摘できる[34]。上流層の子弟向けの礼儀作法書がルネサンス期の頃から出版されているが，それらの作法書には，「食卓に寝そべってはいけない」とか「食事中に手で洟をかんではいけない」というような幼児をしつけるようなことが書かれており，当時の食卓がいかに粗野であったかを彷彿とさせる。作法書で禁止されているということは実際にそのような振る舞いをしていた人間が多くいたことを示している。食事作法に限定すると，「スープ鉢に直接口を付けて飲む」とか「1つのスプーンを共同で使う」，「自分が口を付けたも

＊34　南直人：ヨーロッパの舌はどう変わったか―19世紀食卓革命―，講談社選書メチエ，1998，第4章を参照。

のを共同の食器に戻す」といった行為が禁止された。他人と食器などを共有しないことが求められており，食事の際の個人と他人との区別が曖昧であったことが示唆される[35]。

＊35　前掲＊34同書,
pp.153-157

　宮廷文化の発展の中で，食事作法もこうした粗野な段階から洗練されたものへと進化した。そうした変化は，社会学者のノルベルト・エリアスによって「文明化」と定義されている。これらの作法は法令で定められるような規則ではなく，宮廷社会に生きる人々の人間関係や感性に基づいたものであり，変幻自在に変化するためとらえがたい現象である。ただし２つの方向を見て取ることができる。まずは，食事の際の個人の領域の明確化である。皿や食器は他人と共有せず，必ず個人別に供されるようになる。もう１つは，手づかみなど直接食物に触れることへの嫌悪感である。その点で重要なのが，今日の西洋の食事において不可欠であるフォークがこの時期はじめて食卓に登場したことである。つまり，それ以前はスプーンとナイフだけで食事をしており，肉などはナイフで切った後は手づかみで食べていた。食べ方で世界を分けると，東アジアの箸文化圏，インドや西アジアの手食文化圏，そして欧米などのナイフ・フォーク文化圏に分けるのが一般的だが，実は近世以前はヨーロッパも手食が基本だった[36]。

＊36　前掲＊34同書,
pp.157-179

　こうして宮廷社会で発達した西洋の食事作法は，近代になると市民社会に浸透しさらに洗練されていく。その変化もまたとらえがたいものであるが，基本的な方向はかつての宮廷社会と同様，人々の感性やコミュニケーションのあり方に基礎づけられる。例えばドイツでは，食事の際のナイフやフォークの使い方に細かな作法が要求されるようになった。以前は左手でフォークを持ち右手のナイフで切った食物を口に運ぶことが無作法とされていたのが，19世紀がすすむにつれ両手を使うスタイルが許容され，普通の食事作法となっていった。またナイフの攻撃性への忌避感が強化され，刃先を丸くしたり，特定の料理（魚料理など）へのナイフの使用を控えるといった作法が成立していった。

　かつての日本ではナイフとフォークを使う西洋風の食事スタイルへのあこがれが強く，そうした食事作法の方をより上に見るような感覚があった。しかし，こうした西洋の食事作法の変遷を知ると，食事作法の背後にある感覚もまた歴史的に変化し，地域によって異なることを実感できる。食事作法に優劣はないのである。

第2節　アジア諸地域の食文化

1．アジア諸地域の食文化の概要

　アジアはユーラシア大陸の広い範囲を占め，世界の人口の60%におよぶ人たちが住んでいる。インドシナ半島からヨーロッパにかけては山脈や高原が連なっていて，これらの地域からは大きな河川が流れだし，下流には平野が広がっている。北部の地形はなだらかで，シベリア西部から中央アジアは乾燥した低地となっている。

　こうした地形上の特徴と，北半球の南北全体と広範囲に広がる地域であることから，熱帯，温帯，冷帯，寒帯が分布し，東部地域では夏と冬とで風向きの変わる季節風（モンスーン）が吹き，インドシナ半島やインド亜大陸では季節風の影響で夏は雨季，冬は乾季となる。多様な自然環境のもとで，アジアでは農耕，牧畜，漁労が発達してきた。降水量の多い東アジアから南アジアでは稲作が盛んであり，平野部は人口密度も高く，古代文明が生まれ，各地では都市が発達してきた。北部や内陸の乾燥した地域では畑作により小麦やトウモロコシが栽培され，羊やラクダなどを飼育し，乳や肉を食料とする牧畜も行われてきた。海岸部や河川，内陸部の湖水域では魚介類が食料として重要な役割を果たしてきた。また，狩猟採集民だけでなく農耕民も狩猟や採集によって野生の動植物を食料資源として獲得してきた。

　また，アジアの食文化には宗教が影響を与えてきた。東アジアや東南アジア大陸部に広く信仰されている仏教は食の禁忌については比較的寛容であるのに対し，マレーシアやインドネシアで信仰されているイスラーム教は豚肉を食べることや，飲酒が禁忌とされる。インドの主要な宗教であるヒンドゥー教は牛が神聖な動物とされ，食卓に牛肉がのぼることはない。食事のマナーも多様であり，食具を例にとれば，日本や中国，韓国など箸を日常的に使う地域，手食が行われる東南アジアや南アジア地域，植民地統治も含めたヨーロッパとの接触によってフォークやナイフ，スプーンが使われてきたフィリピンなどがある。

　このように，広大なアジアでは地域の自然環境，宗教や習慣に応じた多様な食文化が歴史的に育まれてきた。一方で，人々の移動や移住が盛んになった今日，異なる食事の習慣を持つ人たちが接触する機会が著しく増えてきた。日本でもアジアからの観光客や移民は増加している。アジア各地の食文化を理解しておくことは，日本のこれからの食のあり方を考えるうえでますます重要となってくる。

2．中国の食文化

　「民以食為天」（庶民にとってはおなかいっぱい食べることこそ重要）*37。知り合い同士ならあいさつは「吃了嗎？」（ご飯食べた？）。そんな中国の人々にとって，「食」とはどのようなものか。日本の25倍の広い国土に56の民族が様々な

*37 『漢書／酈食其（れきいき）伝』に見える「王者以民為天，而民以食為天」の後半部分。全文は「（治める側の）王にとって重要なのは（その国の）民だが，（治められる側の）庶民にとっては食べること（お腹いっぱい食べられること）こそが重要」というもの。

風土で共に暮らす今日の中国。5,000 年ともいわれる長い歴史の中で培われてきた「食」の特徴は一言でいえばその多様性にある。

（1）南方と北方

多様性を大きく括る象徴的な言葉が「南米北面」（南方の主食は米，北方の主食は穀物製品と麺類）である。同じ「吃飯」（ご飯を食べる）でも，その地域で何が穫れるかによって何を主食とするかは異なる。主食が違えば食習慣にもおのずと違いが出てくる。南北を分けるのは，黄河と長江の中間にある淮河と漢水と秦嶺山脈を結ぶ年間降水量 1,000 mm のライン（図 2-18）である。黄河水系と長江水系という文化的な境界でもある。南では主に水稲が栽

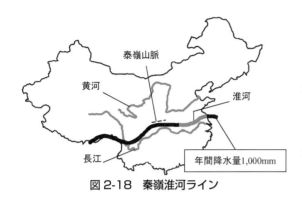

図 2-18　秦嶺淮河ライン

培され，料理にはナタネ油を使う。北では主に畑で小麦が栽培され，落花生油や大豆油が使われる。南方の米は，炒飯にしたりビーフンに加工するのに適した粘り気が少ないインディカ米が多く，どちらも南方の名物である[*38]。ほかにも「小年北吃餃子南吃糕」（年末，竈の神様に供えるのは北方なら餃子，南方なら糕[*39]），など南北の食文化の違いを象徴する言葉は少なくない。

なお，同じ小麦粉でできた皮で具を包むものでも，南方だとワンタン[*40]，四川だと抄手などとよばれており，いずれも主食に分類される。

（2）薬食同源

薬膳は中医学の「薬食同源」[*41] からきている。現代中国語では薬は飲むではなく食べる（喝薬ではなく吃薬）と表現する。中医学はすべての相反する性質のものを陰と陽に分け，万物は木火土金水の 5 つの元素に分けられるとする陰陽五行思想に基づいており，自然界と人類は一体であるという「天人合一」の観点から，その時々の身体の状態，季節などに合わせた食が薦められる。すでに『周礼』（周代の官制を著した書）では医師職の最高位として"食医"が設けられ，帝王の食を管理していた。「薬食」の具体的な食材選びは，後漢時代（25～220 年）の『神農本草経』にはじまり，唐代の『食療本草』に整理され，明代の『本草綱目』に大成される。中医学が盛んな広東省では中医の処方をもらい，薬膳スープの店で体質に合わせたスープを選べる店もある（図 2-19）。

（3）各地の食と菜系

国土の広さ，地形，気候，多民族という中国の特徴は，そのまま各地の食の特徴となって現れる。清朝初期に中国各地の料理のうち古代中国の中心であり最も影響力の大きい魯菜（山東省一帯の料理）に加え 川菜（四川省一帯の料理）・蘇菜（江蘇省一帯の料理，淮揚菜ともいう）・粤菜（広東省一帯の料理）を合わせ「四大菜系」（四大地域料理，以後原文のまま菜系とする）とよぶようになり，清末になるとこれに閩菜（福建省一帯の料理）・浙菜（浙江省一帯の料理）・湘菜（湖南省一帯の

*38　現在中国で最も人気があるのは中国東北部で収穫されるジャポニカ米であり，東北三省および山東省ではコメ食の割合が増加している。

*39　米や麦，豆類を挽いたもので作られた蒸しパンのようなもの。

*40　上海あたりでは餛飩，広東省あたりでは雲呑と書く。ワンタンは雲呑の広東語発音。

*41　医食同源は日本人の造語だが，現在は中国でも使われている。

図 2-19　中医学の「証」に合わせてずらりと並ぶ薬膳スープのメニュー（捜狐・Livin·広州）

表2-2 八大菜系

系		味付けの特徴	代表的料理	
魯菜	斉魯系・膠遼系・孔府系	ニンニクの風味	糖醋鯉魚 山東大餅	鯉の唐揚げ甘酢あんかけ 山東タービン
川菜	上河地帯・小河地帯・下河地帯	唐辛子・花椒・胡椒の辛さ	麻婆豆腐 香魚肉丝	マーボドウフ 細切り肉の魚香炒め
粤菜	広府系・客家系・潮汕系	甘め・あっさり	烤乳猪 龍虎闘	子豚の丸焼き 蛇肉と猫肉の煮込み
閩菜	閩東系・閩南系・閩西系・閩北系・閩中系・莆仙系	甘め	仏跳墻 米粉	壺入りスープ ビーフン
蘇菜	徐海系・淮揚系・金陵系・蘇南系	甘め	獅子頭 咕咾肉	特大肉団子 酢豚
浙菜	杭州菜・寧波菜・温州菜・金華菜	あっさり	龍井蝦仁 金華ハム	川海老のロンジン茶葉炒め
湘菜	湘江流域・洞庭湖区・湘西山区	辛い	東安子鶏 糯米粽子	鶏とピーマンの酢炒め 中華ちまき
徽菜	皖南菜・皖江菜・合肥菜・淮南菜・皖北菜	こってり	符离集焼鶏 火腿炖甲魚	符離集鶏の丸焼き ハムスッポン煮込み

*42 2011年の上海万博でもこれに従い8軒のレストランが選定され料理を提供した。

料理）・徽菜（徽州一帯の料理）を加えた漢民族の「八大菜系」（**表2-2，図2-20**）という定義が主流となった[*42]。しかし，その後も「十大菜系」や「十二大菜系」とのよび方が残っていたり，八大菜系でもその中身が異なることもあった。2018年中国烹飪協会（中国料理協会）は各地域の特色ある料理が広く知られるようになったことを受け，中国の34行政区分それぞれを菜系とする旨を世界に発信するなど，実態に即した菜系のあり方を求める声が高まっている。

こうした地域別の料理とは別に，中国に住む2,500万人ほどのムスリムのために清真菜とよばれるハラールフード（p.72参照）がある。ただし，清真菜人気メニューである烤羊肉串（シシカバブ）（**図2-21**），蘭州牛肉面（蘭州牛肉ラーメン），涮羊肉（羊肉のしゃぶしゃぶ）はムスリムかどうかに関係なく手軽に味わえる。

八大菜系のうち広東料理は，「食在広州」（食は広州にあり）として知られ日本人にも馴染みが深い。日本の初期の中華料理店は広東省出身の華僑によるものが多かったため横浜の中華街では今でも料理店の半数が広東料理の店である。広東料理といえば「空を飛ぶものでは飛行機以外，四本脚のものでは机以外はなんでも食べる」として知られ

図2-20 中国八大料理地図

図2-21 シシカバブ
（北京，著者撮影，2022年）

＊43　2020 年 5 月に『広東省野生動物保護管理条例』が施行。

たものだが，現在では，野生動物の食用は，全面的に禁止されている[43]。

　また，大陸からの中国人定住者の増加に伴い，現在では麻婆豆腐や火鍋で知られる四川料理店も日本国内に多くなっている。

　なお，八大菜系には入っていないが，日本では台湾料理を看板に掲げた店も多い。食は当然その歴史と深くかかわる。台湾島の先住民に加え，17 世紀にはオランダとスペインが台湾島での覇権を争い，明清の時代には福建省・広東省から多くの移住者があり，19 世紀末の日清戦争後 50 年間は日本の植民地となり，1945 年以降，特に中華人民共和国建国前後には中国各地から続々と外省人が押し寄せた台湾。そのような歴史の中で台湾の食は外からの様々な要素を吸収し独自の発展を遂げた。庶民が豚肉の切れ端などを煮こんで作った魯肉飯（ルーローハン）や，少ないお金でおなかが膨れる夜市の各種「小吃（シャオチー）」は今や台湾を代表するメニューである。

（4）料理と酒

　中国では「無酒不成席」（宴席は酒がないと成り立たない）と言う。たしかに，三国志演義の劉備，関羽，張飛 3 人の桃園の誓いも，詩聖李白の名詩も，梁山泊に集った水滸伝の豪傑も，酒がなくては成り立たないだろう。

　中国には，その場所，その料理に適した酒がある。中国酒は蒸留酒の白酒（バイチュウ）と，醸造酒の黄酒（ホアンチュウ）に大分される[44]。

＊44　ワインは赤も白も紅酒という。

　白酒はウィスキー，ブランデー，ラム，ジン，ウォッカと同じ蒸留酒で，産地によって原料や製法が異なるが，高粱（コーリャン）を原料とするものが最も多い。アルコール度数が高く，ほとんどは 38 度から 54 度だが，70 度というものもある。白酒には高価なものも多く，「茅五剣（マオウージェン）」（貴州省の茅台酒（マオタイ）（図 2-22），四川省の五糧液と剣南春）は特に名酒とされる。低度数にするのは困難といわれていた白酒だが，近年は技術開発も進み 20 度に抑えたものも出てきている。度数の高さゆえ普通は 10 ml から 30 ml という小さく透明なグラスが用いられ，一対一で乾杯する際には，自分のグラスを目上の人のグラスの口より下に来るように合わせ，「乾（ガン）」と言って一気に飲み干したのち，空になったグラスの底を相手に見せるのが礼儀である。

　もう 1 つの代表的な酒，黄酒は世界で最も早くから作られている醸造酒の 1 つで，もち米，米，キビなどから作られる。アルコール度は日本酒と同程度の 15 ～ 18 度ほど。日本でも有名な「紹興酒」は浙江省紹興鑑湖の水を使って作られた黄酒で，古いほど（陳年）よいとされ，老酒（ラオチュウ）ともいわれる。子どもが生まれたら紹興酒の甕（かめ）を埋め，娘なら結婚の宴で用いるので「女児紅（ニィウアルホン）」，息子なら科挙の合格祝いの宴で飲めるよう「状元紅（ヂュアンユアンホン）」と称される。また，掘り出すときに蓋に吉祥図を掘ることから「花彫酒」ともいわれる。

＊45　随園は袁牧が買い取って手を入れなおした庭園の名で，そこから袁枚は随園先生とよばれた。食単というのは料理メモのこと。

　清代きっての美食家で詩人の袁枚は『随園食単』[45]の中で，「清廉な官吏の如きで一滴の混じり物もない本物であるからして味は実に素晴らしい。また老齢の名士の如く，この世に長く留まってさまざまな経験を積んだので香り豊かな上質のものになる。だから紹

図 2-22　茅台酒（茅台酒公式サイト）

興酒は5年経たないものは飲んではいけないし，水を混ぜたものは5年ともたずダメになる。私に言わせれば紹興酒は名士で焼酎はならず者である。」と紹興酒を絶賛している。その風味の良さから，料理用としても使われ，有名なメニューに，生きたままのエビを紹興酒につけて酔わせて食べる紹興酔蝦（シャオシンシェイシア）がある。

こうした中国の伝統酒以外にも，日清戦争後の一時期，ドイツが租借していた山東省青島（チンタオ）の青島ビールをはじめとする啤酒（ピージウ）や，健康によいという理由で赤ワイン（紅酒）もよく飲まれている。

（5）お　茶

中国茶は一般に発酵の度合い・過程により大きく6種に分類される（**表2-3**）。

広東料理の飲茶（ヤムチャ）[*46]では脂肪分解作用のある普洱茶（プーアル）などを飲みながら各種点心を楽しむ。

この6大茶のほか茉莉花茶（ジャスミン茶）に代表される再加工茶である花茶，茶葉が入っていない花草茶（ハーブティー）がある。日本ではなじみがないが，身体の熱をとり頭をすっきりさせる効果がある菊花茶は夏の定番である[*47]。

緑茶にジャスミンの花の香りを移した茉莉花茶は主に茶葉の採れない北方で飲まれ，少し前までは，ホテルで部屋用に提供されていたティーバッグのお茶は，北京ならジャスミン茶，上海なら緑茶であることが多かった。

ジャスミン茶は香片茶ともいい，沖縄特産のジャスミン茶である「さんぴん茶」は香片の中国語読みである xiāng（シアン）piàn（ピエン）からきている[*48]。

日本では「中国の茶＝烏龍茶」というイメージが強いが，2022年の調査では，中国人が自分用に購入する茶葉の一番は烏龍茶ではなく緑茶で50.7%，以下紅茶50.5%，普洱茶45.4%，花茶42.0%，白茶40.5%とつづき，烏龍茶は28.4%に留まる[*49]。また，ここ数年日本でもブームを巻き起こしたタピオカミルクティーに代表される「新式茶飲料」とよばれるアレンジティーが若者，特にZ世代とよばれる1995年〜2009年生まれの支持を受け，中国における茶葉消費量を押し上げる結果となっている。なお，コンビニの普及に伴い，日本同様ペットボトル茶の購買量が増加しているが，以前は加糖が普通だった茶飲料[*50]も日

表2-3　茶の分類

名称	緑茶	白茶	黄茶	青茶（烏龍茶）	紅茶	黒茶
発酵度	発酵なし	弱発酵	弱発酵	半発酵	完全発酵	後発酵　製造後微生物等で発酵
産地	全国に分布　浙江省　安徽省　広西省	福建省　福鼎　政和	四川省　湖南省ほか	福建省　広東省　台湾	雲南省　安徽省　福建省　広東省ほか	湖南省　湖北省　四川省　雲南省ほか
品種	西湖龍井　碧螺春　黄山毛峰　信陽毛尖	白毫銀針　白牡丹	蒙頂黄芽　君山銀針	鉄観音　武夷岩茶　黄金桂　高山茶	祁門紅茶　正山小種	普洱茶（年代物が良いとされる）

*46　主に広式早茶，香式早茶の通称名。広東省や香港でゆっくりと時間をかけてお茶を飲みながらミニ蒸籠（せいろ）の点心を食べる。点心は，シュウマイや中華チマキから胡麻団子のようなスイーツまで，非常に種類が多いのが特徴である。

*47　熱をとる作用があるため冬には飲んではいけない。

*48　豚足や豚の耳（ミミガー）を食べるなど，沖縄は中国と食文化が近い。また，サータアンダギーは中国の「開口笑」にそっくりである。

*49　贈り物にするなら普洱茶がトップで64.2%。出典：艾媒咨询『2022-2023年中国茶葉産業発展及消費者洞察行業報』115頁報告，108个図表—深度解析2021中国茶叶行業発展趨勢

*50　三得利（サントリー）は1997年にペットボトル烏龍茶の中国での販売を開始しているが，同じ烏龍茶でも無糖製品と低糖製品の二種類を販売している。

本の茶飲料の影響を受けここ数年でどんどん無糖化の方向に向かっている。

（6）調理法

　和食は素材本来の味や風味を活かすよう調理される。中国料理研究家の木村春子はキッコーマン国際食文化研究センターで講演[*51]した際，日本料理と中国料理を対比して「単純と複雑，純粋と調和，ソロの美とハーモニーの豊かさ」と言っている。和食には食べる人が食卓にある調味料を使う余地が残されているのに対し，中国料理は完結したものが供される。調味料の違いではなく調理法の違いで素材を様々な味に変える。

　広東料理の定番，菜心の炒めものを注文すると清炒（チンチャオ）（塩味だけの炒め）か上湯（シャンタン）（スープ仕立ての炒め）か白灼（バイヂュオ）（お浸し風）かを問われる。手順・油の使い方・水分量などによって調理法が細かく分類されており，料理名は食材，調理法，特色，地名などの組み合わせでできているため，食材をどのように調理しているかがひと目でわかるメニューも多い（表 2-4）。日本でもお馴染みの家常菜（ジアチャンツァイ）（家庭料理）青椒肉絲（チンジャオロースー）は食材＋食材＋切り方の組み合わせが表現されていて，絲は糸状＝細切りをさすのでピーマン（青椒）と豚肉[*52]の細切り炒めということを表す。切り方が変わって薄切りなら青椒肉片（ピェン），サイコロ状なら青椒肉丁（ディン）となる。

（7）世界に広がる中国料理

　「今夜は中華」という CM フレーズから始まった中国料理用合わせ調味料が，日本の食卓に本場風の中国料理をもたらしてから半世紀以上が経つ。訪日中国人観光客が増加したことで，「町中華」とよばれる大衆中華料理店の代表的なメニューである天津飯や中華丼，冷やし中華は中国のメニューにはなく，中国ではデザートに杏仁豆腐が食べられるわけではないことが日本でも知られるようになった。「本場中国のラーメン」[*53]は日本のラーメンとは別物であることもわかった。また餃子といえば普通は水餃子だった中国に，焼き餃子が逆輸出されるなど，グローバル化による変化も起きている。

　江戸時代，長崎の唐人屋敷に始まった当時の清国民の日本在留だが，1854 年以降条約によって欧米諸国の人々の在留が保障されたのに対し，清国民は日清通商条規（1871 年）にようやく認められた。ところが，1899 年の勅令[*54]によって日本における職業が三把刀（さんばとう）（テーラー，散髪，料理）に限られたため，必然的に中華料理店を営むケースが増加し，老華僑とよばれる台湾・広東省・福建省など南部からのオールドカマー[*55]が長崎・神戸・横浜の中華街に集住した。日本における中華料理は，時間をかけて日本人の口に合う「中華料理（町中華）」となっていった。1978 年に中華人民共和国との間で国交が結ばれると，ホテルなどは本場からコックを招聘し，フカヒレや鮑（アワビ）などの高級食材を使う高級店をオープンさせた。こうした高級店は自らの料理を「中国料理（本場中国の料理）」とよんで従来の「中華料理」と区別した。1980 年代末から中国で改革開放政策が採られると訪日中国人が増加，南方系が主流だった日本の中華料理の担い手は，新華僑とよばれる中国各地からのニューカマーへとかわり，町中華でも中国料理でもない，本場の庶民の味を提供する店が増えた。さらに，渡航が厳しく制限された

＊51　2011 年 11 月 30 日「火の料理・水の料理」食に見る日本と中国というテーマでおこなった講演。

＊52　ただ「肉」という場合は豚肉を指す。

＊53　ラーメンの「拉」は伸ばすという意味で，ねかしておいた小麦粉を両手で伸ばしていき麺にするという点は中国に由来している。

＊54　明治 32 年勅令 352 号。主として清国人労働者の居住および就労の制限を定めた。

＊55　1972 年の日中国交正常化以前，主に第二次世界大戦前に日本に居留した者とその子孫を「オールドカマー」，1972 年以降，主に中国の改革開放が始まってから日本に居留した者とその子孫を「ニューカマー」とよぶ。

表 2-4　中国料理の調理法と料理名の例

中国烹飪法（調理法）	中国料理での使用例	日本料理での使用例
煮（ヂュゥ zhǔ） 茹でる	水煮魚 （**水煮**＋食材、白身魚の四川風煮込み）	煮飯（ご飯を炊く） 煮鶏蛋（ゆで卵）
煎（ジエン jiān） 少量の油で焼く	煎餅（**煎**＋状態、中国風クレープ） 煎餃（**煎**＋食材） 煎餅（北京にて著者撮影）	煎鶏蛋（目玉焼き） 煎牛排（ステーキをフライパンなどで焼く）
烤（カオ kǎo） 焼く （直火・オーブン）	北京烤鴨（地名＋**烤**＋食材、北京ダック） 烤羊肉串（**烤**＋食材＋状態、シシカバブ）	烤鶏肉串（焼き鳥） 烤魚（魚をグリルなどで焼く） 烤麺包（トースト）
炒（チャオ chǎo） 炒める	揚州炒飯（地名＋**炒**＋食材、揚州炒飯） 西紅柿炒鶏蛋 （食材＋**炒**＋食材、トマトと卵の炒め）	炒蔬菜（野菜炒め） 苦瓜炒豆腐（ゴーヤチャンブル）
焼（シャオ shāo） 煮る ※紅焼は醤油煮	乾焼蝦仁（**乾焼**＋食材、エビチリ） 紅焼肉 （調味＋**焼**＋食材、豚バラの醤油煮）	焼水（湯を沸かす）
炸（ヂャァ zhá） 揚げる	炸醤麺 （**炸**＋調味＋食材、ジャージャン麺） 　※醤＝各種味噌	炸鶏（フライドチキン） 炸猪排（豚カツ）
燉（ドゥン dùn） 煮込む	小鶏燉蘑菇 （食材＋**燉**＋食材鶏とキノコの煮込み）	奶油燉菜（クリームシチュー） 日式土豆燉肉（肉じゃが）
燜（メン mèn） 蒸し煮焼きする	油燜春笋（**油燜**＋食材、筍の蒸し煮焼）	蘑菇燜飯（キノコご飯）
焯（チャオ chāo） 湯がく	白焯生菜（白灼生菜） （**白焯**＋食材、レタスの中華風おひたし）	焯拌菠菜（ほうれん草のおひたし）
蒸（zhēng ヂョン） 蒸す	蒸鶏蛋羹（**蒸**＋食材＋状態、卵の椀蒸し）	蒸鶏蛋（茶碗蒸し）
涮（シュアン shuàn） しゃぶしゃぶする	涮羊肉（**涮**＋食材、羊のシャブシャブ）	
拌（パン bàn） あえる	涼拌木耳 （状態＋**拌**＋食材、キクラゲの和えもの）	拌沙拉（サラダを和える）

2020年からのコロナ禍にあって，現地そのままの料理を手軽に食べられることを求める在日中国人*56 や中国滞在経験のある日本人によって「ガチ中華」という新しいジャンルが登場した。

　中国ではケンタッキーやマクドナルド，それに中国吉野家でも，朝ご飯限定で油条や豆乳のついたお粥セットを出しており，中国人にとって伝統的な食習慣が今も根付いていることがうかがわれる。

　東アジア文化圏の一角を占めるお隣韓国では炸醤麺をアレンジしたチャジャンミョンが国民食となり，炸醤麺を食べたことはないがチャジャンミョンなら大好きという日本人も多い。日本のスーパーでも韓国風餃子マンドゥ*57 が売られる

＊56　在日中国人の数は2007年に韓国・朝鮮人を抜き，2021年末には71万人を超えている。

＊57　韓国語のマンドゥ만두は中国語の饅頭（発音はマントウ）のハングル音である。餃子という漢字に対応するギョザ교자があるのになぜこうなったのかはよくわかっていない。

ようになり，餃子＝中国とは限らない，新たな餃子文化も生まれ始めている。中国南方の移民から始まった中国系住民は，世界各地で根を張り，チャイナタウンのない国はないといわれるほどだ。日本に町中華があるように，それぞれの地でその地に合った中華料理が根付いている。

3．中国周縁部とその隣接地域の食文化

　中国には人口の大多数を占める漢族とは別に，少数民族が北部，西部，南西部でそれぞれの居住環境にあわせた生業とそれに基づく食生活をおくってきた。このうち，北部は隣接する北アジア，特にシベリア地域の食生活と，西部はさらに西に続く中央アジアの地域との連続性が強く見られる。

（1）北部地域

　秦嶺と淮河を結ぶ年間降水量 1,000 mm のライン（p.50 **図 2-18**）よりも北では小麦やトウモロコシ，コウリャンなどの栽培が行われ，麺製品や饅頭，餃子が主食とされてきた。新鮮な野菜が年間を通じて利用できないため，朝鮮族のキムチのように保存を目的とした醗酵食品が作られ利用されている。そこよりさらに北方の地域では農耕ができないため，狩猟や牧畜が盛んであり，食事の中心は肉や乳製品が中心となる。

　北部のシベリアの内陸部は広大な森林が広がり，ガンやカモ，リス，ノウサギといった野生動物が狩猟によって捕獲され，煮込んでスープにして食べられる。エニセイ川やアムール川といった大きな河川やその支流，湖沼がある地域では，カワカマスやカワスズキ，フナやコイ類といった淡水魚が主要なタンパク質源となっている。また，これらの河川にはシベリアチョウザメが棲息しており，その魚卵であるキャビアは，フォアグラ，トリュフとならぶ世界三大珍味の 1 つとしてよく知られている。夏から秋にかけてはベリー類やキノコなどが採集され，ベリー類はジャムなどに加工して保存される。シベリアの沿岸部では漁労に加えて，夏には捕鯨が，秋から冬にかけてはアザラシやセイウチといった海獣類の狩猟が行われ，貴重なタンパク質源となってきた。

　内陸部では野生の動植物の利用以上に牧畜が非常に重要な生業となってきた。人間だけでは生きていけない環境に家畜が導入されることによって，人間の居住域が大きく広がった。高緯度のタイガとよばれる森林地域ではトナカイが，やや低緯度の草原部ではラクダの遊牧が行われ，肉や乳製品だけではなく，衣類や住居の材料に毛や皮革を提供し，糞は燃料にされ，荷物の運搬や人の移動にも用いられている。搾乳量が少なく糖質成分も低いが脂肪分に富むトナカイの乳は寒冷な地域では発酵させにくいため，茶に混ぜて飲用される。搾乳量が多いラクダの乳からはクリーム，ヨーグルト，乳酒＊58 と多様な乳製品が作られ，日常食だけでなく保存食にもされている。

（2）西部地域

　西部の中緯度地域の大半は大陸性気候で，乾燥が強く季節による気温差が激しい。これらの地域では牧畜とオアシスでの農耕が基本的な生業となってきた。ま

＊58　牛や馬などの家畜の乳に含まれる乳糖が酵母によって発酵してできる酒。糖分量が多くないことからアルコール度数は低いものが多く，保存にも適していることから，子どもも含めて日常的な飲料として重要な役割を果たしてきた。

た，歴史的に東西交渉が盛んで中国と中東の影響を受けるとともに，特に 20 世紀以降はソビエト連邦に入っていた地域（現在のカザフスタンやウズベキスタン）では社会主義政策のもとで定住化が進み，穀物や野菜の栽培が行われるようになった。

牧畜では，羊，ヤギ，牛，馬，ラクダが飼育され，夏には乳製品，冬に肉を食べる暮らしが知られてきた。乳は脱脂－攪拌－加熱－静置－醗酵－乾燥を経てヨーグルトやチーズに加工されたり，モンゴルでは馬乳酒や牛，羊，ヤギの乳から作られる蒸留酒（アルヒ）がよく知られている。肉はごちそうで，モンゴルでは羊やヤギの丸焼き，カザフスタンでは小麦粉の茹でパンの大皿，そして数時間かけてゆでた大きな骨付き肉の料理がお祝いの宴席などで提供される。

乾燥した環境ではオアシスに集落や町が作られ，小麦や米等の穀物類，豆類，野菜，果物の栽培，ヤギや羊，牛等の牧畜が行われている。農耕と牧畜の両方が行われるオアシス近辺では，食材も豊富であり多様な料理が発達してきた。中央アジア全体でみられる料理でプロフ*59 とよばれる炊きこみご飯もその 1 つである。肉やニンジン，タマネギ，干しブドウやマメ，ニンニク等を加え，結婚式等のお祝い事には欠かせない料理となっている。

＊59　トルコ語のピラフに起源を持つロシア語である。

ブドウをはじめ乾燥した気候に適した果物やクルミ，ピスタチオ，アーモンドといったナッツ類もオアシスでは盛んに栽培されている。ブドウやアンズはドライフルーツにされ，保存食としても重宝される。

西部地域の南側は高原地域が広がり，チベット族の食文化が特徴的である。ヤギ，羊に加えてヤクの肉が料理に使われ，茹でたり乾燥させたりして食べる。ヤクの乳からはチーズやバターが作られ，ヤクのバターを使った塩気のあるバター茶は，ツァンバとよばれる大麦粉や小麦粉を焼いたパンとともに日常の食生活に欠かせない。

中国西部の回族やウイグル族，中央アジア諸国にはムスリムが多く，アルコールの摂取を控え，肉料理では豚肉が避けられている。

（3）南西地域

中国の南西部の貴州省や雲南省は少数民族が多く，特色のある料理が各地でみられる。山間部や都市から離れた地域では自給自足で米や野菜を調達し，家庭で飼育したり地元で購入できる豚やニワトリ，河川等の淡水魚などをうまく使った料理が多い。料理法は煮たり素揚げにしたりと比較的単純で，無駄なく食材を活用している。

海に面していない地域では淡水魚の利用が盛んである。家畜や家禽は冠婚葬祭といった特別な機会の食事の食材であり，淡水魚が重要なタンパク質源となってきた。河川や湖沼だけでなく，水田に住むフナやコイもよく食べる。水揚げされたばかりの新鮮なコイとトマトを酸味のあるスープで煮込んだ酸湯魚はミャオ族の料理として知られている。淡水魚を用いて米や塩を使って発酵させたなれずしを作り保存食にするのもこの地域の食文化の 1 つである

中国西南部は茶の栽培起源地と考えられており，茶の独特な利用法がある。チ

ワン族やヤオ族の油茶はその 1 つで，茶葉とショウガなどの薬味を煮出した湯とモチ米や小麦粉，砕いた落花生を炒めたものを混ぜたお茶漬け状の食べものである。栄養価が高く寒い冬には欠かせないものとなっている。

4．韓国，東南アジア，南アジアの食文化

（1）韓　国

1）韓国の食材と調味料（韓国の食物史）

　南北約 1,000 km に渡る朝鮮半島の食体系は一様ではない。山岳地帯が広がる北部では粟やキビ，小麦，蕎麦などの穀物が，平野が広がる南部では主に米が主食であった。副食類にはそれぞれの地域で採れる山菜や野菜，また，家畜飼養による多様な食材を使い，地域ごとに特色のある食文化が育まれていた。高麗時代（918〜1392 年）になると稲作が全土に広がり，高麗時代後期から李朝時代（1392〜1897 年）初頭にかけて，米，汁物，飯饌とよばれる複数の総菜で構成される食膳パターンが確立した。

　家族や地域の人たちと共同作業でキムチを漬け込み，できたキムチを分かち合う慣習は「キムジャン」とよばれ，2013 年にユネスコ無形文化遺産に登録されている。

　飯饌の代表格はニンニクやトウガラシをふんだんに使ったキムチである。ニンニク，トウガラシを多く使うのは韓国料理の特徴であるが，朝鮮半島におけるニンニクの歴史は紀元前の古朝鮮[*60]にさかのぼる一方，中南米を原産とするトウガラシの歴史は比較的新しい。トウガラシが韓国に渡来したのは 16 世紀頃で，1766 年に書かれた農書「増補山林経済」[*61]にトウガラシを使ったキムチが初めて登場した。それ以前のキムチの辛味には山椒などが使われており，韓国の料理がトウガラシによって辛くなるのは 18 世紀後半以降と考えられている。

　朝鮮半島で多くトウガラシが使われる背景には様々な説があるが，その中に「気候説（寒いため，体を温める）」と「栄養説」がある。中国同様に陰陽五行思想に基づいた「薬食同源」思想が人々に根付いており，体によいとされる朝鮮人参や蜂蜜などが使われた菓子は薬菓，酒は薬酒，山間に湧く霊泉は薬水，調味料や香辛料は薬念とよばれる。食材の味と色がそれぞれ意味を持ち，伝統料理にはそれらをバランスよく食べ合わせる「五味五色」の概念[*62]が反映されたものが多い。「体によい」ということは韓国の人々にとって食事における重要な要素であり，住んでいる土地で採れる旬のものを食することが健康によいとされる「身土不二」の考え方が近年注目を集める所以でもある。体を温め，栄養素を補給できるトウガラシを使ったキムチは韓国の人たちの食志向に叶った食材といえる。

　トウガラシの普及にはさらに，肉食に必要な香辛料とする「食伝統説」がある。4〜6 世紀の朝鮮半島では仏教が隆盛し，仏教の戒律である殺生の禁止に拠する「肉食禁止令」によって家畜の食用が禁じられた。しかしその後，高麗時代に遊牧民国家である元（旧モンゴル帝国の一部）に征服され，その後 100 年を超える元の支配下で遊牧民族が持つ肉食文化が高麗の人々に浸透した。高麗に駐屯し

*60　紀元前 108 年，前漢の武帝により征服されるまでの朝鮮。

*61　李朝後期に書かれた最初の農書とされる「農家集成」に当時朝鮮で行われていた技術を補って著された「山林経済」をさらに増補した書物。

*62　五味：甘味，塩味，酸味，苦味，辛味。五色：青，赤，白，黒，黄。

た蒙古軍は，駐屯地の環境に適した豚の飼養を行っており，蒙古の食文化は朝鮮半島の風土に適応させるかたちで変容し，郷土化していった。また，李朝時代には仏教が排斥されて儒教が国教となり，肉食が社会に根付くことを後押しした[*63]。肉食文化が浸透した韓国で肉料理と相性のよいトウガラシが広く普及したと考えるのが「食伝統説」である。なお，韓国における儒教の食への影響は肉食文化の定着に限らない。高麗時代に仏教と結びついて流行した「茶」に関連する喫茶文化は儒教を国教とした李朝時代に次第に薄れていき，食事の席で年長者より先に食べ始めない，年長者の食事が終わるまで席を立たない，といった儒教の教えに基づく「長幼の序」に沿った食事作法[*64]は現代にも引き継がれている。

2）宮廷料理と現代の食事

韓国の「宮廷料理」とは李朝時代に宮中で食べられていた食事を指し，国の重要無形文化財に指定されている。「薬食同源」が考慮され，五味五色，および五法（焼く，煮る，蒸す，炒める，生）がバランスよく取り入れられ，皿数の多さが特徴である。韓国語で食膳は飯床（パップサン）とよばれ，主食，汁物，鍋物（チゲ）のほか，飯饌の数は身分によって異なっていた。水刺床（スラサン）とよばれる王の飯床の飯饌は 12 種類，貴族階級である両班（ヤンバン）の飯饌は 5～9 種類であった。宮廷料理の食材には各地方から献上されたものが使われるため，王は日々の食事から収穫物の状態が確認でき，食料に関する諸問題への対策を講じることができたといわれている。

宮廷料理の伝統を継承したとされるのが現代の「韓定食」（図 2-25）であり，宮中の料理は，使われる食材や調味料，作り方，そして料理の組み合わせ方など，「薬食同源」の考え方とともに庶民にも広く伝えられた。李朝時代の庶民の食事は宮廷料理の影響を受けながらも，その内容は，ごはん一膳に汁が一椀，そこにキムチや山菜の和え物が加わる程度の質素なものであった。宮廷料理の名残りは，今日の韓国の食器や食具にも見ることができる。宮廷料理の食器は主に真鍮（しんちゅう）でできており，重い食器を持ち上げずに食膳においたまま食べていた習慣は現代まで継承されている。食具は匙（さじ）と箸が使

図 2-25　現代の韓定食（写真 AC）

われ，匙は主に主食と汁物・鍋物を，箸は飯饌を食べるときに使われる。李朝時代は王や貴族の食事に毒物が混入されたときに検出できるとされた[*65]銀製の匙と箸が使われた。現代ではステンレス製のものが多いが，今なお金属製の匙と箸が一般的である。

3）伝統的共食文化におけるホンパプ（孤食）とデリバリー

韓国では 1980 年代初頭から，経済成長にともなって外食費が急激に増加した。海外の外食ブランドの本格的な韓国進出などがその背景にある。韓国の人々にとって，何を食べるかはもちろん重要であるが，外食では「誰と食べるか」がことさら重要である。韓国では「共食」が重んじられ，その対岸にある「孤食」はマイナス評価を受ける。映画やテレビドラマにおける失意や孤独を表す場面では一人で食事をするカットがしばしば使われている。一人で食事をするときは知り

＊63　儒教の祭祀では動物の供献もされる。

＊64　金泰虎：日韓の食事作法—作法の相違とその作法形成の原因を中心に—，言語と文化；11巻，2007，pp.99-116

＊65　毒殺によく使われたヒ素毒物に反応して銀が黒く変色すると考えられていたが，実際にはヒ素そのものには反応せず，ヒ素毒物に含まれる硫黄成分に反応して黒く変色する。

合いに会わない場所を利用する傾向がある。韓国ではコンビニのイートインスペースが早くから充実していたが，その背景に「人知れず一人で食べることができる場所」としての需要があった可能性が考えられる。そのような状況が近年変化し，周囲を気にせず一人で食事をする人が増えている。孤食とならざるを得ない単身世帯が都市部で増加していることが指摘される一方で[66]，一人の食事を好む「ホンバプ族（ホン＝一人，バプ＝ご飯）」が急増し[67]，韓国社会の孤食へのマイナスイメージは緩和されつつある。

　単身世帯の増加は，韓国のフードデリバリー市場の売上も押し上げている。韓国では元来より夜食を楽しむ食文化があり，2010 年以降はスマートフォン利用者の位置情報に基づいたフードデリバリー情報提供やアプリによる注文サービス導入によって，フードデリバリー市場は急成長した。特にフライドチキンは圧倒的な人気を博しているデリバリーメニューであり，ともに注文する飲み物はビール（麦酒・メクチュ）が多い。チキンとビールの組み合わせを意味する「チメク」という略語も一般化している。韓国には米を麹で発酵させて作る伝統的な醸造酒「マッコリ」が現代も多くの人に親しまれているが，夏の夜の「チメク」は韓国でのより日常的な風景となっている[68]。

（2）東南アジア

　東南アジアの地域概念が生まれたのは第二次世界大戦後である。この地域は，ほぼ共通して稲作を基盤とした先史時代があり，中国とインドの文明の影響をそれぞれの地域が強く受けていた。15 世紀にはアラブ諸国との海洋交易が盛んであったマレー半島やインドネシア諸島の一部でイスラーム化が進み，16 世紀以降はヨーロッパ各国の植民地支配を受けることになる[69]。宗主国の文化や宗教の影響もあり[70]，この地域の食文化は実に多様である。

1）メコン川の恵み（東南アジアの食物史）

　「スコータイのくにやよきかな，田には米あり，水には魚あり」，これは13〜16 世紀に渡り現在のタイの位置に存在したスコータイ王朝[71]の石碑に刻まれた一文であり，「米と魚」がこの地域の代表的な食材であることを示してる。インドシナ半島の食文化は主要な河川流域で育まれ発展していった。中国チベット高原を水源とし，ラオス，ミャンマー，タイ，カンボジアを流れ，ベトナムから南シナ海へと注ぐ東南アジア最長の河川であるメコン川，タイのチャオプラヤー川，ミャンマーのエーヤワディー川など，歴史的意味を持ち[72]，流域の人々の食を支えてきた重要な河川がある（**図2-26**）。

　メコン川河口付近はメコンデルタとよばれ，ベトナムの米生産量の半分以上を占める

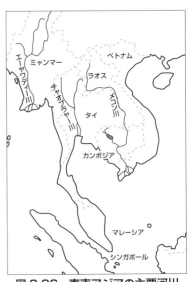

図2-26　東南アジアの主要河川

＊66　前川健一：テレビドラマでわかる韓国の「ひとり飯」，Vesta（味の素食文化センター），農文協，2015，pp.36-39.

＊67　菅野朋子：韓国30 代男女に「おひとり様」が激増する理由，東洋経済オンライン2017 年 3 月 11 日，https://toyokeizai.net/articles/-/161967

＊68　周永河（丁田隆・訳）：食卓上の韓国史，慶応義塾大学出版会，2021，pp.369-383

＊69　インドネシアはオランダの，マレーシアはポルトガル，後にオランダ，イギリスの植民地支配を受け，フィリピンはスペイン，カンボジア，ラオス，ベトナムはフランスの植民地となった。ミャンマー（旧ビルマ），およびブルネイはイギリスが宗主国であり，東南アジア地域では唯一タイのみが植民地支配を受けていない。

＊70　カンボジア，タイ，ベトナム，ミャンマー，ラオスは仏教徒，マレーシア，インドネシア，ブルネイはイスラーム教徒，フィリピンはキリスト教徒がそれぞれ多い。

＊71　タイ族がスコータイ（タイ北西部）に創始し，13〜16 世紀に渡って繁栄した王朝。

＊72　チャオプラヤ川下流域には7 世紀頃から11 世紀にかけてモン人が王国を，エーヤワディー川流域では紀元前200 年頃から後9 世紀にかけてピュー民族が王国をそれぞれ建国していた。

農業地帯である。インドシナ半島は熱帯モンスーン気候に区分され，十分な降雨量がこの地域に住む人々の主食である米の生産を水稲栽培によって支えている。また，メコン川はインドシナ半島の淡水魚食文化も育んできた。ナマズ科やコイ科の多くの種類の白身魚や淡水エビが食べられている（図2-27）。東南アジアでハーブ類が料理に多く使われるのは淡水魚の臭みをおさえるための人々の工夫といえる。

　東南アジア最大の湖，カンボジアのトンレサップ湖には，雨季に水量が増加したメコン川の水が流れ込み，周辺の水田も水に浸かる。その水には魚の卵や稚魚が多く含まれ，乾季になって水田の水が引く頃に水路に網を張るとたくさんの小魚が収穫できる[*73]。特定の時期に大量に収穫された小魚を一年中利用するため作られるようになったのが東南アジアの発酵調味料として有名な魚醤である。魚醤は，タイでは「ナンプラー」，ベトナムでは「ヌックマム」とよばれ，それぞれの国の料理を特徴付ける，この地域の人々にとってなくてはならない調味料である。熱帯モンスーン気候の恩恵は米と魚にとどまらず，その気候に適した様々な野菜や果物が栽培されてきた。収穫した野菜や果物などの農産物，そして水産物の運搬には水路が使われた。メコン川やチャオプラヤー川の支流とつながる運河が多数作られ，船と船との間で取引を行う水上マーケットが発達していった。

図2-27　メコン川のエビ
（著者撮影，2016年）

2）交流が育む食文化

　メコンデルタを中心とする海上交易国として栄えた東南アジア最初の王朝「扶南（フメン）」[*74] は，インド文化を取り入れてクメール文字をつくるなど独自の文化を発展させた。12世紀のアンコールトムの碑文には牛乳やバターオイル（ギー）などの乳製品について記されており，現代には継承されていない乳文化が当時インドから伝わっていたことが確認できる。

　スパイスで味に変化を付け，ハーブで香りをつける，あるいはその殺菌作用で料理の保存性を高める技術もまたインドとの関係で発達していったが，インドの香辛料文化がそのまま持ち込まれたというより，その土地で栽培可能な食物が利用され[*75]，今日に至っている。

　麺の起源は中国だと考えられており，東南アジアの麺料理も中国の影響を受けて発展していったが，香辛料やハーブの使い方同様に，麺もまた東南アジア独自の料理となっているものが多い。そこには，15世紀以降のイスラーム教の影響や，16世紀以降に支配されるヨーロッパ諸国の影響も受けながら，現在の東南アジアの食文化が形成されている。インドネシアやマレーシアでは豚が使われず，鶏や魚の料理が中心であるのはイスラーム教の教義に拠る。フランスが宗主国であったベトナムのフォーは，「広東の湯麺に，フランス料理で使われる牛肉片が入って，新たなクラッシックとなったもの」[*76] と表現されており，フランスの影響を受けて路上で売られているバケットのサンドイッチ，バインミーもまた独自に進化した。東西貿易の中継拠点として多民族国家となったシンガポールは

＊73　石毛直道：魚醤とナレズシ，味の素食の文化センター石毛直道食文化アーカイブス，https://www.syokubunka.or.jp/gallery/ishige/archives/fishsauce/chapter6.html（2023年5月30日閲覧）

＊74　1世紀末頃にメコン川下流に住むクメール人によって現在のカンボジアに建国された。

＊75　森枝卓士：世界の食文化・ベトナム・カンボジア・ラオス・ミャンマー（石毛直道，大塚滋，樺山紘一，他），農文協，2005，pp.170-172

＊76　Peters, E.J.: Appetites and Aspirations in Vietnam: Food and Drink in the Long Nineteenth Century, Lanham, AltaMira Press, 2012, pp.99-100

図 2-28　ホーカーズ (ぱくたそ)

人々の宗教も多様で，この都市の食文化は東南アジアの融合型食文化の縮図ともいえる。先住のマレー系の食文化をベースに，中国やインドの食文化，イギリス植民地時代にはヨーロッパや中東の食文化も流入し，それらは混ざり合い，融合して今日のシンガポールの食文化の形成につながっている。

3）東南アジアの屋台文化

東南アジアへの食文化の代表的なものが屋台での食事である。東南アジアの屋台には，道路脇に簡易テーブルと椅子を置き，その場で食べることができるイートインタイプと，買ったものを持ち帰ることができるテイクアウトタイプがある。いずれも料理の金額はそれほど高くない。イートインタイプの屋台で食事をする方が，食材を買いそろえて料理するよりもむしろ安く食べられることもある。

シンガポールにはホーカーズとよばれる屋台街（**図 2-28**）がいたるところにあり，食事の値段は一般的なレストランの 1/10 程度で，外食率が高いシンガポールの人々の食事を支えている[77]。屋台文化は人々の住まいにも影響を与える。タイの集合住宅にはキッチンがない物件が少なくない。屋台の存在が日常化した外食や中食を支え，家庭での料理の外部化は，女性が台所に縛られずに社会進出できることを後押ししている。また，屋台営業に寛容な法律は低所得の人たちの就労支援につながり，失業率を下げる対策となっている。

（3）南アジア

「南アジア」は，かつてのシルクロードの中南部に位置する地域であり，標高 8,000 メートルを超える高峰連なる山岳地帯から，サバンナ，熱帯雨林地帯，温暖な平野部と森林地帯，さらには珊瑚礁に囲まれた島嶼部まで，多様な自然環境が広がる地域である。インドシナ半島東部，その水源をヒマラヤ山脈に持ち，アラビア海まで流れるインダス川流域は，古代文明発祥の地である。ヒマラヤ山脈に源を発し，ベンガル湾に注ぐガンジス川下流の広大なデルタは，温暖湿潤で古代より農業生産性の高い地域であった。南アジアで使われる言語は数百を超え，人々の外見や風習も東西南北で大きく異なる。ヒンドゥー教，イスラーム教の 2 大宗教を中心に多様な宗教が信仰され，気候，地理，歴史，宗教などに影響を受けた多彩な食文化を有する。

1）南アジアの食物史

インダス文明の遺跡では，大麦，小麦，マメ類，果物，牛やヤギ等の動物遺物，アフリカ起源といわれるシコクビエやモロコシ等の雑穀が発掘されている[78]。菜食者の多いインドで重要なタンパク源となっているマメ類は古くから重要であった。発掘されたマメ類はインド原産だけでなく，バルカン半島やアラビア半島に起源を持つものが遺跡から確認されており，広域な海洋交易が行われていたことがうかがえる。マメ類とともに乳の加工品（ヨーグルトやギー）も食べられており，乳の使用はインド最古の文献である「ヴェーダ」[79] に記されている。

＊77　日本貿易振興機構：日本食品消費動向調査・シンガポール，2017，https://www.jetro.go.jp/ext_images/_Reports/02/2017/a9577f728cda5f09/rp-resesg201703.pdf（2023 年 5 月 30 日閲覧）

＊78　小磯千尋，小磯学：食材・香辛料の歴史と料理法，1.歴史的外観，石毛直道（監修）：世界の食文化・インド，農文協，2006，pp.99-114

＊79　紀元前 1500 年頃，サンスクリット語の話者たちが 1,000 年以上にわたって築いた宗教思想を伝える聖典であるインド最古の宗教文献群の総称。

　インド料理は香辛料の利用によって特徴づけられる。1 世紀頃からのインド洋の海洋交易において香辛料は主要な交易品であり，その取り引きはヨーロッパや中国に広がっていった。十字軍の遠征時代（11〜13 世紀）にヨーロッパでの需要が高まり，その後オスマン帝国の地中海進出（15 世紀）による香辛料価格の高騰等を背景に時代は大航海時代へと移行していく。インド洋から香辛料が世界に広がり，新大陸からはトウガラシやジャガイモ，トマトなど様々な作物が，ヨーロッパからは様々な食品加工の技術がもたらされた。イースト菌を使うナンの製法はヨーロッパ由来である。16 世紀後半からアジアで勢力を拡大したイギリスがインドの食文化にもたらした最大の産物は飲茶習慣だといわれる。それまで中国以外での茶栽培は難しいと考えられていたが，イギリス人がインドに茶樹を持ち込み，生産を開始した。良質な茶葉は輸出用で，残った苦い茶葉を煮出して砂糖とミルク，そしてカルダモン等の香辛料を加えて飲めるように工夫したのが「チャイ」である。炊いた米の上にかける，香辛料をふんだんに使ったスープを意味するタミール語の「カリ」が語源とされるインド料理の代表格ともいえる「カレー」は，イギリス経由でヨーロッパに，そして世界に広がった。さらにそれぞれの地域で独自に進化している。インドでは調理するときにその場で香辛料を挽いて使うが，ヨーロッパにもたらされたカレーにはあらかじめ挽かれた香辛料を配合した，いわゆる「カレー粉」が用いられた。手軽に使えるカレー粉の存在が，カレーが世界に広がった理由の 1 つだと考えられている。

2）宗教と食

　一国で 14 億人を超えるインド，およびネパールは人口の約 8 割がヒンドゥー教徒で，南アジアではヒンドゥー教[80]が最大の宗教である。一方でパキスタンやバングラデシュではイスラーム教が国教であり，スリランカやブータン等では仏教徒が多い。ヒンドゥー教の観念や世界観は神々への信仰にとどまらず，衣食住をはじめとする日々の生活のすべてに影響を及ぼす。牛は神聖な動物として崇拝の対象であり，食べることは禁忌である。

　ヒンドゥー教徒の食事に強く影響を与えているのは「浄・不浄」の概念である。手食のインドで，食事を口に運ぶことができるのは清浄な右手のみである[81]。一方で，大皿料理を自分用に取り分けるときは左手を使う。清浄な右手で料理を取れば，大皿の残りは他の人にとって不浄な「食べ残し（ウシュタ）」に変わるためである。また，不浄は唾液を通して伝わるとされ，食事を食べ始めた右手は当人にとって清浄であっても，他人には「不浄な手」でしかない。「浄・不浄」の概念はインドのカースト制[82]に拠るところが大きく，下層カーストの不浄が上層カーストに伝染しない精神的な「分離」が徹底されている。

　菜食者が少なくないインドでは，加工食品のほとんどに菜食者用と非菜食者用を区別する緑（菜食用：通称「ベジ」）と赤（非菜食者用：通称「ノンベジ」）のマークが付けられている。また，インドには，不殺生を信条として一切の動物性食品を食さないジャイナ教[83]の信者がいる。ジャイナ教は，厳しい菜食主義を掲げ，仏教が禁止する五葷（ごくん）[84]とよばれる臭気のある 5 種の野菜はジャイナ教

＊80　古代インドの宗教と民間信仰が融合しながら形づくられた。

＊81　左手は排泄物の洗浄に使う「不浄な手」であると考えられている。

＊82　カースト制は，地位が高い順に僧侶（バラモン），王侯・軍人（クシャトリア），商人（ヴァイシャ），農民（シュードラ）の「ヴァルナ」とよばれる 4 つの種姓階級と，各階級に属する職業集団である多数の「ジャーティー」で構成される。

＊83　仏教が開かれた紀元前 5 世紀頃と同じ時期，同じ地域で発祥したといわれるインドの宗教の 1 つ。

＊84　地域によってその 5 種は変わるが，ネギ，ラッキョウ，ニンニク，タマネギ，ニラが該当する。

でも禁止である。目に見えない土の中のバクテリアの生命を奪うことも禁じられ，根菜類を食べない。

3）インドの健康志向

「浄・不浄」と並んでインドの人々の食生活に影響を与えているのは「アーユルヴェーダ」とよばれる，サンスクリット語のアーユス（生命）とヴェーダ（科学）を組み合わせた呼称で，「生命科学」を意味するインドの伝統医療である。アーユルヴェーダでは，「トリ・ドリーシャ：ヴァータ（風），ピッタ（火），カパ（水）」とよばれる3つの生命原理が生命現象と病気を支配すると考え，トリ・ドリーシャのバランスが取れている状態が「健康」とされる。食材はそれぞれ体を冷やすものと温めるものがあり，食事はトリ・ドリーシャのバランスを整える重要な要素としてとらえられている。

インドでは，1990年代以降の経済自由化にともなって，伝統的な職業や生活，共同体を離れて経済的上昇をめざす人々が増えてきており，カーストや宗教を超えた「新中間層」とよばれている。新中間層においては，人々が伝統的にごく当たり前に取り入れているアーユルヴェーダに西洋的な健康志向が加わり，新たな消費を生んでいる[85]。健康によいとされる「紅茶」は，値段は高くてもストレートで飲める茶葉が好まれ，不健康の代名詞であった酒類も新中間層の中では健康によいという理由からワインの消費が増えている。

酒類は健康の理由だけでなく，背徳的なものとして，インドでは宗教的な祭礼や特別な日の前日には販売・提供が禁止される。一方で，グローバル化にともなう消費文化の広まりとともに，今日では新中間層を中心に飲酒への忌避感は薄れつつあるといわれる[86]。人々の消費活動の変化は鶏肉産業の急成長にもみられる。特に若者の鶏肉需要は急速に増加しており，インドの伝統的なタンパク質源であったマメ類より鶏肉の方が効率的なタンパク質摂取ができるからとされている。

巨大ショッピングモール等で手軽に諸外国料理の様々な味に出会うことができる都市部ではすでに，伝統的な浄・不浄観，その概念に起因する外食への抵抗感等が薄れつつある。時代ごとに新しい食文化が生み出され，伝統的な食文化と融合して人々のアイデンティティ形成に大きく寄与している。

＊85　尾瑞穂：食と健康―インドの浄・不浄感と社会，河合利光（編）：世界の食に学ぶ―国際化の比較食文化論，時潮社，2011，pp.100-121

＊86　藤田幸一：インドの食料問題と食料政策―その構造と展望―，国際開発研究　15(2)：2006，pp.51-64

第3節 西アジア・中東，アフリカ，中南米，その他の地域の食文化

1．西アジア・中東，アフリカ，中南米，その他の地域の食文化の概要

　本節で対象とする地域は日本と比較的離れた場所にあり，日常的な食事の共通点はそれほど多くない。日本でこれらの地域の料理を食べる機会は限られており，エスニック・レストランとよばれる飲食店での外食や，輸入食材を取り扱う店で売られているレトルトパックや既製品などを用いることで，食事の一端を経験することができる。

　グローバル化の進展により，これらの地域からの移民は増加していく可能性があり，近年，特に顕著であるインバウンド観光を通して，多くの人々が日本を訪れる機会も増加している。日本の日常生活ではあまり馴染みのないこれらの地域の食のあり方を理解することがますます重要となっている。

　西アジアや中東，北アフリカの人々の食事に大きな影響をあたえているのがイスラーム教の存在である。豚肉を避ける，飲酒を禁止する，断食を行うといったことはよく知られているが，その背景にある考え方を知ることにより，「どのように食べるか」ということが「どのように生きるか」ということにつながっていることが理解できるであろう。

　多様な自然環境が存在するアフリカでは，狩猟採集，農耕，牧畜といった異なる生業活動を行う集団が共存してきた。人類発祥の地であるアフリカの異なる気候や自然条件下で育まれてきた生活様式，食物獲得の方法，栽培作物の種類，料理の方法は実に豊かであり，特定の食料の大量生産による食の画一化とは異なる多様性が存在してきたことが理解できる。

　中南米は多くの栽培植物の原産の地であり，その多くが大航海時代以降，世界中に広がり世界の食文化に大きな影響を与えてきた。ジャガイモはヨーロッパの飢饉をたびたび救い，厳しい自然環境の中でも栽培が可能なキャッサバは，アフリカの各地域でエネルギー源として重要な役割を果たしてきた。また，ヨーロッパの植民地経営によるプランテーションの労働力の担い手としてアフリカからの奴隷やアジアからの移民が中南米には多く入ってきた。先住民，ヨーロッパやアフリカ，アジアの人々の食が融合した独特の食文化が形成されてきたのもこの地域の特徴である。

　南太平洋の島嶼地域では豊かな海産資源と限られた植物資源が，大陸島であるオーストラリアでは有袋類であるカンガルーやワラビーのような野生動物に代表されるように地域固有の動植物が食生活で利用されてきた。植民地化や移民による食生活の変化や，独特の嗜好品であるカヴァの飲用もこの地域の特徴である。

2．西アジア・中東の食文化

（1）西アジア・中東という地域

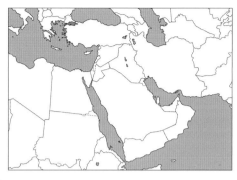

　西アジア・中東とは，北アフリカ
の大西洋岸からカスピ海の東にまで
至る広大な地域であり，その気候や
風土は一様ではない。この地域の特
徴は，社会の中で宗教が示す存在感
にある。誰もが何教徒として生きて
いるかを明確に意識しており，「宗
教は持っていない」，「家の宗教は○
○だが，自分は特に信じてはいない」等の日本ではよく耳にする言葉を聞くこと
はない。この地域の人々を理解するにあたって無視することができないのは，ユ
ダヤ教，キリスト教，イスラーム教という 3 つの一神教である。これはこの地
域の食文化についてもいえる。

　ユダヤ教，キリスト教，そしてイスラーム教は同じ系譜の宗教で，すべてこの
地域で生まれた。最初にユダヤ教があり，そこからキリスト教が生まれ，最後に
登場したのがイスラーム教である。イスラーム教は西暦 7 世紀初頭のアラビア
半島で，隊商貿易に携わっていたムハンマドという男性が神の言葉を受け取った
と自覚することで伝えはじめられた。イスラーム教は瞬く間にアラビア半島の外
に拡大し，今日に至るまで西アジア・中東では圧倒的な存在感がある。イスラエ
ルでは人口の 7 割強がユダヤ教徒，レバノンでは 3 割強がキリスト教徒と例外
はあるものの，それ以外の国ではイスラーム教徒が人口の大多数を占める。

　系譜は同じだが，3 つの宗教には明確な違いがある。ユダヤ教はユダヤ人とい
う特定の民族のための宗教であるのに対し，キリスト教とイスラーム教は全人類
に向けられた宗教である。だから，例えば日本人が自らの意志でイスラーム教徒
になることもある。日本人の中にキリスト教徒がいるのと同じである。実際，イ
スラーム教は西アジア・中東の外にも大きな広がりをみせ，現在では世界の 4〜
5 人に 1 人がイスラーム教徒だといわれている[*87]。

　キリスト教が戒律や規範を守ることよりも正しく教義を理解することを重視す
るのに対し，ユダヤ教とイスラーム教は戒律や規範を守ることを重んじる傾向が
強い。戒律や規範が日常的な暮らしの細部にまで及ぶのは，神の教えに従って生
きる意志が，1 つひとつの振る舞いの中に現れることを求めるからである。何を
食べるか，いかに食べるかももちろん例外ではない。

　では，そうした戒律や規範はどこからくるのか。イスラーム教においてもっと
も重要なのは，聖典コーラン（クルアーン）である。コーランはイスラーム教徒
にとって，唯一神（アッラー）が語った言葉にほかならない。唯一神に選ばれて
預言者となり，天使ガブリエルを介して神の言葉を受け取ったムハンマドは，そ
れを少しずつ周囲の人々に伝えていったとされる。

＊87　人口比でイス
ラーム教徒が高い割合を
占める国は，西アジア・
中東に多いが，割合では
なくイスラーム教徒の人
数という点から見ると，
上位 3 位を占めるのはイ
ンドネシア，パキスタン，
インドである。さらには，
欧米諸国の「移民」のイ
スラーム教徒も無視する
ことはできない。

コーランには次のような一節がある。「アーダムの子孫よ，何処のマスジドで
も清潔な衣服を体につけなさい。そして食べたり飲んだりしなさい。だが度を越
してはならない。本当にかれは浪費する者を御好みにならない。」[88]

「アーダム」とは聖書にも登場する「アダム」のこと，また「マスジド」とは
イスラーム教の礼拝施設，モスクのことである。イスラーム教は食に関して厳し
いルールを持つかのように思われているが，実は命じているのは「度を越しては
ならない」ということだけであり，「食べたり飲んだり」する楽しみ自体を制限
するような禁欲的な姿勢はまったくないことがわかるだろう。

コーランには及ばないものの，もう1つ，イスラーム教徒にとって重要なの
がハディース，つまり預言者ムハンマドについての言い伝えである。彼は神に選
ばれた男であり，神の命ずるところに従って生きた人間であるとされるため，そ
の言動は人々の手本となる。コーランの中に具体的な記述がなければ，人々はハ
ディースを頼りにして正しい振る舞いを模索する。

一般に「イスラーム法」とよばれているのは，こうした模索・判断の積み重ね
である。よりよく生きようとするイスラーム教徒の格闘の産物であり，それは時
代の変化とともに今も更新され続けている。

（2）イスラームの食の規範

1）酒の禁止

ユダヤ教には食に関して非常に複雑な戒律がある。陸生動物では，豚だけでな
く，反芻しない，あるいは蹄が完全に分かれていないもの，馬，ラクダ，ウサギ
などを食べることが禁じられる。海や川の動物では，ヒレやウロコのないものと
してタコ，イカ，エビ，カニ，そして貝の類も食べることが許されない。また，
ある動物の肉とその動物の乳をいっしょに食べることが禁じられているので，肉
の調理には乳製品の使用が避けられる。

イスラーム教では，禁じられているのは基本的に酒と豚だけである。イスラー
ム側の理解では，ユダヤ教と比べてイスラーム教ではごくわずかなものしか禁じ
られておらず，それ以外はすべて許されている，ととらえられている。酒と豚の
禁忌について，コーランでは以下のように述べられている。

「かれらは酒と，賭矢に就いてあなたに問うであろう。言ってやるがいい。『そ
れらは大きな罪であるが，人間のために（多少の）益もある。だがその罪は，益
よりも大である。』」[89]，「あなたがた信仰する者よ，誠に酒と賭矢，偶像と占い
矢は，忌み嫌われる悪魔の業である。これを避けなさい。恐らくあなたがたは成
功するであろう。悪魔の望むところは，酒と賭矢によってあなたがたの間に，敵
意と憎悪を起こさせ，あなたがたがアッラーを念じ礼拝を捧げるのを妨げようと
することである。それでもあなたがたは慎まないのか。」[90]，「信仰する者よ，あ
なたがたが酔った時は，自分の言うことが理解出来るようになるまで，礼拝に近
付いてはならない。」[91]

イスラーム教以前のアラビア半島では飲酒が一般的であったこと，酔った状態
での礼拝の禁止に関する一節からはイスラーム教誕生以降もしばらくは飲酒が禁

＊88　コーラン7章31
節。コーランの日本語訳
については，本書では日
本ムスリム協会のものを
用いる。

＊89　コーラン2章219
節。「賭矢」とはイスラー
ム教以前に一般的であっ
た，弓矢を使ったくじ引
き，賭けの一種。

＊90　コーラン5章90
～91節。

＊91　コーラン4章43
節。

じられていなかったことがわかる。酒に酔って礼拝のしかたを間違える，いさか
いを起こすなどのために飲酒が禁じられたのである。

2）豚肉の禁止

　豚肉に対する禁止はより一貫している[*92]。西アジア・中東のイスラーム教徒
には，豚を見たことがないという人が少なくない。それほどまでに，彼らの生き
る空間から豚は排除されている。彼らにとって，豚肉はそもそも食べ物ではない
といってもよい。コーランの中で豚については以下のように書かれている。

　「あなたがたに禁じられたものは，死肉，（流れる）血，豚肉，アッラー以外の
名を唱え（殺され）たもの，絞め殺されたもの，打ち殺されたもの，墜死したも
の，角で突き殺されたもの，野獣が食い残したもの，（ただしこの種のものでも）
あなたがたがその止めを刺したものは別である。また石壇に犠牲とされたもの，
籤で分配されたものである。これらは忌まわしいものである。」[*93]，「言ってやる
がいい。『わたしに啓示されたものには，食べ度いのに食べることを禁じられた
ものはない。只死肉，流れ出る血，豚肉—それは不浄である—とアッラー以外の
名が唱えられたものは除かれる。だが止むを得ず，また違犯の意思なく法を越え
ないものは，本当にあなたの主は，寛容にして慈悲深くあられる。』」[*94]

3）定められた屠畜方法

　禁じられているのは豚肉だけではない。豚以外であっても，「アッラー以外の
名を唱え殺された」，「絞殺された」，あるいは「打ち殺された」動物の肉は食べ
ることが許されない。羊や牛など食べることが許されている動物についても，い
かにして生命を奪われたか，そのプロセスが問われているのである。

　イスラーム教の教えによれば，生命を生み出すことと生命を奪うことは神の業
である。人間はそこに踏み込めない。しかし，生きるために必要な場合に限り，
人間は動物の命を奪うことが許される。人間が食べるために動物の命を奪うとき，
神に許された「食べる」ための行為であると明確に示すことが求められる。「神
の名において」，そして「神は偉大なり」とアラビア語で唱えたあと，鋭利な刃
物で，動物の頸動脈を切り即死させ，動物の苦しみを最小限にとどめる。そのあ
とで，血を完全に抜く。この手順で屠ることで，動物の肉は「アッラーから授かっ
た糧」となる。

（3）地域ごとの多様性

1）共通の規範，地域ごとの特色

　ハムやソーセージなどの加工品に豚を使うことも禁止され，調味料としても酒
類が使えないといわれると，イスラーム教はあまりに厳格で，人間から食べる喜
びを奪っていると思われるかもしれない。しかしそれは，食生活に豚肉や酒類が
欠かせない環境に生きる者の視点から見たときの話である。

　西アジア・中東だけでなく，東南アジアや南アジアでもイスラーム教徒が多数
派である地域では，そのほとんどが「生まれながらの」イスラーム教徒である。
つまり，周囲がみなイスラーム教徒という環境で生まれ育ったのであり，彼ら／
彼女らの周囲には酒や豚が存在しないのが当たり前で，豚が食材と考えられるこ

＊92　酒とは異なり，
このような一貫性がある
背景には，豚肉の食用が
当時のアラビア半島で一
般的でなかったこともあ
ると考えられる。

＊93　コーラン 5 章 3
節

＊94　コーラン 6 章 145
節

となどそもそもない。豚の忌避を「強いられている」と考えるのはやめておいた
方がよい。

　また，酒と豚の禁止以外，イスラーム教には食材の使い方，調理法に関しては
規定もないので[*95]，地域ごとに名物料理とよべるようなものがある。近年，「イ
スラーム料理」といういい方が時折聞かれるが，実際にはそうよべるような単一
の料理は存在せず，西アジア・中東に話を限定しても，そこには多様な食文化が
あるのである。

*95　ただ動物の血を
食べることは許されない
ので，肉を焼く場合は
しっかりと火を通すこと
が求められる。

2）パンと米

　西アジア・中東の人々の主食はパンである。場所による違いはあるが，インド
のナンに近い平らな丸いもの，ピタパンの類が多い。中は空洞で，半分に切ると
半円状のポケットが2つできる。そこに具材挟むことで，簡単にサンドイッチ（図
2-29）ができる。パンにつけて食べるペーストの類も，ゴマを練っ
たもの，煮たひよこ豆をつぶして香りをつけたもの，焼いたなす
をつぶしたもの（図2-30）などバラエティに富む。

　一方で米も好んで食べられていて米料理の歴史自体は長いが，
この地域で米が生産される場所は限られているため，今もどちら
かというとぜいたくな食材であり，米食が一般の人々の間に拡大
したのは比較的新しい。米を使った料理でよく知られているのは，
ピラフのような炊き込みご飯の類である。

3）ご馳走としての肉料理

　この地域の人々にとって，ご馳走といえば肉料理である。最も
よく知られているのは，肉をレモンや香辛料に漬け込んで串刺し
にし，炭火で焼いたカバーブだろう（図2-31）。鶏肉や牛肉も
使うが，羊肉が最も好まれる。カバーブはアラビア語の発音であ
り，ペルシア語ではキャバーブ，トルコ語ではケバブと変化する。

　これらの中で日本でも近年よく見られるのが，ドネル・ケバブ
である。トルコ料理の代表とされている。スライスした肉を垂直
にした太い串に大量に刺し，回転させながらあぶり焼きにする。
外側の焼けた部分を薄くそぎ落として，パンにはさんで食べるの
が一般的なスタイルである。なお，ドネル・ケバブはアラブ圏で
も広く見られるが，シュワルマという別の名前でよばれている。

　この地域の肉料理といえば，羊の丸焼きを連想する人もいるか
もしれない。シリア，ヨルダン周辺ではマンサフ，アラビア半島
でカブサとよばれ，トマトや香辛料を入れて炊き込んだ米の上に
焼いた肉をのせる大皿料理で，ハレの日には欠かせない。肉はラ
クダ，鶏も使われるが，やはり最も一般的なのは羊の丸焼きの肉
がのせられたものである。このときに使われる皿の直径は1メー
トル近くになることもある。

図2-29　パンを半分に切って作った
サンドイッチ（著者撮影，2019年）

図2-30　焼き茄子のペースト
（著者撮影，2019年）

図2-31　サフランライスを添えたカ
バーブの盛り合わせ（著者撮影，2019年）

4）家庭料理

　ただ，ここまでにあげた焼いた肉の類は日常的に食べるわけではなく，今日では家で作られることもほとんどないといってよい。代わりに家庭でよく作られるのは煮込み料理である。調理には様々な香辛料が使われるが，辛さが際立つわけではない。

　ナスやズッキーニなどの野菜をくりぬき，そこに米と挽き肉を詰め込んでトマトスープで煮たものは，家庭で作られる煮込み料理の代表である。また，キャベツやブドウの葉で米と挽き肉を包んで煮ることもある。アラブ圏ではマハシー，トルコではドルマなど，場所によってよび名が変わることはあるが，西アジア・中東の多くの地域で見られる料理である。ロールキャベツの原型であるともいわれている。

　家庭料理にも，その場所ならではの名物がある。モロッコでは，タジンという料理が有名だ。タジンとは元来，蓋が円錐形の土鍋（p.9参照）の名称であるが，これを使った料理もこの名でよぶ。この鍋にタマネギ，ニンジン，ジャガイモなどの野菜を敷き詰め，その上に肉をのせ，蓋をして蒸し煮にする。

図 2-32　クスクス (写真 AC)

　チュニジアの料理として知られているのは，クスクス（**図 2-32**）であろう。クスクスとは，世界最小のパスタとして知られるコメ粒ほどのパスタの名称である。このパスタは水に浸した後，蒸して火を通し，肉や野菜を煮込んだトマト味のソースをかけて食べる。この料理には専用の鍋がある（**図 2-33**）。日本の蒸し器のようなもので，2段の鍋の下の段でソースを煮込み，その蒸気で上の段のクスクスを蒸す。

図 2-33　クスクス用の御鍋
（ウィキメディア・コモンズ）

　エジプトを代表するのは，日本でもかなり一般的になった葉野菜，モロヘイヤを細かく刻んで粘り気を出しスープで煮込んだものである。ご飯といっしょに食べることが多い。肉を加えることが多く，中でも最も高級とされるのはウサギ肉を入れたものだ。今ではフードプロセッサーが登場することが多いが，かつてはモロヘイヤをみじん切りにするための専用の器具，両端に柄のついた半月型の包丁が使われた。

5）ファストフード

　ハンバーガー，フライドチキン，ピザのチェーン店の拡大はこの地域でも驚くほどであるが，伝統的なファストフードも健闘している。家で作ることもなくはないが，通常は店で買う手軽な料理の代表としてファラーフェル（**図 2-34**）があがるだろう。シリア，パレスチナ，イスラエルあたりではファラーフェルとよばれ，エジプトではタアメーヤと別の名になる。水に浸して柔らかくしたそら豆，あるいはひよこ豆をつぶし，香辛料を加えて団子状にして油で揚げたもので，小型のコロッケのような見た目である。サンドイッチにして食べることが多い。

　エジプトならではのファストフードには，コシャリ（**図 2-35**）がある。ご飯

図2-34　ファラーフェル（タアメーヤ）
（著者撮影，2019年）

図2-35　フライドオニオンをたっぷりのせたコシャリ（著者撮影，2019年）

とマカロニ，レンズ豆を混ぜたものにスパイスの効いたソースをかけ，揚げたタマネギをトッピングしたものである。ご飯とマカロニが混ざっている炭水化物満載のこの料理は，あっという間に空腹を満たしてくれる。コシャリを売る店は，エジプトの街なかに行けばすぐに見つけることができる。

　エジプトの人々の生活に根付いた料理であるコシャリは，実はインドに起源を持つ。インドでは「キチリ」あるいは「キチュリ」とよばれ，香辛料で味をつけ，豆と米を一緒に炊いたものだ。インドから聖地メッカに巡礼に来た人々がアラビア半島に持ち込み，それをさらにエジプトからメッカに巡礼に来ていた人がエジプトに伝え定着したという。この「キチリ」にマカロニを加え，さらにトマトソースかけるというアレンジはエジプト人の手によるものである。イスラーム教の巡礼が，人々の食生活にも影響を及ぼしていることがわかる。

6）伝統的なスイーツ，飲み物

　この地域の菓子類の代表は砂糖をふんだんに使った焼き菓子であろう。最も有名なのはトルコを中心とした地域で食べられるバクラワ，あるいはバクラヴァとよばれるもので，ごく薄いパイ生地のようなシートを何層にも重ねて焼き，砕いたピスタチオやクルミをのせ，最後にたっぷりとシロップをかけて食べる。これに似たものは，この地域にはとても多い。

　バクラヴァ以外にも土地ごとに様々な菓子があり，祝祭には欠かせない。かつては家で作るのが普通であったが，現在では店で買うことの方が多くなっている。世界共通の現象であろう。

　この地域の飲み物ですぐに連想されるのはコーヒーである。コーヒーはアラビア半島の南端にあるイェメンのモカ港から世界に広がったとされる。しかしこの地域の伝統的な飲み方は，日本で一般に知られているコーヒーとはかなり異なる。トルコ・コーヒー（図2-36）というよび方で知られているのは，水と砂糖と細

図2-36　トルコ・コーヒー（写真AC）

かめに挽いたコーヒー豆をコーヒー用の小鍋に入れて沸騰させ，濾すことなくカップに注いで粉が沈殿するのを待って上澄みを少しずつ飲むというものである。カルダモンやシナモンが加えられることも多い。飲み終わったあとの滓で占いをすることもある。

　紅茶を好んで飲むところも少なくない。カップではなく小さなグラスで，たっぷりと砂糖を入れて飲むのが一般的で，モロッコやチュニジアではミントを入れ，香りを楽しむことも多い。

　イスラーム教徒には飲酒の習慣はなく，酒の出る宴席もない。しかしそれに代わるかのように，コーヒーや紅茶をゆっくりと飲みながら，会話を楽しむ時間が非常に大切にされている。

（4）ハラールという概念

1）グローバル化の影響

　イスラーム教徒が豚と酒を口にしないこと，豚以外の動物であっても定められた屠畜の方法を守ることは，かつてそれほど難しいことではなかった。なぜならばイスラーム教徒の多くが，周囲の人々もみなイスラーム教徒であるという環境で暮らしていたからである。まわりの人々と同じようにしていれば，自然とイスラーム教徒として正しい食生活を送ることになった。

　しかし，時代の変化は人々の日々の食生活にも大きな影響を及ぼした。グローバル化が進行し，人もものも国境線を越え続けている。アメリカ系のハンバーガーやフライドチキンのチェーンがどこでも見られるようなったのはその一例だ。その一方で，どの国であっても，ある程度の都市であれば世界各国の料理店が競い合っている。さらに，スーパーの食料品売り場には輸入品があふれている。加工品であれば，どのような材料で，誰がどのように作ったか，すぐには見当をつけることはできない。

　それだけではない。人も動く。教育の機会や職を求めて他国に移住することも，休暇や仕事で短期間，外国に行くことも珍しくない。イスラーム教徒が少ない国であれば，酒や豚が他の食材と特に区別されることなく使われている。羊や牛の肉でも，イスラーム教が求める方法で屠畜されたか否かを確認することは容易ではない。

2）ハラール認証

　このような状況の中で注目されているのが，ハラール認証という制度である。「ハラール」とはイスラーム法の用語であり，「許されるもの」を意味する。食品製造者の申請を受け[96]，専門の機関が調査を行い，ある製品に関して，原材料，製造方法などの視点からイスラーム教の規範に抵触していないことを認めるものである。

　マレーシアでハラール認証の最初の試みが始まったのは 1994 年であり，その歴史は浅い。実のところ，西アジア・中東の人の中には，ハラール認証について知らない人も多い。特に注意が必要なのは，認証制度が「ハラール」という概念を変質させていることである。

＊96　厳密には，食品だけでなく飲食店などの店舗も認証を受けることがある。

　イスラーム法とは行為に関する規範であり，「～すること」について是非を問うものであって，なにか個々のものについて云々することはない。厳密には，イスラーム教で禁じられているのは「豚肉」というモノではなく，十分な判断能力を持つ人が，ほかにも食べ物があるという状況の中で，それが豚肉であると知りつつ，「豚肉を食べる」というコトが禁じられているのである。豚肉しかなく食べなければ飢える状況で，それと知りつつ豚肉を食べた場合や，それが豚肉であるとは知らずに食べてしまった場合，イスラーム法的には咎められない。

　しかしハラール認証では，豚肉というモノが排除されるのであり，それが入っていない物・製品は許される，つまりハラールであるという考え方をする。その意味で，ハラール認証という制度はイスラーム法の伝統とはかなり異質な性格をもつ。イスラーム教徒はハラール認証を受けたものしか食べることができない，というのはまったくの誤解である。

　それでもハラール認証が必要とされるのは，グローバル化が進行する中で，見たこともない食べ物，どこの誰が作ったのかわからない食べ物と接する機会が，場所によって程度の差はあろうとも，確実に拡大しているからである。ハラール認証機関のロゴマーク（**図2-37**）がついていれば，その製品に少なくとも避けるべき食材が入っていないことは確認できる。

図2-37　マレーシアのハラール・ロゴ
（著者撮影，2019年）

（5）断　食

1）1か月間の断食

　イスラーム教徒は宗教的な行事や実践に，ヒジュラ暦とよばれるイスラーム固有の暦を使う。この暦の1年には12の月があり，1つひとつ名前がついている。9番目の月がラマダーンとよばれ，この月には日の出から日没までは毎日，飲食を断たなければならない[*97]。水を含め一切の飲食を絶ち，たばこも吸わず，口を通して何かを体内に入れることをしない。ただし，これは心身ともに健康な成人にのみ課される義務であり，子ども，高齢者，病人などは免除される。イスラーム教は厳しい規範を課す一方で，現実にあわせた柔軟な対応をみせる。

　ヒジュラ暦は完全太陰暦であり，1か月は月の満ち欠けの約29.5日の周期に基づくので，30日の月と29日の月が交互に来る。結果，1年は365日ではなく354日となり，太陽暦よりも11日短い。そのため，ラマダーン月の季節も毎年，少しずつずれる。ラマダーン月が夏にあたると，断食をする時間が長く，のどの渇きも激しくなるので，より厳しいものとなる。

　ラマダーン月の断食はイスラーム教徒の義務なので，当然のことながら異教徒は断食の必要はないのだが，西アジア・中東に暮らすキリスト教徒は，ラマダーン月になるとイスラーム教徒に配慮し，昼間はあまり人目につかないように飲食をする。異教徒の外国人客が多いホテルやレストランでは，日中も食事を提供す

*97　夏に白夜が続き，日が暮れることのない北欧などでは，一般に次の2つの選択肢があるとされる。1つは聖地メッカの時間に合わせる方法，もう1つは一番近い「イスラームの国」，この場合トルコの時間に合わせる方法である。

るものの，外から見えないようにカーテンを閉めたり，奥の席だけを使うなどの配慮をすることが多い。また，通常はビールなどの酒類を出しているレストランでも，ラマダーン月には出さなくなることがある。

「断食」と訳されるアラビア語（サウムあるいはシヤーム）は，コーランの日本語訳では，実はほとんどの箇所で「斎戒」となっている。「斎戒」とは祭祀に備えて心身を清めることである。ラマダーン月は，ムハンマドが最初に神の啓示を受けた月であり，イスラーム教徒にとって聖なる月なのである。

ラマダーン月には日中，夫婦間の性行為が禁じられるが，この月に行われるのが正確には「断食」ではなく「斎戒」であるとすればそれも理解できる。人の悪口を言うこと，嘘をつくことなど，普段でも慎むべきことが，この月には特に厳重に避けられる。また，いつも以上に熱心にコーランを読み，礼拝を行う。モスクで過ごす時間も長くなる。

2）ラマダーン月の過ごし方

ラマダーン月には誰もが夜明け前にいったん起きる。ラマダーン月も，職場や学校は，少し時間がずれることはあっても基本的には通常通りであるため，その中で一日の断食をやりぬくには，断食に入る夜明けの直前に食事をとることが欠かせない。この夜明け前の食事はサフールとよばれ，煮た豆やヨーグルトなど比較的軽いものがとられる。

飲まず食わずの長い一日を過ごし，日没後にとる食事のことをイフタールという。このアラビア語の意味はまさに「断食を解くこと」である。日没後すぐに口に入れるのは渇きを癒す水であり，それに続いて空腹をなだめるために，ナツメヤシのような糖分の高いものが選ばれる。しかしこれはまだイフタールの始まりに過ぎない。その後に，あたかも一日の苦行のご褒美とでもいうかのように普段以上の豪華な食事が待っている。ただ，できるだけ喉が渇かないよう，ラマダーン月のあいだは塩辛い食事を避ける傾向がある。

ラマダーン月は，昼と夜のコントラストが激しい。日中は身を慎み，襟を正して過ごす時間であるのに対して，日が暮れるとまさに祝祭の時間がやってくる。普段との違いを見せるのは，ランタンをモチーフにした飾り付け，様々な催し，特別なテレビ番組など，例をあげるときりがないが，それでもやはり，ラマダーン月の華やかな夜を際立たせるのはイフタールである。イフタールでは，家族，親族，そして友人や同僚が集まって食事をする。

ラマダーン月のイフタールという食事が特別なのは，日没後すぐ，つまりみなが同じ時間に食事を始めるという点にある。相談をして時間を合わせる必要などないから，人が集まって食事をするのにラマダーン月ほど最適な時はない。イフタールは，まさに人と人をつなぐ機会となっている。親しい人とのつながりを確認し，旧交を温める。しばしば異教徒も招かれ，イフタールが生み出す人とのつながりはイスラーム教徒以外にも広がる[98]。

3）イフタールの豪華な食卓

この地域では通常，料理は女性の仕事である。ラマダーン月には，一家の主婦

＊98　それどころか，イスラーム教徒と友好関係を築こうと，異教徒が主催者となるイフタールの会も今では珍しくない。断食はイスラーム教徒の行であるが，イフタールはそうではないのでこのような試みが可能になる。

が台所で過ごす時間は普段よりずっと長くなる。空腹を抱えた家族，客人が，日没後すぐに食事ができるようにと早くから準備をするのだが，日中は味見をすることができないから問われるのは経験だ。

　エジプトのある料理の本は，ラマダーン月の食事について，長い断食を終えての最初の食事には，消化機能を刺激するものが欠かせないこと，ビタミンやミネラル分が不可欠であること，さらに熱量の補給のためにはデザートを忘れてはならないことなどいくつかの注意点を記したあと，イフタールにふさわしい例として次のような献立を紹介している。

- ・ミルクに浸したナツメヤシ。チキンスープ。フライドチキン。モロヘイヤ(の煮込み)。エーシュ(パンの一種)あるいはご飯。ピクルスの盛り合わせ。ナッツを添えたアターエフ。
- ・アプリコットのジュース。トマトスープ。オクラのキャセロール。ご飯。グリーンサラダ。プディングを添えたクナーファ。
- ・フルーツコンポート。レンズ豆のスープ。カバーブ。ベシャメルソースのパスタ。ビートのサラダ。アプリコットのプディング。

　バラエティに富んだたっぷりのご馳走が，空腹の極みにある人々を出迎える様子が目に浮かぶ。メニューの中にあるアターエフやクナーファとは焼き菓子で，エジプト人にとってラマダーン月には欠かせないものである。

　トルコのラマダーン月については，ラマザン・ピデをあげなければならない。これはもちもちとした円形のパンであり，ラマダーン月以外は食べない。ちなみにラマザンとは，ラマダーンという語がトルコ語化したものである。

　これだけの料理，菓子類を毎日，食べるので，当然のことながら，ラマダーン月は食費がかさむ。肉の消費量は，一年のうちでラマダーン月が最も多い。最近では，以前よりも外食する習慣が拡大し，イフタールを外でとる人も増えている。レストランではラマダーン月に特別メニューを用意する。マクドナルドのようなファストフードの店でも，豪華なセットメニューを前面に打ち出す。若い女性の間では，ラマダーン月にいかに太らないようにするかということが関心の的となる。ラマダーン月は断食の月でありつつ，飽食の月でもある。この1か月間，人々は食べることの大切さを強く感じながら過ごす。

4）食の施し

　ラマダーン月になると，普段以上にイスラームの教えに忠実に生きようという意識が高くなるが，中でも目立つのは施し，特に食べ物の施しである。日中の断食をやり遂げたあとに，誰もが十分な食事をとることができるよう配慮されるのである。イフタールに必要な食材の詰め合わせが用意され，貧しい人々に配布される。

　また，近年ラマダーン月の風物詩となっているのはラマダーン・テーブルとよばれる無料の仮設レストランである。飢えをしのぐ食事を施すというよりも，一日の断食を終え，人々が集まり，華やいだ雰囲気でとるイフタールの場を提供するといった方がよいかもしれない。ラマダーン・テーブルでは，デザートまでつ

けたたっぷりとした食事が用意される。

　道路わきにテーブルが並べられることもあれば，モスクやスタジアムなど大きな施設が会場となることもある。個人が数日間だけ催すこともあれば，慈善団体，町会のような地域コミュニティが主催者となって1か月間続けることもある。予約など不要で誰が利用してもよい。ラマダーン月の日没後，家族と食卓を囲むことのできない人であれば，だれでもその席に着いてよいのである。

　豚肉を食べない，酒を飲まないというルールを守ることによって，そしてラマダーン月に断食をすることで，イスラーム教徒は自らがイスラーム教徒として生きていることを確認し続ける。さらに，ラマダーン月のイフタールでは，共に食べることで人と人とのつながりを拡大し，強化していく。どのように食べるかは，どのように生きるかと直結する。イスラーム教徒の世界では食が果たす役割は大きい。

3．アフリカの食文化

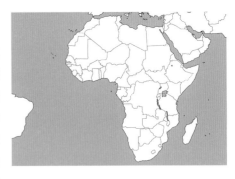

　南北8,000キロメートルに渡る広大なアフリカ大陸の気候および自然環境は多岐に渡る。北部にはアフリカ最大のサハラ砂漠，南部にはカラハリ砂漠，ナミブ砂漠があり，砂漠周辺にはサバンナ地域が広がる。大陸中央部を通る赤道付近には熱帯降雨林地域が広がり，南北の海岸部には温帯も分布する。アフリカは人類（ホモ・サピエンス）発祥の地である。人類はその後世界に拡散していくが[*99]，アフリカにとどまった祖先は大陸の多様な環境に適応しながら長い年月を狩猟，農耕，牧畜，またはそれらを混合した生活を営んだ。それぞれの地域で異なる集団が異なる気候や自然条件下で営んできた生活様式，食物獲得の方法，栽培作物の種類，料理の方法はごく当然に多様である。

（1）アフリカの歴史と農作物

　アフリカの歴史区分の方法は様々であるが，他地域との接触を踏まえたアフリカ各時代の性格を把握する観点から，川田順造『アフリカの歴史』（角川ソフィア文庫，2022）pp.15-18の記載を参考に，ここでは「アフリカ諸文化基礎形成時代（〜8世紀）」「サハラ交易時代（8〜16世紀）」「奴隷貿易時代（15〜19世紀）」「植民地時代〜独立，そして現代（19世紀〜）」の4区分とする。北アフリカにキリスト教が伝来したのは1世紀頃[*100]，アフリカ諸文化基礎形成時代であり，イスラーム文化の流入は主にサハラ交易時代である。元々多様な文化があった大陸で，外来文化の影響を受けてさらに多彩な文化が生みだされていった。

　アフリカは，サハラ砂漠の南の端を境に北と南に二分し「2つのアフリカ」として語られることが多い。北アフリカ地域はアラブ系のコーカソイド（白色人種）が多いイスラーム文化圏である。地中海型の気候のもと，小麦を主作物とする灌

＊99　「拡散」には，「アフリカ起源説」（アフリカ大陸で古代型から現代型への移行が行われ，それが世界へ拡散していった），「同時移行説」（原人時代に拡散した古代型ホモ・サピエンスがそれぞれの地域で現代型へと進化した）等，複数の説が提唱されている。

＊100　サハラ以南にキリスト教宣教師たちの布教が始まるのは奴隷貿易の廃止後となる。

漑農耕と，食肉用の小家畜（羊やヤギ），農耕用の大型家畜（牛）の飼育が様々なかたちで結びついた複合型の農業が営まれてきた。一方，サハラ以南の中南アフリカにはネグロイド（黒色人種）が多い。サバンナと熱帯雨林地帯が大部分を占める土地で，移動性の大きい焼畑農法によって穀類やイモ類の栽培を中心とした農業を生業としてきた。干ばつや飢餓といった問題が頻発する地域もあり，特に「飢餓ベルト」とよばれる砂漠化に瀕したサヘル地帯は飢餓人口が世界で最も多い*101。

　厳しい気候条件下，長い歴史の中で多民族との交流，そして干渉，支配といった様々な要素がアフリカに住む人々の食に影響を及ぼしてきたが，食を支える農業は自然環境に対応して多様性に富んでいる。サハラ以南で十分な降雨量が望める地域ではココア，コーヒー，アブラヤシ等の換金作物のプランテーションが行われ，食用作物はこれらの間に植えられている。湿潤地域ではキャッサバ，ヤムイモ等の根菜作物や料理用バナナが栽培されている。雨量の少ない地域はミレット（トウジンビエ，シコクビエ等）やソルガム（モロコシ），トウモロコシ（メイズ）等の雑穀の栽培とともに家畜飼育が行われ，乾燥地域ではその気候に強い雑穀のテフやフォニオ，ササゲマメ等を生産しながら家畜飼育に重点を置き，干ばつに備えたリスクの分散を行っている*102。

（2）アフリカ大陸の主食

　現在アフリカで主食として食されている作物の多くは他の大陸からもたらされたもので，主食の入れ替わりがしばしば生じている。テフやフォニオ等の雑穀の多くはアフリカ原産であるが，バナナは紀元前後にアジアから東アフリカに到来したと推定されている。12～13世紀頃にアジアイネ*103がインド洋を渡り，キャッサバは16世紀に新大陸から持ち込まれた。トウモロコシの到来もキャッサバと同じ16世紀の大航海時代である。トウモロコシは，植民地支配期以降，鉱山開発や都市化が進展する中で鉱山労働者や都市住民向けの食料として生産が急速に拡大した。さらに独立後の各国政府がトウモロコシの生産振興政策を導入したことなどから今日のアフリカで最も多く生産される穀類はトウモロコシとなった。一方，全体消費量はイモ類が穀物を上回り，現在最も食べられている*104。アフリカの食の特徴は，主食と副食で構成されていること，そして食事の形態は「噛む」のではなく「呑む」食事であるといわれる*105。主食を「呑む」とはどういうことであろうか。

　アフリカの主食穀物はミレット，ソルガム，トウモロコシ等の雑穀で，これらは挽いて粉状にした後，多くの場合お湯で溶いて粥状にするか，ペースト状に練り上げて食される。ペースト状に料理されたトウモロコシは東部アフリカでは「ウガリ」「シマ」，南部では「パップ」「パパ」または「サザ」と呼び名が異なる。地域によって味や硬さも異なるが，いずれも「噛む」必要がなく，「呑みこむように食べる」のである。道具を用いて食物をつき砕く，すり潰すといった行為は動物にはない人間特有の文化的行為と考えられ，そうした料理はあえて咀嚼せずに呑みこむことが尊いとされる。「熱いうちに食べる」ということもアフリカの

*101　近年の気候変動は，穀物生産の低迷をはじめとするこの地域の様々な問題をさらに深刻化させている。アフリカにおける飢餓問題は厳しい自然環境のみがもたらすもののみではなく，頻発する紛争もまた要因の1つである。

*102　志和地弘信：アフリカの食文化と農業，ARDEC 40, 2009, pp.8-12

*103　アジア以外の多くの地域でも栽培されており，イネを狭義ではアジアイネを指す。インディカ種，ジャポニカ種，ジャバニカ種に分けられる。

*104　鶴田格：緑の革命とアフリカ：トウモロコシを中心に，石川博樹，小松かおり，藤本武（編）：食と農のアフリカ史 ─ 現代の基層に迫る，昭和堂，2016, pp.237-252

*105　小川了：アフリカの食の特徴，石毛直道（監修）：世界の食文化・アフリカ，農文協，2004, pp.26-58

食の特徴の 1 つとされるが，デンプン質の多い主食をおいしく「呑む」ことができる温度が重要ということであろう。

イモ類もまたアフリカの伝統的な主食である。西アフリカではキャッサバの皮を剥いてすりおろし，1～2 日間自然発酵させた後に加熱乾燥を行ってキャッサバ粉に加工する。お湯を加えてペースト状に仕上げたものは「エバ」とよばれる主食料理である。キャッサバを茹でた後，臼と杵でついて餅のように食べる「フフ」とよばれる主食料理もあり，フフ作りにはキャッサバのほか，ヤムイモ，タロイモ，調理用バナナなども用いられる。エバもフフもまた呑み込むように食べる。キャッサバは青酸配糖体という有毒成分を含んでいるが，キャッサバを食するアフリカ各地では，加熱，水さらし，すりおろして発酵など様々な「毒抜き」技術が調理の段階で行われている[106]。

アフリカには在来種の陸稲「アフリカイネ（グラベリマ種）」があるが，サハラ交易時代に伝播した「アジアイネ」は収量と食味に勝り，アフリカイネに代わって普及した。コメは，かつては「ハレの日」の食べ物であったが，その消費量は年々増えている。1960～1970 年代の食料保障問題を背景に，日本をはじめとする国際社会の支援を得て新品種の開発が行われた。成果品である「ネリカ米」は従来種より乾燥や病害虫に強く，短い栽培期間でより多くの収量が望めるとされる。その生産普及が 1990 年代より始まった。かつては西アフリカの数か国とマダガスカルで局所的に行われていた稲作が，現在では東アフリカや中央アフリカ地域にも広がり，多くの国でネリカ米の栽培がされている。アフリカのコメ生産量は年々増加しているが，国によっては輸入量も増加しており，生産量の増加を上回る人口増加や一人当たりのコメ消費量の増加等がその背景にある。

（3）副食と嗜好飲料

アフリカで主食と副食は区分されるが，複数の皿に分けて提供されるかたちではなく，その地域で入手できる様々な食材を煮込んだものを主食にかける，または添えられることが多い。アフリカの人々の生業は単一ではなく，農耕，牧畜や漁労，狩猟や採集含め，複数の生業によって生活が成り立っている場合が多いため，副食には栽培作物[107]や発酵乳，野生動物の肉，昆虫に至るまで多岐に渡る食材が使われる。植民地時代にフランスが宗主国であった地域では，ソースにフランス食文化の影響をみることができるが[108]，アフリカ全般での味つけは塩やトウガラシ等が用いられ，比較的シンプルである。スパイスの多用はないが，魚介類やマメ類を発酵させた調味料も使われている。酸味にはタマリンドやバオバブの葉等が用いられ，伝統的な油脂類であるアブラヤシ油や落花生油が料理にコクを加える。近年では外国産の調味料が，冷凍肉や缶詰，食用油に並んで農村部の小さなキオスク（売店）等でも販売されている[109]。

嗜好品飲料の材料となるコーヒー豆やカカオはプランテーションで栽培され，そのほとんどは輸出用であるが，エチオピアで生産されるコーヒー豆の 6 割以上が国内で消費されているといった例外もある。また，酒についてはアブラヤシ等の樹液を発酵させて作るヤシ酒やバナナ酒等のほか，トウモロコシやソルガム

＊106　安渓貴子：毒抜きをとおして見るアフリカの食の歴史 ―キャッサバを中心に，石川博樹，小松かおり，藤本武（編）：食と農のアフリカ史 ―現代の基層に迫る，昭和堂，2016，pp.237-252

＊107　地力の低下や病虫害の発生を防ぐため，穀類作物との輪作用に栽培されているマメ科の作物などがしばしば使われる。

＊108　植民地時代のイギリス，フランス，ベルギーの統治方針はそれぞれ異なり，植民地にフランス文化の普及が行われたことが料理にも影響していると考えることができる。一般的にイギリスの方式は「間接統治」，フランスの方式は「同化政策」，ベルギーは「温情主義（パターナリズム）」の方針であったといわれる。

＊109　水元芳：食から見た村の暮らし，池谷和彦（編）：ボツワナを知るための 52 章，明石書店，2012，pp.126-130

等を原料とした地元産の発酵酒が多く飲まれている。ヤシ酒は西アフリカからアフリカ中央部に渡る広い範囲で飲まれており，一日の大半のエネルギーをヤシ酒から摂取している地域もある[110]。穀物発酵酒もまた同様で，安価で空腹を満たせることから低所得世帯でより大量の消費がされる傾向がある[111]。

＊110　小川了：ヤシ酒，石毛直道（監修）：世界の食文化・アフリカ，農文協，2004，pp.229-231

＊111　水元芳：ボツワナにおける疾病の二重負荷 ―HIV／エイズ対策インフラ活用の示唆，アジ研ワールド・トレンド17(2)，2011，pp.8-11

（4）伝統とグローバル化

　アフリカは，干ばつや紛争等による飢餓のイメージが持たれがちであるが，アフリカ全体でみると，伝統的食文化は多様性に富み，多彩である。一方，都市化は進み，農村部から都市部への人口移動は加速している。グローバル化の波がアフリカだけを置き去りにするわけもなく，大都市では欧米の都市とほとんど変わらない食の風景が展開されており，地

図2-38　最新型のテレビがある家のキッチン（ボツワナ，著者撮影，2009年）

方の農村部であっても現金収入に多少のゆとりがあれば輸入食品へのアクセスは容易である。しかしながら，人々が伝統的な食を捨て去ることは決してなく，家の中に最新型のテレビを持ちながら，集合住宅でない限りは伝統的なキッチンで薪を使って食事を作り（**図2-38**），大勢の家族と，家族でない人も混じって食べる「共食」を楽しむ風景は今も健在である。かつてはカラハリ砂漠で狩猟採集を生業としてきた人々も現在では複数の生活様式を取り入れている。「ケチャップ・マヨネーズ・ライス・スペシャル」とよばれる現在の彼らにとっての「特別な食事」は，炊き上げたコメをケチャップとマヨネーズで味つけした主食にゲムズボック（野生のカモシカ）の肉を副菜としたものである[112]。現金を得，同時に狩りに成功した特別な日だけに食べることができるこのメニューは，新しいものを受け入れつつ伝統を捨てない現在のアフリカが象徴されているようである。

＊112　丸山淳子：変化を生き抜くブッシュマン，世界思想社，2010，pp.106-142

4．中南米の食文化

（1）環境と歴史

　メキシコからアルゼンチン，チリにかけた中南米では，赤道直下のベネズエラから最南端のフエゴ島にいたる熱帯から寒帯までの気候帯と，メキシコ高原，アンデス高地のような高山地域があり，アマゾン川流域に見られる熱帯雨林やラプラタ川流域のパンパとよばれる平原と多様な自然環境のもとで，それぞれの地域に適した生業による食料資源の獲得が先住民族によって行われてきた。

　16 世紀以降にスペインやポルトガルによる植民地統治が開始され旧大陸の食文化が入ると同時に，植民地統治に際して奴隷として連れてこられたアフリカ系の人々も食文化の形成に大きくかかわった。旧大陸との交流は，中南米を原産地とするトウモロコシやジャガイモ，キャッサバといった主食となる作物，カカオやトウガラシが世界にひろがるきっかけとなった。19 世紀以降，植民地から独立した各国では，食事も国民文化の 1 つとして位置づけられ，メキシコのタコス，ブラジルやアルゼンチンのシュラスコ（**図 2-39**）といった各国料理とよばれるようなものが登場していった。これらには，先住民族が古くから継承してきた中南米に特有の食材に，他の地域に起源をもつ作物や牛や豚などの家畜等の外来の食材を取り入れた料理[113] が少なくない。

図 2-39　シュラスコ
（ウィキメディア・コモンズ）

*113　こうした料理は，クレオール料理やクリオーリョ料理とよばれることもある。

（2）主　食

　この地域において古くから主食として人々の生活を支えてきたのがトウモロコシとジャガイモである。トウモロコシは脱穀して茹でる際に石灰や炭を混ぜアルカリ性にすることにより，柔らかくなり石臼などで容易に粉に挽くことが可能となる。これを水で練り薄く伸ばした生地を焼いたものがトルティーヤである。トルティーヤはそれだけで食べるよりは，肉や野菜にスペイン語でソースを意味するサルサを加えて包んだタコ[114] にして食べる。サルサのベースとなるトマトも南米を原産地とする栽培作物である。ジャガイモはアンデス高地で様々な品種が栽培されており，現地の料理に欠かせない食材となっている。冷涼な環境のもとで乾燥を繰り返すことにより長期の保存を可能とした。大航海時代以降，ジャガイモはヨーロッパにわたって広く栽培されるようになり，たびたびヨーロッパを襲った飢饉の際には多くの人々を餓死から救った。

*114　タコスはタコの複数形。

　中南米で栽培化され，主食とされてきたもう 1 つの作物がキャッサバである。タピオカの原料にもなるキャッサバはエネルギーの産生からみれば，他のイモ類・穀類より生産効率は高いが，食用とするためには毒抜き処理が必要である。この

ため，生のイモをすり潰して一晩置き，キャッサバの細胞内の酵素で分解する技術がアマゾンの森林地域の先住民族の間でも見られる。キャッサバはポルトガルが奴隷をアフリカからブラジルに移送する際の食料としてアフリカに導入したことを契機として，アフリカの各地で栽培され，現地でも消費されるようになった。

　最近では，ペルーやボリビアの先住民族が栽培し，食用にしていた雑穀であるキヌアが栄養価の高さや栽培するうえでの環境適応能力から注目を浴びている。

（3）移民がつくる食文化

　スペインやポルトガルが植民地支配のもとで，アフリカから連れてきた奴隷の労働力をもとに行ったプランテーション農業によってサトウキビ，コーヒー，タバコといった作物が世界に広がり消費されるようになった。厳しい生活の中で奴隷の人々は食生活にも様々な工夫を行った。その中の1つが牛や豚の内臓や耳，鼻といった枝肉以外の部位を豆などと一緒に煮込んだ料理で，ブラジルのフェイジョアーダ，ペルーのアンティクーチョがその代表例である。また，アフリカが原産であるオクラと肉や魚介類を使ったカリブ海地域で見られるガンボもアフリカ系の人々の手によるものである。

　アジアからの移民がもたらした料理も中南米に広く浸透している。「チファ」の名で知られるペルーの中華料理は，19世紀後半から20世紀初頭にかけて移住した中国系の労働移民たちの食文化がもとになっている。甘辛いタレやチャウファ（炒飯）のような米料理がその特徴であり，エクアドルやボリビアにも広がりを見せている。また，日本からの移民も中南米の食文化には影響を与えている。中でもSushi（寿司）は人気があるが，カリフォルニア・ロール同様に具材をのりで巻き外側を米でおおう，日本の巻きずしとは反対の構造をもっている。基本は巻きずしで，具材は，ペルーでセビーチェとよばれる魚介類をレモンでマリネしたものやえびフライなど火が通ったもの，チーズやアボカドが使われることが多く，現地の好みやよくとれる食べものを使った工夫が見られる。

（4）醸造酒と蒸留酒

　中南米は先住民族が伝統的に作ってきた醸造酒をもとにして，ヨーロッパからの蒸留技術によって作られた蒸留酒が豊富な地域である。メキシコではリュウゼツランを発酵させたプルケとよばれる酒が古くから作られ，宗教的にも重要なものとされてきた。スペイン人がこれから精製した蒸留酒であるテキーラが世界中に広まった。カリブ海地域ではサトウキビから砂糖を絞りだした残りの汁を蒸留してラムが作られた。ラムはそのまま飲まれたり，カクテルのベース酒として用いられる以外，ケーキやタルトといった焼き菓子の風味づけにも用いられる。

　チリやアルゼンチン，ペルーは土壌や気候の条件がブドウ作りに適しており，ヨーロッパから様々な品種のワイン用ブドウが導入されワイン作りが盛んになった。生産だけでなく，ワイナリーを訪問するフードツーリズムも現在盛んである。ペルーではワインから作るピスコという蒸留酒の原産地呼称制度が設けられ，生産する地域を限定したり，ブドウの香りや風味を変化させないよう，木の樽で熟成させないといった条件が課せられている。

5．その他の地域の食文化

（1）オセアニアの食物史

オセアニア地域は，オーストラリア大陸，メラネシア，ミクロネシア，ポリネシアの４つの地域に区分され，域内に 16 カ国が存在する。オセアニアへの最初の人類の拡散は約 5 万年前の更新世にさかのぼり，狩猟採集による生活がなされていた。拡散は続き，3,500 年前頃に農耕を行うモンゴロイ

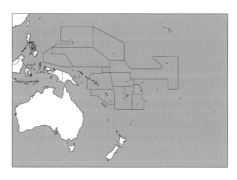

ド系のラピタ人とよばれる人々の集団がメラネシア北部に移動してきた。彼らはココヤシやイモ類等の作物を栽培し，家畜・家禽を有し，さらに湾性漁労活動を行う複合文化を携えていた[115]。16 世紀の大航海時代以降はヨーロッパ諸国による植民地支配の影響を受け[116]，19 世紀末期にはドイツやアメリカも植民地獲得競争に加わった[117]。その後二度の世界大戦を経て[118]1960 年代にオセアニアの国々は次々と独立していくが，人々の食は植民地時代の宗主国からの影響だけでなく，アジアからの移民集団，さらにはオセアニア域内の異なる地域間の人々の移動による影響を受けながら今日に至っている[119]。

1）環礁島の伝統食と調理法

この地域の伝統的主食はイモ類，食用バナナやパンノキの果実（パン果）等である。ヤムイモ，タロイモ，バナナ，パンノキについては 2,000～3,500 年前頃にアジアからもたらされた古い歴史を持つが，キャッサバとサツマイモは大航海時代に新大陸から伝播したと考えられている。稲作は大航海時代以前に始まっていたとされるが，稲作が行われていたことが伺える土器がグアム島のタモン湾遺跡から出土されている。本格的な導入は 1920 年，植民地時代のオーストラリアまで待つことになる[120]。近年，オセアニア地域でのコメ消費量は年々増加しており，オーストラリアのほか，フィジーやソロモン諸島等でもコメの生産が行われるようなった。

主食作物の調理法としてこの地域で特徴的なものに，地炉による「石蒸し焼き」がある。石を焼き，食物を置いた上にバナナの葉等をかぶせて炉を塞ぐことで，炉内に熱が保たれ，食物はそれ自体の持つ水分や葉に含まれる水分によって蒸される料理法である[121]。この調理法はオセアニアのほとんどの地域で見られ，地域によって「ウム」，「イム」，「モツ」のよび名を持つ。以前は日常的な調理法であったが，近年では休日，祝い事があるハレの日の調理法となっている。地炉はイモ類だけでなく，魚や豚肉，鶏肉のほか，犬，オポッサム，トカゲ，カメ等を食する地域もあり，あらゆる食物を調理するのに利用されてきた。石蒸し焼き以外では，焼く，煮るといった調理法が用いられるが，どの調理法も基本的な調味料はココナッツミルクと塩であり，時にトウガラシも使われる（**図 2-40**）。メ

＊115　印東道子：オセアニアへの先史人類集団の拡散と適応，学術月報 46(6)，1993，pp.568-574

＊116　16 世紀の大航海時代を経て 19 世紀に入るとイギリスやフランスによるこの地域の植民地獲得が進んでいく。イギリスはオーストラリア，ニュージーランドを植民地として，さらにフィジー，トンガ王国，ニューギニア南東部を保護下に置き，フランスはタヒチ島，ニューカレドニア島等を獲得した。

＊117　ドイツはニューギニア北東部とソロモン諸島の一部，そしてミクロネシアの島々を獲得。アメリカはハワイ王国，グアム島を獲得した。

＊118　第一次世界大戦後，ミクロネシアは日本が，メラネシアはオーストラリア，サモアはニュージーランドが委任統治国となり，第二次世界大戦後のミクロネシアは日本に代わってアメリカによる国連信託統治が始まった。

＊119　小林誠：地球環境の変化と食生活，河合利光（編）：世界の食に学ぶ―国際化の比較食文化論，時潮社，2011，pp.186-203

＊120　高見晋一：自然環境からみたオーストラリアの稲作，農業土木学会誌54(11)，1986，pp.1033-1038

＊121　野嶋洋子：石蒸し焼き料理法の諸相―オセアニアにおける調理の民族考古学的研究に向けて―，民族學研究 59(2)，1994，pp.146-160

ラネシア地域では魚はほぼ火が通されて提供されるが，ミクロネシアやキリバスは魚の生食文化を持つ。日本統治時代から生の魚は「サシミ」とよばれるようになり，島の小さなレストラン等では醤油とワサビ，またはライムを添えて提供されるが，地元の漁師たちは獲れたての新鮮な魚なら海水の塩味だけでおいしく食べる。

オセアニア地域には独自の伝統的保存食品もある。地下貯蔵する発酵パン果はその代表格であり，発酵パン果には強烈な発酵臭と強い酸味がある。資源植物の乏しい珊瑚島において発酵パン果は生存に必要な保存食品であった[122]。

図2-40　売店に並ぶココナッツミルクで調理されたバナナやタロ

（ミクロネシア，著者撮影，2017年）

＊122　風間計博：ユニークな保存食，印東道子（編）：ミクロネシアを知るための58章，明石書店，2005，pp.142-145

2）伝統的嗜好品

伝統的な嗜好品として，メラネシア，ミクロネシア地域では檳榔子（ベテルナッツ）を噛む習慣がある。多少の刺激性と興奮性の麻酔作用がある習慣性の清涼嗜好品で，珊瑚や貝を焼いて作るアルカリ性を示す消石灰の粉をまぶし，コショウ科の葉で巻いて噛む[123]。ベテルナッツが興奮性作用を持つのに対して，「カヴァ」「アヴァ」または「シャカオ」とよばれるコショウ科の木の根を絞った，鎮静性の麻酔作用を持った飲料がある。カロリン諸島の一部でかつては儀礼の際の飲料であり，興奮を鎮めるものとして部族間で争いが生じた際の謝罪の品として使われていたが，現在ではカヴァ・バー，シャカオ・バーといった専用で提供する店があり，路上販売がされている地域もある。特有の陶酔感が得られるが，多量に飲むと胃腸障害を起こすこともある。

＊123　ベテルナッツに含まれるアルカロイドが石灰と化学反応を起こして赤色に発色し，口内や口の周り，唾液が赤く染まる。

3）太平洋島嶼国の現代の食と肥満問題

世界保健機関（World Health Organization: WHO）が公表している各国の肥満率を地域別にみると，上位10位のほとんどがオセアニア地域の島嶼国である[124]。その高い肥満率の背景として第二次世界大戦後の急激な輸入食品の増加と欧米型食習慣の定着により大きく変化した人々の食習慣が第一に指摘されている。肥満問題が浮上するのは1980年代半ば以降で，例えばミクロネシアのポンペイでの調査では，アメリカ産食料の消費拡大は戦後まもなくではなく島の周回道路完成後に自動車の普及が進み，食料輸送の簡便化と人々の運動量の減少が見られる1980年代後半以降である[125]。女性の場合は太っていることが「美人の条件」とされ，島の中で肥満問題を深刻に受け止めている様子はあまり感じられない。

＊124　World Health Organization: World Health Statistics 2015, WHO

＊125　水元芳：ミクロネシア連邦ポンペイ島に住む人々の食の変化と肥満問題，太平洋諸島研究4，2016，pp.1-18

4）オーストラリア，ニュージーランドの食文化

オーストラリアとニュージーランドの食事は他の島嶼国とは大きく異なってい

＊126　安田純子，三橋勇：アボリジニの生活文化と観光 —オーストラリア社会参入への構想—，日本観光学会誌 55(14), 2014, pp.46-60

る。オーストラリア大陸の先住民であるアボリジニは，カンガルーやワラビー，エミュ，ゴアナ（オオトカゲ）など野生動物の狩猟と木の実，野生植物や昆虫等を採集して生活を営んでいた[126]。18 世紀末，イギリスからの移住者の到来によってその生活は大きく変化する。一方，オーストラリアに移住したイギリス人はアボリジニの食物はほとんど取り入れず，小麦，ジャガイモ，肉類，乳加工品などの自国から持ち込んだ食文化を維持した。イギリスのほか，アイルランドからの移民が大きな割合を占めており，パン，ジャガイモ，肉，乳製品などの簡素な料理が多いオーストラリアの食事はアイルランド的だともいわれる。入植以来非イギリス系，非白人の移民を制限する「白豪主義」政策をとっていたが，その結果，人口減少による労働者不足が生じて政策転換を余儀なくされる。第二次世界大戦後，政府はアジアからの移民受入政策を積極的に進め，対アジア貿易も次第に拡大していった。今日のオーストラリア都市部でアジア系レストランを多く目にする所以である。

　ニュージーランドにもマオリとよばれる先住民が暮らしていた。マオリのルーツはポリネシア系とされ，生活様式はアボリジニとは異なってポリネシア島嶼国に近い。そのことは石蒸し焼きで作られる「ハンギ料理」にも見ることができる。オーストラリア同様に基本的にはイギリス食文化を引き継いでいるが，一定数の人口が定着しているマオリに加え，域内島嶼国やアジアやアフリカなど多様な地域からの移民が全人口の約 4 割を占めるこの国では多彩な食文化が融合している。

第3章　日本の食文化

第1節　日本の食の概要

1．日本の食の特徴

（1）食文化の地域性

　日本は島嶼部を含めると南北に約 3,000 km と長く，北は亜寒帯，南は亜熱帯と様々な気候帯に重なる。また，山地や盆地，内陸，海岸といった地勢上の条件，近海を流れる寒流や暖流等の海流の種類により，月ごとの平均気温や降水量に違いが生じ，針葉樹林・夏緑樹林・照葉樹林・亜熱帯多雨林等の植生の多様性がみられる。自然環境や気候も含めた風土の違いは，地域に伝承される食べ物や調理法に違いを生み出してきた。また，住んでいる人の価値観や盛んな産業の違い，都市と田園といった社会環境も食文化に特徴を与える。これらが歴史的に積み重なってかたちづくられていくのが食文化である。

　食文化にはより広い範囲で同様な性質をもつ地域性と，一定の場所を特徴づける局地性がみられる。より広い範囲で見られる地域性の 1 つは日本列島の東西の違いで，わかりやすい例の 1 つが，正月に食べる雑煮である（p.129 参照）。中部地方以東では角餅，近畿地方以西では丸餅が正月の雑煮に使われることが一般的である。汁をみそ仕立てにする雑煮は近畿地方ならびに四国の一部に特徴的にみられる。また，そばやうどんのつゆの色が東日本と西日本では使う醤油によって異なること（図 3-1）も，より広い範囲でみられる地域差である。

　比較的狭い範囲で特徴のある食生活や食文化がみられる地域性には，その土地でよく生産される農産物や野生の動植物が深くかかわっている。自然環境から得られる食料資源は気候の変化によって収量が左右されることがあり，こうしたことも食文化の形成には影響を与える。例えば，東北地方は中央の山脈や高地からの河川の下流地域の平野では盛んに米作りが行われてきたが，やませが吹くと冷夏となることから，稲の不作対策として雑穀[1]が栽培されてきた。また豪雪地帯が多い東北地方では，長い冬を乗り切るために，野菜を塩漬けにして保存する習慣が根付いてきた。

　比較的温暖な西日本も地形の条件が手伝い，地域の特産物が生まれている例が少なくない。和歌山の紀伊山地周辺は多くの土地を森林が占め，平地が少なく田

濃い口醤油の東日本

薄口醤油の西日本
図 3-1　東西のうどんつゆの色（著者撮影，2024 年）

[1]　一般に米・小麦・大麦を除く穀類のことをさし，ソバや豆類も含めることもある。

畑からの収入が少なかった。江戸時代にはみかんの栽培・改良を奨励，積極的に支援したため，山林が開拓されみかん生産が大規模な産業として定着し，現在でも日本有数のみかんの名産地となっている。四国の瀬戸内海側は温暖で少雨なため，水田の裏作として麦作が行われ，香川県では小麦，愛媛県では裸麦が生産され，それらはさぬきうどん，麦みそといった地域の食文化を生み出していった。九州では鹿児島の活火山である桜島から噴火した火山灰が堆積したシラス台地では稲作が難しかったため。江戸時代の18世紀（諸説ある）に当時の琉球王国から導入されたサツマイモが栽培されるようになった。栽培が容易で環境の変化に強いサツマイモは江戸時代にたびたび起きた飢饉の際に人々を救ったことから，幕府によってその栽培が奨励された。

　現代のように冷蔵や冷凍をして1日か2日で遠方まで輸送できる流通環境がない時代は地産地消が普通で，地域を越えて食べ物を流通させる場合には保存食のかたちにされることが多かった。現代の税にあたる奈良時代の租庸調の調には昆布，ナタネ油，乳製品である酪や蘇が含まれ，地方から朝廷に貢納されていた。こうした地方の物を当時の中央に送る制度は奈良時代以降も続き，地域の特産物が定着していったと考えられる。

　江戸時代には各藩からの特産物の将軍への献上や，藩主間での贈答などに食べものが用いられ，これも地域の食文化の形成につながっていった。「大和の柿」「小布施の栗」「伊予の素麺」といったように，地域名を食べ物につけたものが目立ち，地域の食のブランド化のような現象が日本では早い時期から生じていたことが理解できる。

　このように食文化や食の好みの地域的な特色は，それぞれの風土に加えて，その地域における歴史的，社会的背景が積み重なってできたものである。

（2）都市の食文化

　こうした各地の特産品が集まるのは政治の中心であり，多くの場合，そこには都市が形成され，人々が集まるだけでなく，ものや情報もそこに集中していった。日本では古くは奈良や京都，後には現在の東京である江戸や商人の町として知られた大阪，また江戸時代には城下町が都市の機能を持つようになっていった。

　都市は近郊の地域から供給される食料に依存しながら人口を拡大させ，食べもの以外のものやサービスを生み出す場所である。食べ物は作るものというよりは，売買の対象であり，素材のままで売られたり，料理として提供される中食や外食のような食の産業化が進行し，娯楽や贅沢といった要素が食べるという行為に加わった。

　多様な人々が集まり，その生活形態が様々な都市では，多様な需要にあわせた食事の形式が発展する。現代では，ハンバーガーや牛丼，フライドチキンにコンビニエンスストアの弁当は時間のない消費者にとって便利なファストフードとして親しまれているが，日本の江戸時代の市中では，すしやそば，てんぷらなどの現代でもなじみのある食べ物が屋台で売られていた（p.99参照）。この背景の1つに江戸は労働力の担い手としての独身男性が多く，屋台で手軽にとれる食事が

歓迎されていたことがある。また，歌舞伎や花見のような娯楽，お伊勢参りの道中の食事のためにご飯やおかずを箱につめた弁当の様式も普及した。弁当は現代では bento として世界でも消費されており，日本の江戸時代以前に都市で生まれた食文化がグローバル化した例の1つといえる。

（3）北海道と沖縄

　北海道と沖縄は，本州や九州，四国とは異なる歴史的な経験をへて日本に組み込まれてきた地域であり，食文化にもそれぞれの特徴がみられる。

　中世から近世にかけて，「蝦夷島」「蝦夷地」とよばれた北海道には，もともと先住民族であるアイヌの人々が狩猟や漁労，採集を中心に食料を得て生活をしていた。調味料に動物の油脂や塩を使い，肉や魚，山菜などを入れた汁物やヒエ・アワなどのお粥，煮物などが食べられてきた。冬や飢饉に備えた食品保存の技術にたけ，エゾシカや秋に川に遡上するサケをチセとよばれる茅葺きの家屋内の炉につりさげて燻製にし，必要な分を長期間にわたり消費することができた。

　アイヌは中国やロシア，日本とも交易を盛んに行い，乾燥したサケやニシンなどが米や日常品と交換された。とりわけ，昆布は本州側の需要も高く，江戸時代に蝦夷地から日本海を経由して瀬戸内海を通って大阪へ向かう北前船による物流では欠かせない商品とされた。

　沖縄では，琉球王朝時代（1429-1879）に中国や日本の薩摩藩の役人をもてなすための料理が，調理技術や作法も含めて発展し宮廷料理としての琉球料理が確立し，それが徐々に庶民の間にも広がっていった。仏教による肉食の禁忌や江戸時代の動物の殺生禁止の影響は小さく，豚やヤギが家畜として飼育，消費されていた。中国の薬食同源の影響を受け，「クスイムン」（くすりもの）とよばれる健康を意識した料理も沖縄の食文化を特徴づけている。また，琉球王朝時代から中国や日本との交易が盛んで，日本本土からは昆布や鰹節が輸入されたことで，昆布やカツオのだしの味がきいた料理が作られたり，昆布そのものが食材として使われるようになった。

　明治維新以降，琉球王国は日本の一部とされ「沖縄県」となり，本土の影響を受けたが，より強い影響は第二次世界大戦後のアメリカ合衆国（以下，アメリカ）の占領によって与えられた。アメリカ統治下にあった沖縄は日本本土と異なり牛肉をはじめ，アメリカのものに対する輸入規制がないため，アメリカからの安価な食材が市場に出回ることになり，食生活の西洋化が日本本土とは異なるかたちで進むことになった。アメリカから輸入された缶詰のポーク・ランチョンミートを使ったおにぎりやゴーヤチャンプルー，サルサソースとチーズをご飯にのせたタコライスといった沖縄独自の庶民料理が生まれたり，ハンバーガーやビーフステーキといったアメリカの食生活が導入されていった。また，アメリカからは小麦が，日本からは米が輸入され，パンや麺，ご飯を主食とする生活が定着したが，食習慣の変化は生活習慣病の増加にもつながった。

第2節　日本の食文化史

1．原始（縄文・弥生時代）

（1）縄文時代の食生活

＊2　13,000年より前とする説もある。

＊3　粘土をこねて成形し，窯の中ではなく，野焼きにした器。土器の大きさや形状，組み合わせからその時代の食事や調理の状況が推定できる。

縄文時代（約13,000年前[＊2]～紀元前4世紀）では，人々が自然環境に適応しながら，狩猟，採集，漁労に依存した生活を営んでいた。この時代と以前の旧石器時代との大きな違いは，土器[＊3]が作られ，煮炊きや食料の貯蔵に使用された点である。

図3-2は山形県にある縄文時代の遺跡，押出遺跡の「縄文カレンダー」である。遺跡から出土した動植物の遺物から人々が何を利用していたのかを推定し，季節ごとに図示したもので，季節により利用する食料資源が異なっていたことが読み取れる。旬の食べ物を楽しむという，現在の日本の食生活にも通じる部分があるといえよう。

地形や気候の条件，海岸や河川との距離によって，利用されたと推定される食料の種類や割合は異なる。現在の日本列島にも生息するイノシシやシカ等の中型哺乳類や，キジ，カモ，ヤマドリなどの鳥類，植物ではクリ，クルミ，ドングリ類（ナラ，カシ，シイ）やトチなどの木の実や，ワラビ，ゼンマイなどの山菜が，海岸部の遺跡からはマグロ，カツオ，マダイ，クロダイ，スズキといった魚類，小型のクジラやイルカなどの海生哺乳類，ハマグリやアサリ，シジミといった貝類が，内陸部の遺跡からはフナ，コイ，ニゴイなどの淡水魚が出土し，東日本ではマスやサケも重要な食料資源であった。現代でも食用にされているものも多く，この頃の人々が現代でも美味しく感じるようなものを選択し，食べていたことが推察される。

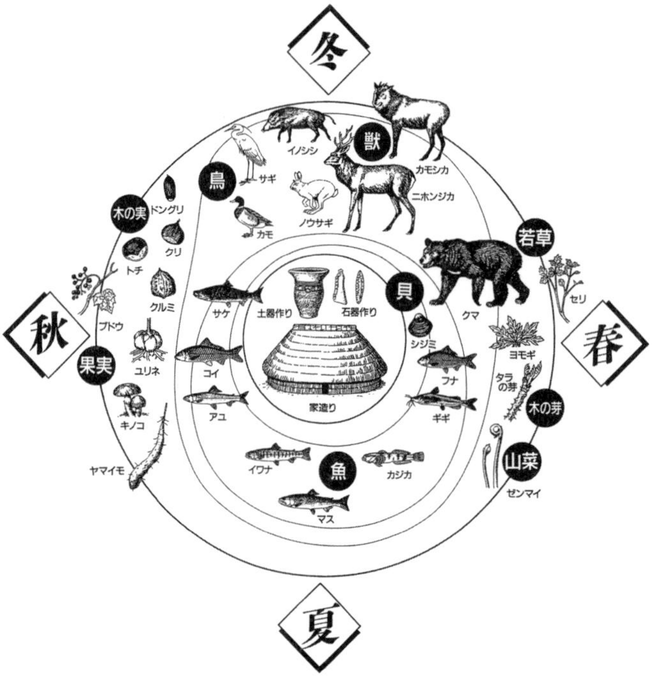

また，縄文時代の大半の時期には稲作農耕は行われていなかったが，もともと日本にはなかったヒョウタン，シソ，エゴマといった植物が遺跡から出土したり，土器の表面に観察される小豆や大豆の圧痕のサイズが時代を経て大きくなることから，米以外の植物が栽培され食料になっていたと考えられている。

（2）弥生時代の食生活
1）稲作の普及

中国南東部で栽培されていたイネが日

図3-2　押出縄文カレンダー

（提供：山形県立うきたむ風土記の丘考古資料館）

本へ伝播した経路や時期についてはいくつかの説があるが，イネの栽培が日本列島で始まったとされる紀元前10世紀頃から古墳が出現するまでの紀元3世紀の間が弥生時代とよばれる。豊かな水源を利用した水稲は，連作障害*4が少なく同じ場所で作り続けることができ，単位面積当たりの収穫量が多く，栄養価も高い穀物である。栽培に手がかかる繊細な作物だが，弥生時代後期には生産力も向上し供給量も安定した。それにより定住化が進み，集落を作るようになる。

　とはいえ，米のみでは十分な食料をまかなうことはできず，畑では，アワ・ヒエ・キビ・豆などの雑穀や，モモやウリといった果実なども栽培した。採集や狩猟，漁労も行われており，イノシシやシカ，マダイやマグロ，アサリや牡蠣といった野生の動物や魚介類のほか，カモやキジといった野鳥も遺跡から出土し，当時の重要な食料資源となっていたことがうかがえる。海洋での漁労に加え，河川や水田に生息する小型の淡水魚や貝類も食料となった。米（雑穀を含む）を主食に，これらを副食（おかず）として組み合わせ，現代に通じる食事の形が始まる。

2）「魏志」倭人伝*5

　中国の歴史書「三国志」の1つ「魏志」には，倭（日本）への使節の報告書や見聞記がみられる。すべてが正確な描写とは限らないが，弥生時代から古墳時代の日本人の生活がうかがえる。「やや田地があり，田を耕してもなお食べるには足らず」「好んで魚やアワビを捕える」「温暖で，冬も夏も生野菜を食べる」「飲食には高坏（脚の付いた器）を用い，手で食べる」などの記述がある。弥生時代には支配者層，一般層，奴隷身分といった社会階層が存在し，その間には食料の内容や調理の方法に差があった可能性も指摘されている。食事や食生活の社会的意味がこの頃から強まり，食事の作法や形式が生まれることにつながっていく。

3）弥生土器

　農耕によって作り出した米と穀物の調理・保存などの目的のため，弥生土器が作られた（図3-3）。弥生土器は機能に応じた簡素な形で，貯蔵用の壺，煮沸用の甕，食べ物を盛るための高坏や鉢がある。煮炊きに使われた甕形土器に残る炭化物などの状態からは穀物や豆類は水を加え炊いて調理され，木製の匙が出土することから，手食だけでなく食具を用いた食事が行われていたと考えられている。

　また，この時代に始まった食生活の大きな変化に調味をあげることができる。塩を作るための土器が瀬戸内海地方の遺跡などから出土しており，塩が調理や食事に用いられていたと考えられている。

　壺に入れた米や雑穀は，高床式倉庫に蓄えられた。これらの食料は保存可能な

*4　同一作物を同じ場所で繰り返し作ることで生育不良となり，収量が落ちてしまう障害のこと。同じ作物を作り続けると，土壌の成分バランスが崩れるだけではなく，その作物を好む菌や病害虫の密度が高くなり，微生物に偏りが出て病気になりやすい。小麦は，連作障害に弱い作物の代表といえる。

*5　中国の魏の後継王朝の官人が3世紀末に書いた「三国志」の中の「魏書」にみられる倭人（日本人）に関する記述部分。

1 甕形土器　　2 壺形土器　　3 深鉢形土器　　4 浅鉢形土器　　5 皿形土器　　6 高坏形土器

図3-3　様々な弥生土器

ために財となり，集落ごとの貧富の差が生じ，それらをめぐる争いが始まった。

2．古代（古墳・飛鳥・奈良・平安時代）

（1）古墳時代

弥生時代には鉄製の農具が普及し，灌漑に必要な用水路の造成が容易になった。日本の各地に水田稲作が広がり，米の生産量が増大した。これは古墳時代も続き，米の生産量が増加していった。拡大した水田農耕を支えていくための労働力の基盤となる共同体は，同族意識を持つ地域集団や小国へと発展した。やがて，中央集権的な国家体制ができ，中国の制度に倣った律令国家[*6]が成立した。国家は米を租，地域特産の食べ物を調とするなど，食べ物は税としても扱われるようになった。

食料そのものは米も含めて弥生時代とは大きくは変わらなかった。イモ類や雑穀，狩猟や漁労による食料も重要であった。また，大陸との交流を通して，煮炊きにおける竈，蒸器，鍋の使用，酒造器や貯蔵具といった多様な食器の使用，祭祀や儀礼的な意味を持つ食膳等，食べ方や作法に変化が現れ，それは次の時代にもつながっていった。

（2）古代国家と肉食禁止令

6世紀に伝来した仏教は，殺生を禁じ動物の肉は穢れたものとしていた。その頃の日本の支配者たちは仏教によって国家を守ろうと考えており，民衆にも殺生や肉食を遠ざけることをすすめ，定着させた。675年には，天武天皇による最初の「肉食禁止令」が出された。禁止の対象は牛・馬・犬・鶏・猿で，人々がそれまで食用としてきた鹿や猪は外され，禁止期間は稲作を行う4月1日から9月30日に限定された。米を重視した古代国家の統治者は，耕作に欠かせない牛や馬を農民に食べさせないようにしたと考えられる[*7]。肉が穢れた食べ物という考え方は，富国強兵のもとで肉食が奨励された明治時代（19世紀の後半）まで1000年以上にわたって続く[*8]。

（3）奈良時代

1）木簡に書かれた様々な食品名

平城宮の長屋王[*9]邸の跡からは，大量の木簡が出土している。木簡とは，短冊状の薄い板に墨で文字が書かれたものである。長屋王邸からは，各地から税として様々な品が納められ，それらに木簡がつけられ「宛先・品名・量・地域」が書かれていた（**表3-1**）。食品も多く見られ，サケやカツオ，タコ，アワビやエビ，海藻類などの海産物，大陸から伝えられたばかりのナスやウリ，タケノコ，フキ，セリやダイコンなどの野菜のほか，漬物などの加工品，牛乳とチー

*6 「律」は刑法，「令」は行政組織や官吏の勤務規定や人民の租税・労役などの規定のこと。

*7 原田信男：和食と日本文化，小学館，2005，p.42

*8 しかし表向き禁止されてきた肉食は「薬食い」という名目（p.99参照）や鹿食免（かじきめん）とうお札（ふだ）により，一部の庶民には大いに楽しまれた。

*9 長屋王（?～729）は奈良時代の皇親（族），政治家。天武天皇の孫にあたる。

*10 奈良国立文化財研究所編：平城京 長屋王邸宅と木簡，吉川弘文館，1991，p.91

表 3-1　木簡にみる長屋王の邸宅に送られた食品の例

穀類	コメ，ムギ，アワ，シロダイズ
野菜類	カブ，チシャ，フキ，セリ，ダイコン，ウリ，タケノコ，ヒシの実，アザミ
海藻	ワカメ，ミル，オゴノリ，イギス
堅実類，果物	クルミ，クリ，カキとみられるもの
魚介類	カツオ，フナ，アユ，ボラ，アワビ，ツブガイ
その他	干し肉，粕漬・醤油漬にしたトウガン，ナス，ミョウガ，氷室（天然の冷蔵庫）から運んだ氷，牛乳，酒，エゴマの油

「平城京　長屋王邸宅と木簡」[*10] より作成
※食品名はカタカナで記した。

ズのような酪，蘇も見られる。都の有力者たちは，殺生を禁じながら，生きた牛からの乳製品は食用としていたことがわかる。

国家は，米を税の1つとし稲作を推進した。この頃に米と魚介類と海藻，季節の野菜やイモ（サトイモ）を中心とした和食の原型が形作られた。

2）正倉院文書

正倉院文書[11]には，写経生（写経を行う僧）たちに支給される食物として，米，大豆，小豆，心天，胡麻油，芥子，瓜や茄子などの野菜やそれらの漬物，調味料など多様な食品が記されている[12]。僧は読み書きのできるエリート層で，特に写経生は，国家的な仏教推進のために優遇され十分な食料を与えられていた。

（4）平安時代

1）大饗料理

平安時代は，奈良時代に続き貴族の文化が中心であった。公家[13]の間では，行事や任官の際などに大饗とよばれる盛大な饗宴が催され，その様式が大饗料理である。大饗には莫大な費用がかかり，権勢の頂点にあった貴族の経済力を示すものだった[14]。図3-4は，1116年に催された藤原忠道[15]の大饗の献立のうち，正客向けの部分を抜き出したものである。正客は饗宴の席でもっとも位が高いため，品数も最多であった。中央に飯があり，手前に箸と匙，その奥に塩，酢，酒，醤（みその原型のようなもの）が調味料として置かれている。左右に，サザエ，アワビ，カニ，タイなどの生ものが12種，干物[16]としてタコや楚割（魚や肉を細長く裂いて干したもの）など4種がある。塩や酢などの調味料を使い，生物や干物に自分で調味して食べたと考えられる。窪坏（深さのある器に入ったもの）として，クラゲやホヤを塩につけて発酵させた塩辛のようなもの[17]が4種，木菓子は，果物の生または干したもので4種，左奥の唐菓子[18]は穀類を練って成形し油で揚げたもので4種みられる。これらは台盤とよばれるテーブル状の台に置かれた。品数が偶数である点や匙や台盤を用いる点[19]，油で揚げた菓子がある点などから，中国の様式を模倣したものと考えられる。

大饗料理は食べられる人数が少なく，身分によって料理内容にも大きな差があった。饗宴に参加できた高級貴族の従者たちには，その「おさがり」がふるまわれた。芥川龍之介の小説「芋粥」は，貴族の護衛の武士が食べたおさがりの「芋

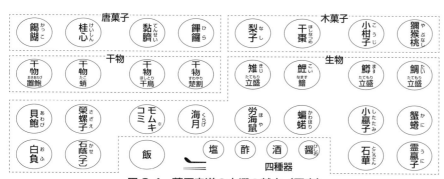

図3-4　藤原忠道の大饗の献立（正客）

「類聚雑要抄」および「日本料理の歴史」[20]をもとに作成

*11　正倉院は奈良時代を中心とした当時の文物を保管してきた高床倉庫。奈良の東大寺が管理してきたが，明治時代以降，国が管理するようになった。正倉院に保管されてきた文書群を正倉院文書といい，奈良時代から残る古文書のほとんどを占めている。

*12　東京大学史料編纂所：奈良時代古文書フルテキストデータベース，『大日本古文書』（2023年3月6日閲覧）

*13　朝廷に仕える貴族・上級官人の総称。

*14　前掲書*7同書，p.67

*15　平安時代後期〜末期。公家の中でも国政の中枢を担った高い身分の人物。

*16　そのまま，あるいは水戻しして食べた。

*17　森田潤司：季節を祝う食べ物（2）新年を祝う七草粥の変遷，同志社女子大学生活科学，同志社女子大学，44，2010，84-92

*18　古代では果物を菓子とよんだ。唐果物は「中国の菓子」の意味。

*19　日本では奇数を尊び，食事に膳を用いたため，「大饗料理」は中国風であると考えられる。また，匙は大陸の影響を受けて公式な席で使われたが，日本では定着しなかった。

*20　熊倉功夫：日本料理の歴史，吉川弘文館，2007，p.14

図3-5　病草子より歯槽膿漏を病む男（ウィキメディア・コモンズ）

粥」が話の発端となっている。芋粥は，煮た
ヤマイモに甘葛で薄く甘みをつけたものであ
る。甘葛は貴重な甘味料で，清少納言は『枕
草子』の中で，夏に氷室から出された氷に甘
葛をかけたかき氷を「あてなるもの（上品で
雅なもの）」として記している。

　大饗料理の目的は，為政者が豪華な饗宴を
催し権勢を明らかにすることに加え，最高級
の珍しい食べ物を披露することで，招待客以
外の階層の人々にも政権へのあこがれと関心
を集めることでもあった。

2）庶民の食事

　図3-5は絵巻物「病草子」で，口内に病
を抱える男を描いている。服装から男は下級
官人と思われ，歯が痛くて噛めないとあり，
口の中を隣の妻らしき女が見てやっている。
食事は脚のない膳（折敷）にのせられている。中央にはご飯を高く盛った「高
盛り飯」がみえ，二本の箸がつきたてられている。男から見て飯の右側に汁があ
る。ご飯が左，汁が右の置き方は現代と同じである。汁から実が見えているので
具が多いこともわかる。飯と汁の向こう側には，浅い皿に菜（おかず）が山盛り
に積まれ，魚の干物らしきものもある。飯の影には，調味料と思われる小皿が見
えている。「大饗料理」の調味料は4種類だったが，この絵での小皿は1つだから，
塩か酢であろう。小皿に入った調味料でおかずを自分で調味して食べ，飯はおか
わりなしの盛り切りであった。

3．中世（鎌倉・室町・安土桃山時代）

（1）鎌倉時代

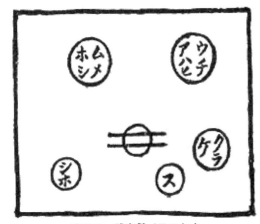

図3-6　武家肴ノスエヤウ

（東北大学附属図書館所蔵，世俗立要集より）

1）武士の食

　鎌倉時代，武士による政治は拠点を関西から関東に移
し，それまでの雅な生活から，いつでも戦えるように無
駄なものをそぎ落とした生活に徹した。主食は玄米や雑
穀が中心で，副食は魚介類や野菜類，狩猟による鹿，猪，
鴨などの野鳥，小動物の肉もあった。

　鎌倉時代末期に成立した最も古いとされる料理書「世
俗立要集」には，武士の肴の出し方として「くらげ（ク
ラケ），打ちあわび（ウチアハヒ），塩（シホ），酢，梅
干し（ムメホシ）」とある（図3-6）。平安貴族の食事
形式を引き継いでいるが，かなり簡素なものである。

　鎌倉将軍が有力な家来に対して行う飲食儀礼の「垸

飯」は，現代の「大盤振る舞い」の語源となったとされ，飯器に盛った飯の量に由来している。埦飯は，饗応料理ではあったが，料理の内容は品数も少なく質素で，平安時代の「大饗料理」(p.91 参照) とは大きく異なる。質素倹約を理想とした武士たちが，新しい食のスタイルを築き上げようとしていたことがうかがわれる。

2）禅宗の広まりと精進料理

仏教の伝来以降，特別な日には肉食を避け野菜や穀物類を中心とした精進物が貴族を中心として食されてきた[*21]。精進物には単に肉類を用いないだけでなく，"粗末な食"という意味も込められていた。

平安時代の堕落した仏教宗派に反発した鎌倉新仏教の中でも，中国（当時の南宋）に留学した僧侶は，禅宗を学び日本に伝えた。禅では精神的肉体的修業が基本で，食もその重要な一部ととらえる。それまでの日本の精進物の概念とは異なる，中国の禅院での精進料理を習得した栄西と道元は，技術（高度な粉食加工・濃い調味料・ゴマ油を用いた料理法など）と食材を持ち帰った。

道元は，料理を食べる側の心得として『赴粥飯法』を，作る側の心得として禅寺の料理担当者である「典座」の心構えを示した『典座教訓』を著した。道元は食に対して哲学的な洞察を加えた僧侶であった。

栄西と道元は，自らの道場を開いて禅宗の体系化と普及に努め，仏教修行の1つとしての精進料理を確立した。

3）精進料理と『庭訓往来』

室町時代前期に書かれた，往復の手紙の形式をとった文例集である『庭訓往来』には，様々な記述に混じり，野菜類を用いた煮物や酢漬・甘漬などの酢の物，いり豆や蒸物料理，そうめんやまんじゅうなどの点心[*22]類などの食べ物のことが書かれている[*23]。調理器具では平安時代後期頃からすり鉢が利用され，ごまや豆腐などをすって作る和え物も発達した。これらは，なま物や干物を中心とし自分で調味した平安時代までの料理とは異なり，食べ物自体に味つけがされた今日の料理に近いものであった。

（2）室町時代

1）本膳料理の概要

鎌倉時代に発展した精進料理の調理技術を用い，平安時代の宴会供応を目的とした大饗料理を手本とし，武家による儀式を重んじる考え方を統合した新しい料理様式が，本膳料理である。

本膳料理は後に簡略化した形になり，江戸時代の会席料理の基礎となった (p.100 参照)。一般社会にも広がり，冠婚葬祭の席で用いられ，昭和30年代くらいまでは，正式な日本料理といえば本膳料理のスタイルであった。現在に通じる和食の基本形は，本膳料理であったといえる。

2）本膳料理の様式

本膳の名は，料理を盛りつけた器を，お盆に足の付いた膳にのせて，次々と並べることによる。主となる本膳は一の膳ともよばれ，飯と汁，飯を食べるための

*21　出家せずに一般の生活を送りながら仏道に入る信者が一族の命日や戒律に則った生活を送る日などに肉食を避けて食べたものを「精進物」とよんだ。

*22　僧侶が食間にとる少量の間食の総称。

*23　山田俊雄校注：新日本古典文学大系52 庭訓往来，岩波書店，1995，pp.91-94

漬物が必ず配され，さらにおかずが加わる。現在も日本人の主食の米飯が，当時も食事の中心であったことを示している。

本膳料理の特徴は，膳の数が自在に調節できる点にある。饗宴の大きさによる膳数の差があるだけでなく，招待客の宴会と同時に催される彼らの家来たちの宴会，そのまた家来たちの宴会，さらには宴会の準備にかかわった下働きや女たちにも料理がふるまわれた。それぞれの身分に応じた膳数，料理の品数，内容の異なる料理が用いられた。

3）御成の料理

平安時代の大饗料理が皇族を招いてのもてなしであったように，有力な大名が将軍を招いて催す饗宴が御成である。御成では最も本格的な本膳料理が供された。

図3-7は，1561年に行われた，室町幕府第13代将軍の足利義輝を招いた三好邸[*24]での御成の本膳料理である。7つの膳からなり，本膳（一の膳）を見ると，汁かけご飯の「湯漬」が手前に，「和交」という魚の干物を削って野菜と和えたものがある。7つの膳のうち，二の膳から七の膳まですべてに汁が付き，焼物，煮物など食べきれない程の料理が出された。汁が日本人の食事に，現在以上に重要な意味を持っていたことを示している（次頁の『日欧文化比較』の記述参照）。

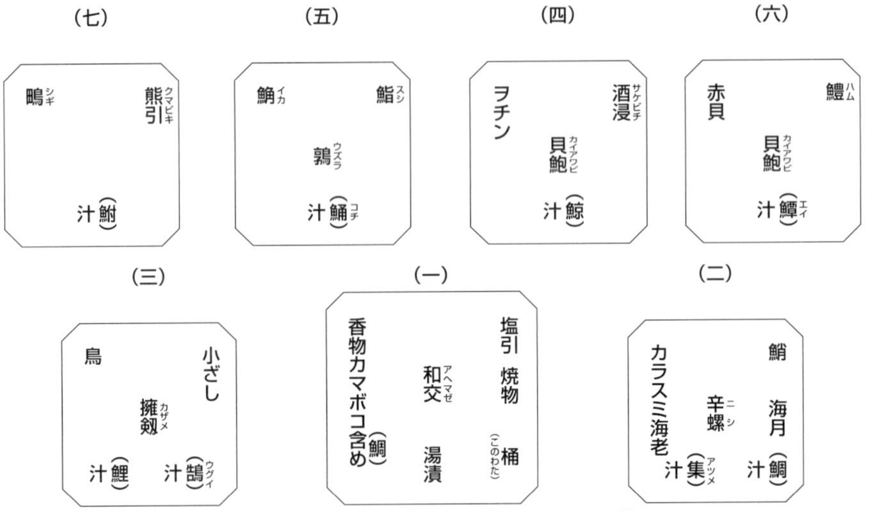

図3-7　三好邸への御成りの際の七の膳

「三好亭御成記」（国立国会図書館デジタルコレクション）および「日本料理の歴史」[*25] をもとに作成

（3）安土桃山時代

1）茶の湯と懐石の成立

茶の湯に伴う料理の様式が懐石である。茶は平安時代に伝来し，鎌倉時代に栄西が「喫茶養生記」（1211年）を著して，その効能や製法を広めた。当初は薬用だったが，次第に美味しいから飲む嗜好飲料となる。室町時代には茶を飲むこと自体を目的とした寄合である「茶の湯」が成立した。豪華な道具類やぜいたくな食事と酒でもてなす茶会が豪商や大名の間で流行した。これに対し，亭主や客の精神的な交流を通して茶を味わうことを目的とする「わび茶」を，千利休が大成させた。「わび茶」では茶が主役となり，酒宴が茶会と切り離され，濃い抹茶

を飲む前の空腹をいやすための料理として懐石が考えられた。

　茶会の内容は千利休の茶会記である利休百会記にみることができる。茶会の日時，亭主（茶を出す側）と客の名前，使われた道具や出された料理を書いた記録である。献立は一汁二菜または三菜が中心で，多く出されたのはフナやコイのなます（生の魚や野菜類を切って酢などの調味料で和えたもの）や刺身，サケやタイの焼物，アワビやくろめ（海藻の一種）の煮物，かまぼこ，柚みそ，このわた（ナマコのはらわたの塩辛。「延喜式」（古代の章を参照）にも書かれている）などであった[*26]。

　懐石では，膳は客の前に1つだけ出され，食べ終わると次の料理が運ばれる。作り置きしていたものではなく，できたてを適温で食べてもらうことこそが相手への心遣い，「もてなし」となるという考え方であり，これは当時としては革新的だった。料理だけでなく，部屋のしつらいや器などで季節感や祝いの心を表現する趣向は，その後の日本の食に受け継がれた。

2）南蛮文化の伝来

　1543年にポルトガル人が種子島に漂着し，1549年にはスペイン人宣教師フランシスコ・ザビエルがキリスト教を伝えた。これを機に南蛮貿易[*27]が盛んになり，カボチャ，ジャガイモ，トウガラシなどの野菜類（p.16，27，コロンブス交換参照），カステラ，ボーロ，カルメラ，アルヘイトウ，コンペイトウなどの菓子類も伝えられた。コンペイトウは，1569年にルイス・フロイス[*28]が織田信長に献上したことが知られている[*29]。フロイスは『日欧文化比較』（1585年）で，「われわれはスープが無くとも結構食事をすることができる。日本人は汁が無いと食事ができない」「われわれはすべてのものを手をつかって食べる[*30]。日本人は男も女も，子どもの時から二本の棒を用いて食べる」[*31]と記している。「二本の棒」とは箸のことであろう。

　『日葡辞書』[*32]は，ポルトガル人たちが，次に来日する仲間のために，当時の日本人の日常単語を聞いたままにその音を記し，ポルトガル語でそれらの意味をまとめたものである。ポルトガル人は，様々な身分の日本人の話し言葉と習俗を記録した。この辞書は1980年になり，邦訳された。江戸時代以前の庶民生活の記録は少なく，貴重な史料である。食材や料理の記載も多く「汁」は「Xiru」（シル）と表記され，「中に何か食物の入っている日本のスープ」[*33]と解説している。

*26　江原絢子，櫻井美代子：茶会記にみる献立構成と食材料について―利休の会記を中心として，東京家政学院大学紀要，30号，1990，1 - 9

*27　当時の日本人はポルトガルとスペインのことを「南蛮」とよんだ。南蛮文化は主としてポルトガルから伝来した文化。

*28　ポルトガル人宣教師。30年あまり日本に滞在し，織田信長や豊臣秀吉などの為政者や一般庶民まで広く交流を持ち，その記録を残した。

*29　村上直次郎訳：異国叢書 耶蘇會士日本通信（上），聚芳閣，1927，p.447（国会国立図書館デジタルコレクション）

*30　ヨーロッパでは当時まだ食卓でフォークを用いる習慣はなかった。

*31　ルイス・フロイス著・岡田章雄注：ヨーロッパ文化と日本文化，岩波書店，2022，p.92，p.93

*32　イエズス会によって1603年に長崎で刊行された，ポルトガル語の説明を付した日本語辞書。布教に際し日本人を理解する目的で作られた。

*33　土井忠生ら編訳：邦訳日葡辞書，岩波書店，1980，p.779

4．近世（江戸時代）

　江戸時代は，中国，オランダとだけ貿易を行う（中国とは長崎郊外の唐人屋敷，オランダは長崎の出島[*34]だけで貿易を許した）鎖国という特殊な状況のもと，平和で安定した期間が260年以上続いた。江戸時代初期と後期，身分による違いや，都市と農漁村とで異なるものの，日本独自の食生活が庶民にまで浸透していった。

　それまで政治と文化の中心であった京都・大阪に加えて，江戸でも急速に開発が進んで人口が集中し，その周辺の農村では，穀類や種々の野菜の栽培と販売が盛んになった。農機具，栽培方法，品種改良，肥料の工夫も進み，生産性が高まった。沿岸漁業も発展し，販売網が整えられてゆく。さらに各地の城下町にも人々が集まり，町人たちを中心とした消費が貨幣経済を支えた。

　幕府の所在地である江戸の人口は，当時の世界一であった[*35]。参勤交代によって，多数の人が江戸と日本各地とを定期的に行き来し，商人や旅人も増え，全国に江戸の食文化の情報が広まった。また，人の集まる江戸は大消費地となり，全国から多様な食材と加工品，食器などの工芸品も集まった。

　都市以外の街道の宿場や門前町などでも，数々の食べ物屋ができ，名産・名物が生まれた。

　江戸時代，都市を中心とした識字率[*36]は70パーセント以上と考えられ，世

＊34　江戸幕府によって長崎に築造された日本初の本格的な人工島。ポルトガル人によるキリスト教の布教防止と貿易の監視のために作られたが，間もなくポルトガル人の日本渡航は禁止された。その後オランダ商館が移設されて，200年以上にわたり日本と西欧との唯一の貿易地となった。

＊35　1721年時点で町人が約50万人，町人とほぼ同数とされるが調査されていない武家，公家，寺社，被差別階級等を加え100万人を超えていたとする説が有力。同時期の世界の主要都市はロンドン約70万人，パリ約50万人，北京約70万人とされる。

＊36　文字の読み書きや，文章を理解できる能力のある人の割合。

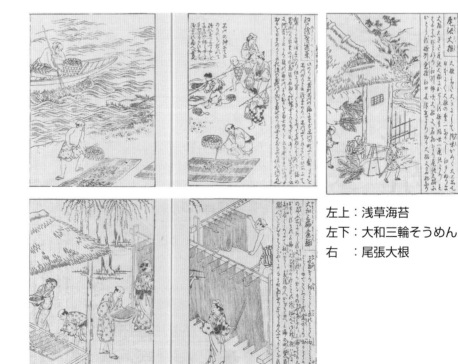

左上：浅草海苔
左下：大和三輪そうめん
右　：尾張大根

図3-8　各地の産物（日本山海名産名物図会より）

界でもトップクラスだった。料理書や，旅のガイドブック，グルメガイドも各種
出版され，手ごろな価格で本が読めるように貸本業も存在した。これらの書籍に
よって，現在でもこの時代の庶民の食生活をうかがうことができる（図 3-8）。

（1）庶民の日常食　飯と漬物，汁と菜（おかず）

1）ご飯

「ご飯」は，米（雑穀または野菜を混ぜることもあった）を炊いたものをさす
が「食事」の意味もあり，現在パンの朝食でも「朝ごはん」で通じるのはそのた
めである。

江戸時代の米は武士の俸禄（給料）であり，土地の生産性を米の生産量に換算
して石*37 という単位で表された。例えば「加賀百万石」であれば，加賀藩の土
地は，米の生産高にすれば百万石に相当する価値という意味である。

江戸時代，日本の人口の約 8 割は農民で，栽培した米の多くは現在の税金に
あたる年貢として各藩に納められ，一部は江戸や大坂（大阪の当時の表記）など
の大都市に送られて蔵米*38 とされた。

武士は，給料の米を札差（米を換金し融資もする商人）によって現金化して生
活費としていた。そのため余剰の米が江戸などに出回った。玄米を精白する技術
が一般的になり，白米を炊いたご飯を男性で平均 1 日 1.4〜1.5 キロ食べる場合
もあった。しかし米を生産していた農村では，雑穀，粥や小麦粉の粉食，芋など
が日常食の主食で，質素な生活を強いられた。

ご飯には味がついていないことから，塩分を含む汁や漬物，おかずと共に口の
中でかみ合わせ，塩分濃度が調うと美味しさが増幅する。そのため，何らかの主
菜や副菜，そして漬物はご飯が主食の食事に欠かせなかった。

2）『日用倹約料理仕方角力番附』に見るお菜（おかず）・漬物・調味料

『日用倹約料理仕方角力番附』（図 3-9）は，1 枚刷りで安価に販売され，江戸
の庶民の台所などに貼り付けて利用された。相撲の番付表に似せて，おかずを「精
進方」（豆とその加工品・野菜）と「魚類方」に分け，人気のある順，季節ごと
に料理名が記されている。

①お菜（おかず）

精進方大関の「八杯豆腐」は，細く切った豆腐に醤油で味つけしたくずあんを
かけた料理で，現在でも東北地方で食べられる。魚類方のめざしイワシ，むきみ
（あさり）切干し・芝えびからいりなど，江戸湾の小魚を中心とした魚介類，近
郊の野菜を用いた料理が四季のおかずのヒントとされた。今も身近な料理名が多
い。

②漬物と保存食

番付表の「行司」は，たくあん漬，梅干し，ぬかみそ漬で，他にも種々の漬物
名が見られる。おかずがあってもなくても，漬物は大量のご飯を食べるために欠
かせない。ご飯と漬物の組み合わせは，20 世紀後半におかずが多様化し，米の
消費量が減少するまで続く。

漬物は保存食でもあった。冷蔵庫が普及するまで，食物の保存は，乾燥させる

*37　かつて使われて
いた体積（容量）の単
位。1 石は 100 升（1,000 合）
で，1 食に 1 合，1 日で
3 合を消費するとした場
合 333 日分となるため，
成人 1 人がおよそ 1 年間
に消費する量として換算
された。

*38　江戸時代，諸藩
の蔵屋敷を通じて商品化
された米。各藩で収納さ
れた年貢米は，家臣の俸
禄米として支出された
り，城下町で売却して換
金されるほか，大坂や江
戸にある藩の蔵屋敷へ蔵
米として回送され，そこ
で販売，換金し，その代
金は藩の財政収入となっ
た。

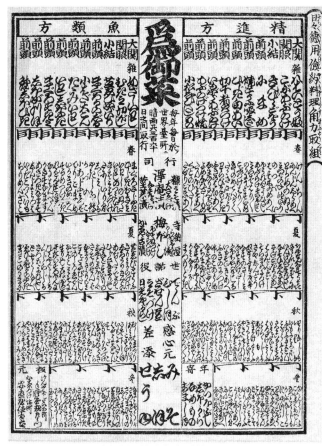

図3-9　日用倹約料理仕方角力番付（東京都立図書館所蔵）

か高濃度の調味料で漬け，細菌の繁殖を防ぐ方法のみだった。塩は日本各地の塩田で精製され，幕府がこれを奨励していたため価格が安かった。漬物の素材は野菜，山菜，魚，獣肉，くじら，鳥類の肉などで，塩漬が基本だった。漬物は保存の期間に発酵を伴い，うま味・香り・歯触りが醸しだされる。

③料理の味つけ

　番付表には「勧進元・差添」として，みそ，塩，醬油とある。庶民の調味料はこの3つのみだった。みりんや酒は料理店では使用されたが，庶民の調味に用いることは少なかった。酢は，江戸時代初期に酒のしぼり粕から大量に製造する方法が発明され，粕酢とご飯から寿司飯が作られ，江戸湾の魚，貝を合わせた江戸前の握り寿司が完成した。

　酢や醬油は製造に技術が必要で，製造元から購入するやや高価な調味料だった。みそは農家では手作りされ，現在でも「手前みそ」の名が残るほど，全国で味・色・香りのバリエーションがある。江戸の大名屋敷には，故郷のみそを製造し蓄える蔵を持つ場合もあった。都市の人々は購入することが多く，醬油とほぼ同じ価格だった。また，みそは汁や料理に用いるだけでなく，そのままご飯に添えるだけで漬物と同様に「おかず」となった。

　砂糖は，江戸時代を通じて輸入品が中心で非常に高価だった。江戸時代後期に国産の砂糖の製法が開発されたが，家庭で料理に使用されることはほぼなかった。庶民には，甘い菓子や甘辛い味は，たまの楽しみであり，ごちそうでもあった。

（2）人々の楽しみの食

　江戸時代までは，現在とは異なる暦を使っていたため，週の概念と曜日がなく週末の休みもなかった。庶民は日々働き，質素な食事が基本だった。しかし，季節の変わり目の節日，寺社の祭り，婚礼や成人の祝いの日，物見遊山や温泉旅，桜・藤・菊の花見など折々に休みや楽しみの日があった。その日（ハレの日という）は，普段の食事とは違うごちそうを食べた。日常食では主食が中心で，タンパク質の摂取量が不足していたが，特別な日には，魚や鳥（野鳥を含む），卵，大豆加工品などを食べたため，栄養バランスが保たれていたと考えられる。

1）江戸の花見

　花見の名所は日本各地にあるが，江戸時代の人々も名所へと繰り出した。年に

一度の花見の弁当は特に手を掛けたごちそうで，重箱に詰めた弁当包みを細縄で棒に縛り2人がかりで担いでゆく。重箱の中身は『料理早指南』[*39]の後編に，上の部・中の部・下の部と3種類の内容が細かく記され，予算によって料理が異なることが示されている。重箱の各段には手の込んだ料理がぎっしりと配され，一番下の段は，菓子だけが数種類彩りよく詰められている（図3-10）。甘い菓子は，酒を飲まない女性や子どもも花見に参加していたことを示している。『料理早指南』の著者は江戸の料亭「八百善」の主人であることから，これらは料亭の仕出し料理の例である。

　桜餅は，江戸の庶民にも親しまれていた。享保年間（1700年代初め頃）に考案された桜餅は薄く延ばし焼いた小麦粉の生地で小豆あんを包み，塩漬の桜葉で巻いたものである（図3-11）。桜の名所であった隅田川の花見客に大変喜ばれた。

＊39　醍醐山人による四編からなる料理書。享和元(1801)年の初編・後編に続き，享和2(1802)年に三編，文化元(1804)年に四編が刊行された。

図3-10　花見弁当の再現

（写真提供：北区飛鳥山博物館）

図3-11　江戸の桜餅

（写真提供：長命寺桜もち　山本や）

2）江戸の外食と軽食

　江戸では，武士と単身者が多く住んでいたことから外食文化が発達した。一膳めし屋などの店舗展開と，様々な屋台や振り売りも見られた。おかずを料理ごとに売る「煮売りや」もあった。屋台の「二八蕎麦（にはち）」は，1杯十六文でかつおだしと醤油のきいたかけそばで，江戸っ子に人気の軽食だった（図3-12）。天ぷらの屋台では，串にさした江戸湾産の小魚を客に好みで選ばせて，薄い衣をつけて揚げる。その場で立ったまま食べさせた。武士は体面を重視し，屋台での買い食いははばかられたが，食い気には勝てず，頬かむりをして食している絵が残っている（図3-13）。

図3-12　二八蕎麦の屋台

（東京都立図書館所蔵，鐘淵劇場故より）

図 3-13　天ぷらの屋台
（国立国会図書館所蔵，職人盡繪詞より）

図 3-14　安藤広重の浮世絵に描かれた「やまくじら」の看板
（国立国会図書館所蔵，名所江戸百景びくに橋雪中）

3）薬食い

　江戸時代も肉食はけがれたものとされていた。しかし，獣肉の味は忘れがたいほどの美味しさであったとみえ，冬場の江戸近郊で仕留めたイノシシやシカ，その他の獣肉が市中に運ばれ，肉を販売する店や飲食店が存在した。イノシシの肉は隠語を用いて「やまくじら」と称され，客が店に入りやすくしていた（**図 3-14**）。

　また，肉には良質のタンパク質，脂質，ミネラル・ビタミン類が含まれ，身体の弱った者に食べさせると一定の効果があったため「これは薬である」という理屈をつけて食していた。これを「薬喰い」という。

（3）会席料理

　室町時代に武家の供応食として始まった本膳料理は，儀礼と形式を重視していたが，江戸時代にはこれを基として酒宴をともなう「会席料理」の基礎が築かれた。専門の料理人が，本格的な料理店で腕を振るった。

　豪商による高級料理店には，上層の武士も訪れ，各地でも料理屋文化が展開した。高級料理店は番付表でランキングされ（**図 3-15**），実際にはゆくことのできない庶民もこの情報を楽しんだ。

　会席料理の順番の基本は，先付け（前菜），造り（刺身），椀盛（吸い物），焼き物，煮物，和え物，飯と汁，漬物で，現在でも料理店で出されるものと共通する部分が多い。

　特徴は，本膳料理では最初に出される飯（主食）が，順番の最後になっていることである。飯が出るまでのすべての料理は，酒肴であることがわかる。

　会席料理は，様々な客の要望に応えるものであった。料理の素材は，旬のものに加え，季節を先取りする初物食いなど新奇な趣向も凝らされた。調理法，盛りつけなどもそれまでの形式にとらわれず，美味しさと珍しさ，驚きを追求する贅沢なものもあった。

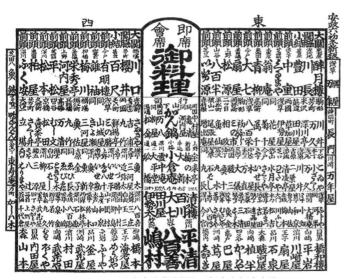

図 3-15　即席会席御料理　安政六初冬新版
（東京都立図書館所蔵）

5．近代（明治・大正・昭和初期）

（1）明治時代─文明開化の洋食

　明治時代になると社会の情勢は大きく変化したが，人口の大半を占める農家，庶民の日々の食事は，それまでと同様に飯と汁，野菜や魚のおかず，漬物の組み合わせであった。味つけが塩，醤油，みそが中心である和風の献立は，昭和まで家庭料理の基本であった。

　明治政府は，日本人が西洋人と対等に渡り合うための身体つくりが重要と考え，肉食中心の洋食の普及を推し進めた。天皇は肉食再開宣言を行い，自ら肉を食べて国民に肉を食べることを促し，宮中の晩餐会でも西洋料理が取り入れられた。この時点での肉とは，牛肉を指す。

　西洋料理は，調味料や作り方に日本独自の工夫がなされ，和洋折衷[40]料理の洋食として都市部から徐々に広まっていった。洋食に必要なキャベツ，タマネギ，ジャガイモ，ニンジン，イチゴ，リンゴ，洋ナシ，サクランボのような洋野菜，果樹が欧米から導入された。当初は珍しい高級品であった洋野菜と果物は，料理法の周知と共に少しずつ広まり，各地で栽培が定着していった。

1）牛　鍋

　欧米の食文化を取り入れることは文明開化の1つとされており，福沢諭吉は明治3（1870）年，「肉食之説」に牛肉や牛乳が健康や滋養に効果的と記している。

　牛肉は，牛鍋など外食で食べることが多かった。牛鍋は，薄切りや一口大の牛肉を醤油かみそで味つけし，ネギなどと煮ながら食べる現代のすき焼きに似た料理である（図3-16）。

　肉食は新しい食習慣であったが，このように調味になじみのある醤油やみそを用いるという形で受け入れられていった。

　一方牛乳は，当時は冷蔵技術がなかったため贅沢な食品で，富裕層のみが入手できた。

*40　日本風と西洋風の様式を程よく取り混ぜること。その例としてあんパンがあげられる。あんパンは明治初期にパンが主食として受け入れられず販売に苦慮していたときに，和食のまんじゅうにヒントを得て甘い小豆あんを包んだことが始まりとされている。

図3-16　『牛店雑談安愚楽鍋3編巻下』仮名垣魯文著・河鍋暁斎画
絵の中の店主は髷を結い着物姿であるが，客の若者は髷を切った散切り頭と洋装で，時代の先端を気取っている事を揶揄している。（人間文化研究機構国文学研究資料館所蔵）

2）軍隊とカレー

　現在，日本の国民食ともいわれているカレーは，明治初期にその製法がイギリスから伝わった。カレーといえばインド料理というイメージだが，日本へはイギリス式のコース料理の1品として伝わり，レストランを中心に展開されていった。料理としては肉を中心とした具材を煮込んだサラッとしたシチューのようなもので，パンと共に食べられた。当時の料理書（**図3-17**）[41] に作り方を見ることができる。なお，調理に使用したカレー粉は，インドを統治していたイギリスの軍人や官僚が，イギリスに帰国した際に本国でカレーを楽しむために考え出されたミックススパイスで，インドには存在しなかった。当初は輸入カレー粉が使われていたが，明治後期の1905（明治38）年には国産のカレー粉が大阪の薬種問屋である大和屋から発売された。食品会社でなく薬種問屋から発売されたのは，カレー粉の原料であるウコン，丁字，カラシなどの香辛料が漢方薬として薬種店で扱われてきたからである。

　大きな鍋に肉や野菜を入れて煮込むだけで多くの量を一度に作ることができ，栄養バランスもよいカレーは，軍隊に糧食として取り入れられた。元の製法よりも小麦粉を多めに加えてとろみを出し，タマネギ，ジャガイモ，ニンジンを加え，炊いたご飯にかける日本独自の発展をとげた「カレーライス」は，明治後期から大正時代頃には，軍隊でその製法を習得した退役軍人によって，手軽な洋食として地方の洋食店や家庭に広まっていった。昭和になると，食品会社が小麦粉，脂肪，カレー粉を混ぜ合わせた即席カレールーを本格的に発売し，現在に至っている。

　カレーライスが時代を超えて日本人に好まれた理由としては，普及したカレーが肉が小さく野菜が多い煮物で，とろみがあってご飯との相性のよい料理だったことなどが考えられる。

＊41　代表的なものとして，共に明治5（1872）年出版の『西洋料理指南』（敬学堂主人著），『西洋料理通』（仮名垣魯文著）がある。

図3-17　『西洋料理指南』と『西洋料理通』の扉（国立国会図書館所蔵）

3）豚カツとウスターソース

　スライスした仔牛肉にフライの衣をつけて少量の油で調理するフランス料理，コートレット（côtelette）が明治初期に伝わった。それが各地に広まる段階で，肉を豚肉に替え，天ぷらのようにたっぷりの油で揚げるようになったのがカツレツであり，薄切りをやめて厚切りの豚肉を使うなどしたものが現在の豚カツである。でき上がりを包丁で切ってから盛りつけるのは，豚カツが箸で食べることを前提としているからである。これに千切りキャベツを合わせ，ウスターソースをかけるのも日本独自の食べ方で，温野菜を付け合わせにするよりも手軽に調理できることもあって好まれた。

　豚カツにかけるウスターソースはイギリスから伝わった。もともとイギリスでは下味用や隠し味に使うことが多い調味料であったが，日本人は醤油をかけるようにでき上がった料理にもかけて食べた。明治時代後期から大正時代には，ウスターソースは日本でも作られるようになり各地に広まった。トマトやタマネギ，セロリなどの洋野菜と香辛料を煮込んだソースは，その味と香り自体が洋食の象徴のようにとらえられた。また，洋食店だけでなく，ソースで味つけしたもんじゃ焼き，小麦粉を水やだしで溶いた生地を薄く焼き，具をのせて焼きソースをかけて食べるどんどん焼きや一銭洋食[*42]，おからやジャガイモを原料に小判型に成形して素揚げし，やはりソースで食べるゼニフライ（ゼリーフライ）[*43] など，子どもや労働者の手ごろなおやつとして広まった。

　昭和になると，中華そばを鉄板で炒めウスターソースで味を付けた，今日では定番のソース味の焼きそばが作られるようになった。

（2）大正時代・昭和初期

　都市を中心に水道，ガス，電気などのインフラが整うことで，明治から始まった近代化が一層進んだ。汽車や電車は，人や物が長い距離をより早く移動することを可能とし，情報や物資の交流が盛んになった。さらに新聞，雑誌，書籍には洋食や中国料理の作り方の記事が増え，食文化の一端を担ってゆく。多くの人が学校教育を受けられるようになり，割烹教場[*44]では専門的に料理が教えられ，女学校の女子教育にも調理が取り入れられた。料理の再現のために，計量のための道具が用いられた。

　日本人が昆布から抽出することに成功したうま味成分，グルタミン酸ナトリウム[*45] をもとにした「うま味調味料」は明治後期には工場生産が始まり，一般に販売された。この世界的発明は，現在でも家庭料理をはじめとした食品製造に多く用いられている。

　キャラメルやチョコレートが製菓工場で作られ流通するようになり，ケーキやクッキーを売る洋菓子店も大都市や地方都市に増えていった。

　先述のソース以外にも，マヨネーズ，ケチャップも国内で作られるようになって日本各地で販売されたが，これらの食品は庶民にとってはやや高価なものと受け取られていた。

　外食では，コロッケ，オムライス，ハヤシライス，カレーライスが日本各地で

[*42]　どんどん焼きは東京で，一銭洋食は近畿地方で広まった。

[*43]　小判型であることから「銭富来（ぜにふらい）」としてよばれていたものが訛ってゼリーフライに変化したとされる。埼玉県行田市付近が起源で，現在もご当地グルメとして地域おこしに一役かっている。

[*44]　1882 年に赤堀峰吉が東京日本橋で開いた日本初の料理学校。

[*45]　明治 41（1908）年，日本人化学者の池田菊苗により発見された。

庶民の気軽な洋食となった。いずれも米飯と結びついている料理である。社会全体としての日々の食事は，米飯中心の和食志向であったため，農民は米の生産拡大に尽くしていた。

1）中国料理の定着

明治後期から大正時代に，明治維新以降の日本の発展について学ぼうと多くの中国人が留学してきた。大学が多かった東京神保町界隈は，中国の料理店，衣料品店，床屋，雑貨屋が多く開かれ，学生を中心とした中華街となった。現在でも100年以上の歴史を持つ中国料理店が営業を続けている。

開国により国際貿易港となった横浜，神戸には中華街，南京町ができ，広東系の料理が定着した。味つけは醤油が中心で日本人にも受け入れられ，昭和になると酢豚や肉団子，シュウマイなどは家庭料理にも取り入れられた。

中国料理のスープは鶏ガラや豚骨を使う。肉食の解禁によって経験した獣肉の濃厚なうま味と脂肪の味は，日本各地の都市で支那そば，中華そば，ラーメンとしても広まっていった。現在の日本のラーメンは，海外の人にとっても人気のある料理の1つである。

2）食料不足

昭和初期には世界恐慌，さらには第二次世界大戦が始まり，国民の食生活は急速に悪化した。戦争が長期化し，不足する生活物資を確保するために実施された配給制度[46]は，砂糖にはじまり，米や食塩など多くの食料が対象となり，やがて生鮮品を含めほとんどの食料は配給を通じてでしか入手できなくなった。この物資不足，食料不足は終戦後もしばらくの間続いた。

戦争中の都市の人々は，食料を補うために花壇を畑にかえ，カボチャやサツマイモなどを栽培した。動物性たんぱく質は食品の中で最も不足し，都市の神社では鳩の姿が見られなくなったという話もあった。また，食べられる野草が研究され，婦人誌では代用食についての記事が特集された。

6．近現代（太平洋戦争から高度経済成長期）

昭和20（1945）年8月15日に第二次世界大戦は終戦した。敗戦国日本の各地は焼け野原となった。住居をなくした人も多く，中国東北部や朝鮮半島，戦地からの帰還者も多数いて，人々の生活水準や食料事情は戦争中よりもさらに悪化していた。配給制度は続いていたが，配給だけで生活した人が餓死するという痛ましいできごと[47]があり，配給の食料が生命の維持に十分な量ではないことが明らかになった。各地で，衣服などを売った金で闇市で食料を買うことが当たり前のこととなる。やせ細り身長の伸びが止まってしまった子どもたちの栄養不良も社会問題だった。

（1）学校給食の始まりと，その後のミルクと牛乳の定着

1945年12月東京上野駅の地下道で，戦災孤児が生活に窮している様子が撮影され，アメリカで報道されると大きな反響をよんだ。1946年4月には南北アメリカ大陸の日系人を中心とした善意の民間の人々が，敗戦の生活に苦しむ日本

＊46　戦争などで物資の生産が低下するなどして食糧危機に陥った際に，主要物資を国が一括して集め，それを一定量ずつ国民にあたる制度。切符制，通帳制などがある。

＊47　例えば，裁判官の山口良忠（1913～1947）は，食糧管理法違反で起訴された被告人を担当する中で，違法である闇米を食べなければ生きていけないのにそれを取り締まる自分が闇米を食べていてはいけないのではないかという思いにより，1946年10月初めから闇市の闇米を拒否して配給食料と自ら耕した畑のイモなどだけで家族で生活し，1947年10月に栄養失調にともなう初期の肺結核で死去した。他にも数名，同様の餓死者があったと伝えられている。

図3-18　横浜検疫所についた
ララ物資のヤギ

（厚生省：ララ記念誌，1952，p.169）

図3-19　昭和26年の学校給食の風景

（写真提供：熊谷市教育委員会）

人を救うべくアジア公認救済団体，通称ララ（LARA：Licensed Agencies for Relief in Asia）を結成し，日本への食料援助を始める。初回のララ物資は，学校給食用の脱脂粉乳，スープの素，ソーセージなど75トンで，このとき，旧陸海軍の缶詰類も放出された。続いて送られた物資の中には，搾乳用の生きたヤギと乳牛もいた（**図3-18**）。

占領軍（GHQ）の主導で，1946年12月23日にはララ物資を用いた第1回の学校給食が実施された。メニューはダイコン，ハクサイ，ネギを使用したシチューだった。日本の子どもたち全員に給食を実施することは，子どもが飢えているという親の不安をやわらげ，治安を維持するうえで有効だとGHQは考えた。飢餓状況の改善は，学校給食の根源的な存立理由といえる（**図3-19**）。

翌日の12月24日に東京都内の小学校でララから給食用物資の贈呈式が行われたことを記念し，この日が「学校給食記念日」（当初は「学校給食感謝の日」）と定められた。現在では，年が明けた1月に学校給食記念日の献立を実施する学校が多い。

ララの行動は，キリスト教的博愛の精神に基づいたものであり，命に通じる食物が世界各国を結び，子どもたちにとって精神的なよりどころである給食に反映されたのは重要なことである。

ララからは，1946～52年で総額400億円の救援物資が届けられ，その4分の3が脱脂粉乳・缶詰などの食料品だった。脱脂粉乳は長期保存が可能で，成長過程の子どもに必要なカルシウムやタンパク質の供給源として給食で提供された。**図3-20**の昭和22（1947）年の献立には主食がない。それは，穀物については多少無理をしてでも親が家庭で食べさせると考えられたため，タンパク質源のミルクを優先させたからである。脱脂粉乳は，子どもたちを飢餓から救い，栄養状態は劇的に改善した。ララ物資以降，国内での牛乳の生産が可能になるまで，脱脂粉乳はアメリカから購入した。学校給食で脱脂粉乳から牛乳に移行したのは，昭和33（1958）年頃で牛乳瓶に入っていた。

昭和25（1950）年より，ガリオア資金[48]によって輸入されたアメリカ小麦粉で，8大都市[49]の児童にパン，ミルク（脱脂粉乳），おかずの完全給食が行われた。翌年2月からは全国の市制地においてもパン製造の施設が整い次第完

*48　第二次世界大戦終了後にアメリカ政府が支出した占領地救済資金。占領地での疾病や飢餓による社会不安を防止して円滑に占領行政を行うため，食糧・肥料・石油・医薬品など生活必要物資の緊急輸入という形で行われ，これらが国内で転売換金されることで資金としての性格を持った。日本に対してはサンフランシスコ講和条約により占領状態が終わったことで，同資金も終結した。

*49　東京都，京都市，大阪市，横浜市，名古屋市，神戸市，広島市，福岡市。

昭和 22（1947）年　　　　　昭和 27（1952）年

昭和 44（1969）年　　　　　昭和 52（1977）年

図 3-20　戦後，昭和の給食の変遷（写真提供：独立行政法人日本スポーツ振興センター）

全給食が開始され，昭和 27（1952）年 4 月には全国すべての小学校を対象に実施されるようになった。ミルクに合わせて，給食の主食はコッペパンが中心となり，このことは日本の子どもたちにパン食の習慣を根付かせることになる。なお，コッペパンは日本オリジナルのパンである。

　ガリオア資金終結後も，パンを作るための小麦はアメリカから輸入された。アメリカで農作物が大量に余っていたこともあったが，日本で生産される小麦粉がパンを作るのに向かない中力粉だったことも一因であるとされる。今日でもパンの原料は，アメリカ産をはじめとする輸入小麦が主体となっている。

　昭和 40（1965）年頃になると，関東地方を中心にソフト麺が給食で使われるようになり，ミートソースやカレーソースをかけたものが人気のメニューになった。

　昭和 51（1976）年以降には，米飯給食が実施される。1970 年代は日本全体で米の生産が消費を上回り，米が余り始めていた。学校給食で米飯を提供するためには給食用の炊飯施設が必要で，この整備に時間がかかった。

　米飯が主食の場合でも，あまり相性がよくないと思われる牛乳が必ず出るのは，学校給食法施行規則第 1 条第 2 項により「完全給食とは，給食内容がパン又は米飯（これらに準ずる小麦粉食品，米加工食品その他の食品を含む。），ミルク及びおかずである給食をいう。」と必ずミルク（または牛乳）を出すように現在においても規定されているからである。

（2）戦後の学校教育と食文化
計量カップ・スプーンの定着と料理レシピの浸透
　戦後，料理作りの分量の表現には，尺貫法とメートル法に加えポンドやオンス

も使われ，教育の現場でも混乱するおそれがあった。

その頃の料理作りの表現は「（調味料を）ほどほどに加え」「火が通ったら」といったあいまいなものが中心で，読んだだけで誰でもが失敗なく作るのは難しかった。醤油や塩の加減は「勘」，火を通す時間は「経験」，味の決め手は「隠し味」や「愛情」と，調理技術の上達には，長い時間と経験が必要とされてきた。

図3-21　開発当初の計量カップとスプーン

昭和23（1948）年に，計量カップ（200 ml）と大さじ（15 ml）小さじ（5 ml）が女子栄養大学の設立者である香川綾によって考案された（図3-21）。これらはNHKの料理番組でも使用され，徐々に学校教育でも用いられるようになってゆく。

誰もがおいしく，栄養面でも優れた料理を作れるようにとの思いから，素材の分量と調味料，加熱時間などを数値化し，料理手順をわかりやすい文章にした結果，計量カップとスプーンの考案に結びついたという。現在では，重さ・容積・加熱時間などを数字ではかることは当たり前のこととなり，料理の再現性が高められた。

（3）三種の神器

1950年頃には，徐々に食料に関する統制が撤廃され，食料事情が改善し始めて国民生活にも安定が見られるようになった。国民の食生活を改善する目的で，食生活改善運動も行われた。

電力の供給も増え，白黒テレビ・洗濯機・冷蔵庫のいわゆる三種の神器（図3-22）に加え，電気釜など電化製品が普及した。家事の中でも調理や買い物は手間と時間が取られるもので，担っていた女性の負担は大きかった。特に炊飯は毎食の調理の中心で，家族の人数が現在より多い時代の薪（またはガス）と大きく重い釜での炊飯は重労働であったし，つきっきりで火加減の管理をする必要があったが，スイッチ1つで自動で炊ける電気釜の普及は，家事負担の軽減をも

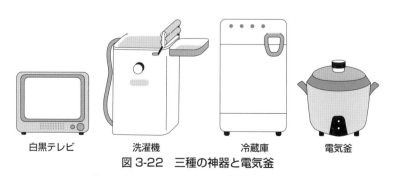

白黒テレビ　　　洗濯機　　　　冷蔵庫　　　　電気釜
図3-22　三種の神器と電気釜

たらし，家事労働の負担を軽減した。

　飲食店や市場関係者らが導入した業務用冷蔵庫の存在も，食文化に大きな変化をもたらした。一例として握り寿司の展開がある。冷蔵庫の普及以前の寿司店では腐敗を防ぐために，魚の切り身に塩を振って脱水し，酢でしめることで表面に食中毒の細菌が繁殖するのを防いだ。

　マグロの赤身は，醤油に浸けて「づけ」にしてから握り寿司にしていた。マグロは脂の少ない赤身だけを食べ，脂ののったトロはすべて捨てていたのである。これは，魚に含まれる魚油（脂肪酸）が非常に酸化されやすく，酸化した脂を摂取すると内臓への負担が大きく，健康を損ねる様々な病気の原因となることを江戸の人々が経験的に知っていたからである。

　市場で捨てられていたマグロのトロは，貧しい人たちが拾い，匂い消しのためのネギと共に煮て食べた。これが今でも料理名に残る「ねぎま（ネギとマグロ）」である。

　鮮魚が冷蔵で流通するようになり，各店舗で冷蔵庫と冷蔵ケースが普及すると，マグロのトロは味の良い高級食材となった。さらに，醤油とみりんで煮て寿司ねたにしていた貝類，塩や酢で下ごしらえした魚なども，切っただけの刺身の状態で寿司飯と握るようになった。

　日本を代表する味の江戸前の握り寿司は，もともとは東京に行かなければ食べられない「郷土料理」であった。東京の寿司職人の中に東京大空襲時に地方や故郷に避難した人がいて，戦後，その地で寿司店を開店し全国に広まったとされている。そして冷蔵庫の普及も，寿司が日本全国に広まるきっかけとなった。

（4）高度経済成長と米の消費量の減少

　米は，稲作が日本に伝わって以来，日本人の主食であり，宗教にも通じる精神的なよりどころもであった。長い年月，十分な米を食べることとその米を作ることが農業生産者と国民の目標とされていた。為政者にとっての国策だった時代もある。戦後は農業の機械化と効率が重視され，米の増産がなされていった。

　一方，1950年代後半からは，朝鮮戦争，東京オリンピックなどがあり，道路工事や新幹線の敷設，建築物の増設などが続き，国民経済は飛躍的に成長した。大型冷蔵庫が開発され流通も大きく進んだ。食料を広範囲から調達することが可能となり，都市部ではスーパーなど大型総合店舗ができ，小売店が減少した。消費者は大型店舗で地域性が希薄で画一的な商品をまとめて購入することが多くなり，それを家庭の冷蔵庫で保存する期間も長くなった。

　様々な食材や料理を比較的安価に購入できるようになると，おかずの種類と量が増え，米飯をたくさん食べなくても食事が成り立つようになった。そしてパンは，どの地方でも手軽に入手できるようになったため，米の1人当たりの消費量は減少してゆく。米の消費量が減少し始めた1960年代は日本の米の生産量がピークを迎えた時で，すべての国民が日々白米を食べられるようになった時期でもあった。その後も米の消費量は減少し続けた。具体的には，昭和37（1962）年には118kgの米を消費していたのが，令和2（2016）年には，その半分以下

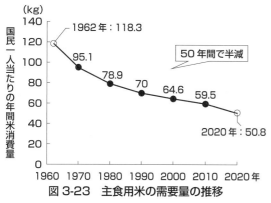

図 3-23　主食用米の需要量の推移

（農林水産省「米穀の需給及び価格の安定に関する基本指針」）

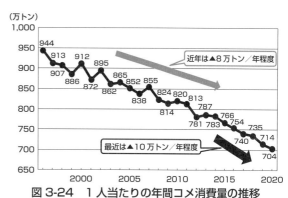

図 3-24　1 人当たりの年間コメ消費量の推移

（農林水産省「食料需給表」）

の 50kg にまで減少している（**図 3-23**）。主食用米の全国ベースでの需要量も，毎年約 8 万トンずつの減少傾向にある（**図 3-24**）。

（5）ダイニングキッチンと女性の社会進出

　1950 年代の公団住宅に，現在のようなダイニングキッチンが初めて敷設された。それまでの台所は，家の北側の日の差さないところや土間のように，居室から少し離れた動線でひっそりと設けられているものだった。一方，居室の一角に台所が設けられた台所兼居室のダイニングキッチンでは，調理中も主婦と家族がコミュニケーションを取れるようになった。

　また，それまでは食事の際には畳の居室に箱膳やちゃぶ台を広げ，食後にはそれを片づけて寝室としても使用する生活習慣であったが，ダイニングキッチンには西洋式のテーブルとイスの「食堂セット」が置かれ，食事と団らんのためのスペースとなった（**図 3-25**）。

　ステンレスの流し台と加熱調理用のガス台のキッチンは，機能性や先進性，収納力に優れていたため，それまでの「人目にふれさせられない台所」の概念を一掃した。さらに，効率よく料理を作ることが可能なり，家事労働を軽減し，女性の社会進出を後押しすることとなった。

図 3-25　公団住宅のダイニングキッチン（キッチン・バス工業会 HP より）

第3節　日本の食の様式

1．日本の食の変化

　狩猟，漁労，採集と自然の恵みに依存した時代を経て，コメ・ムギ・雑穀類などの作物の栽培，そして大陸からの水田稲作技術の伝来により稲作農耕へと変化し，米飯を主食とする食事が始まる。

　古代においては，大陸や朝鮮半島からの食文化や習慣，作物，調味料等が伝来した。乳製品の酥や醍醐，唐菓子や唐様食を取り入れた調理加工の技術は，宮廷や宮中の饗応料理に大きな影響を与えた。藤原忠道が行った大饗料理の献立(p.91 参照)はその頂点ともいえるであろう。台盤とよばれる大型のテーブルに，山盛りのご飯と28 種類もの料理，塩や酢，酒，醬といった調味料，箸と匕が添えられている。

　中世になると，質素剛健な武家社会や中世に伝来した禅宗の影響を受けた。膳立ての献立のはじまりといわれる本膳料理は，武士の饗応料理であった。禅宗の僧侶は，仏門の教えに従い植物性食品だけで作る精進料理を確立した。中世後期の安土桃山時代には，茶の湯とともに発達した懐石が千利休により完成された。また，この時代はポルトガル船など諸外国が来航したことにより南蛮文化や南蛮菓子，卵や油脂，砂糖を多用した南蛮料理・南蛮菓子が伝わり，その後の日本の食文化に大きな影響を与えることとなる。

　江戸時代には，町人文化として料理茶屋が誕生し，集まって酒を楽しむ会席料理が確立した。会席料理は，本膳料理や懐石を簡略化し，形式よりも実質を重んじた料理形態である。

　他にも江戸時代初期の1654 年に中国より来日し，京都の宇治に萬福寺を開いた禅僧の隠元がインゲンマメ*50，スイカ，レンコンなどの様々な品とともに黄檗料理を伝え，それが中国風精進料理の普茶料理となった。また，長崎では中国料理と南蛮料理が融合した日本料理として，卓袱料理が生まれた。

＊50　隠元により伝えられたことが名前の由来。

　明治期以降では，西洋崇拝思想の広がりにより，日本文化は古めかしい遅れた文明であるととらえられたが，会席料理は宴会料理として西洋料理のエッセンスを取り入れながら存続された。懐石は，茶道とともに一時衰退の兆しをみせるが，財界人や知識人，政治家などの教養の１つとしてとらえられ，高価な茶道具の蒐集などと相まって承継された。また，西洋人へのもてなしとしても茶の湯を紹介している。社交の場は西洋化していったが，現在でも懐石は茶道において，茶事という重要な形式として残っている。

2．歴史資料にみられる食事回数の変化

　現代社会において１日３回の食は一般化しているが，歴史的にみれば朝と夕の１日２回の食事をしていた時代が長かった。３回食になった時代については，

不明な部分も多い。経済力や身分（貴族・武士，農民），地域や仕事の種類によっても異なっていた。

　中世までは基本的に1日2食で，貴族社会では食事時間が朝は巳の刻（10時ころ）から午の刻（12時頃），夕は申の刻（16時頃）であった[*51]。平安時代の橘　広相（たちばなのひろみ）が「午一剋供朝膳　酉一剋供夕膳」と記し，後醍醐天皇は「朝の御膳は午の刻也。（中略）申の刻に夕の御膳まいる」としており，僧侶や武士もほぼ同様であったとされる。また，平城京出土の木簡には「間食一升　鍛冶相作料」と記されており，重い労働に従事する鍛冶職人に間食を支給していることがわかる。さらに『延喜式』には「粮米并間食不仕料」とあり，通常の食事の間に間食が支給されていた。宮中での催しの際には，御所の宿直等に屯食（とんじき）[*52]が配られた。

　鎌倉・室町時代になると宮中の食事も1日3回になる。順徳天皇が著した『禁秘抄』に記されているが，後醍醐天皇は朝夕二度の食事であることが記されており，この時代の宮中では3回の食事が固定化していたとはいえない。

　江戸時代には1日3回の食が広まった。米沢藩の直江兼続（なおえかねつぐ）が著した『四季農戒書』には農民が農繁期に三度の飯を食べていたことが記されている。井原西鶴が著した『日本永代蔵』（えいたいぐら）には昼食の記述はないが，朝・夕の二度食に夜食があったと記述がある。江戸時代後期，大坂の商人の食生活は「朝は粥　昼一菜に夕茶漬け」といわれ，武士の食事も朝昼夕の3食であった。農民は労働力の維持のために，間食を含めた食事回数が3回以上と多く，回数は地域差がある。農繁期には昼食と夕食の間に「小昼」という間食を食べ，夜遅くまで働く場合は夜食をとっていた。地域によっては，農作業の休憩のことを「たばこ休み」といい，農作業を共に行った家族や親せき，近所の人が食べ物や飲み物を昼前や夕食前に食べていた。農業の機械化にともない大勢で農作業をすることはなくなったが，1日に数度の休憩を取る習慣は現在にも残っている。

　明治時代以降から大正時代において，高等女学校の家事科教科書（食生活領域）で，毎日の食事3回のうち1回を主饌（しゅせん）（「饌」は食事のこと）として家族揃って楽しく食事をすることを奨励する旨の記述[*53]，および食事時刻の一定化を喚起する記述[*54]がみられる。教育の場においても食事は1日3回が推奨されていた。

3．食事の作法

（1）食前・食後のあいさつ

　日本では食事の始まりに「いただきます」，終わりに「ごちそうさまでした」を言う。「おはよう」「こんにちは」「さようなら」など，あいさつは通常，特定の相手に向けるが，食事のあいさつは相手がいてもいなくても発する。一人で食事をする場合でも，この言葉を言ってしまう人が多いだろう。また，給食などでは一斉に「いただきます」をし，それを合図に食事が始まる。「ごちそうさま」もほぼ同様である。

　諸外国をみてみよう。イタリア語では，食事の前に「Buon appetite.（ブォンアッペティート）」と言う場合があるが，これは直訳すれば「よい食事を」と

[*51]　近代以前に用いられた時刻の表し方で，1日をおよそ2時間ずつ，12に分け，十二支に当てはめ0時の前後2時間（23時〜1時）を子の刻，2時の前後2時間（1時〜3時）を丑の刻というようによんだ。昼の12時を正午とよぶのは午の刻（11〜13時）の正刻に当たるためである。

[*52]　平安・鎌倉時代，宮中や貴族の邸宅での催し事の際に下仕えの者にふるまわれた酒食。

[*53]　後閑菊野，佐藤鎮　著：近世家事教科書上巻，河出静一郎，目黒甚七，1920，pp.66-67

[*54]　石澤吉麿：家事新教科書上巻，石井清，1917，pp.165-167

なり，食事を用意した人が食べる人に向けて「たくさん食べて」と促していることとなる。「いただきます」とは意味合いがだいぶ異なる。そのほかの国にも「いただきます」に合致する言葉は見当たらない。「ごちそうさま」については，そもそも食事の終わりを示す習慣や言葉が，他国ではあまり存在しないのである。

　日本の2つの食事のあいさつの発祥や広まりの経緯は，宗教の影響説や，武士が宴会のための食材集めに馳走（馬で駆け回った）した説もあるが，はっきりとしたことはわからない。しかし現在では，いずれも人に対するあいさつではなく，目の前の食事そのものに対しての言葉であることは明らかである。

　さらに，この言葉が「感謝」に由来していることは，「いただく」が「食べる・飲む」の謙譲語であることからも推察できる。食事に関与した食材の生産者，その輸送にかかわった人，調理をした人，そして食事ができる自身の環境そのものに対して感謝の意を表しているのが「いただきます」「ごちそうさま」であろう。さらに，この2つの言葉がセットになることで，食事の始まりと終わりが明らかになり，それにより「食事」が日常の中でも特別な時間となっている。

　日本の社会では幼少期から，集団でも家庭であっても，このあいさつが習慣化している。食事の前後に自然に出てしまうほどに習慣化したこのあいさつだが，深く意味を考えずとも，言葉を発するだけで食べ物や食事の大切さを想起できる行動である。

（2）食事のマナー

1）マナーとは

　食事のマナーは，国や地域の文化をもとに社会の慣習として成立したルールである。ともに食卓を囲む人同士で，不快感を与えぬよう守るべき普遍的なもので，宗教や民族の歴史に影響されながら月日をかけて培われてきた。

　前出の食前食後のあいさつも，日本独特の食事のマナーの1つである。

　マナーは，一定レベルの集まりや冠婚葬祭などの儀礼の際には必須のものであるが，基本的な考え方は日々の食事でも共通である。しかし，近年では家族で食卓を囲む機会が減少し，日常的に食事のマナーを身につける場が少なくなりつつある。

2）食器と食具

　食事をするための用具には，料理を盛る食器と，口に運ぶための食具とがある。世界的にみて，箸を食具とする文化地域と，ナイフ・フォーク・スプーンを使って食事をする地域とがあり，食具を使用せず手食が正式なマナーの国々もある。

　箸は，中国文化の影響を強く受けたアジア諸国の食具である。箸は日本料理の原点ともいえ，料理は箸でつまめる大きさやちぎれる硬さで調理される。箸の使い方に集約されるほど，箸に関するマナーは多い（**図3-26**）。

　和食器は，形や素材，デザインは様々だが，手で持てる大きさ，重さが基本である。焼き物や刺身皿は大きく重いものもある。

3）基本のマナー

　家族や親しい人との食事では，さほど問題にはならない場合もあるが，会食な

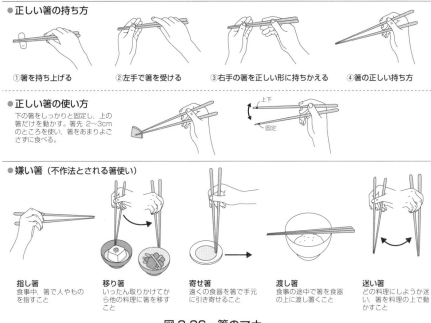

●正しい箸の持ち方

①箸を持ち上げる　②左手で箸を受ける　③右手の箸を正しい形に持ちかえる　④箸の正しい持ち方

●正しい箸の使い方

下の箸をしっかりと固定し，上の箸だけを動かす。箸先 2〜3cm のところを使い，箸をあまりよごさずに食べる。

上下　固定

●嫌い箸（不作法とされる箸使い）

指し箸
食事中，箸で人やものを指すこと

移り箸
いったん取りかけてから他の料理に箸を移すこと

寄せ箸
遠くの食器を箸で手元に引き寄せること

渡し箸
食事の途中で箸を食器の上に渡し置くこと

迷い箸
どの料理にしようか迷い，箸を料理の上で動かすこと

図 3-26　箸のマナー

（香川明夫監修：家庭料理技能検定公式ガイドブック 1 級準 1 級 2 級，女子栄養大学出版部，2022，p.24）

どでは教養としてのマナーを身につける必要がある。以下はその一例である。

・身だしなみは清潔に，場に応じたものを心がける
・食べ物を口に入れたまま，大声で会話をしない
・相手に不快感を与えるような話し方，話題はつつしむ
・温かい料理は冷めないうちに食べる
・食べ物を大切にする考えのもと，食べ残しをしない
・食べた後の皿の様子を考えつつ，見た目を調えるように気をつかう
・飯茶碗と汁椀，小鉢など手のひらに収まる大きさ，重さ，形の器は手で持ち上げる。大きい器は置いたまま箸で取り分ける。

　小さめの食器を手で胸元まで持ち上げるマナーは，日本独特のものである。例えば隣国の韓国のマナーでは，すべての食器において持ち上げるということはない。ご飯や汁はテーブルに置いたまま匙ですくい，おかずは箸でつまむ。個人の食器は大きめで重いものが多く，それぞれに十分な量を盛りつける。対して日本の飯茶碗は小さく軽く，持ち上げることを考えて作られている。日本では，ご飯はおかわりをすることが前提であるためと考えられる。

第4節　伝統・郷土料理と現在の日本の食の地域性

1．行事食

　日本では古くから季節の変わり目には年中行事を，人生の節目には通過儀礼を行ってきた。それぞれの行事ではその日にまつわる慣習があり，その中の1つに供物や特別な食べ物を用意して祝う風習がある。特別な行事や特定の日に個人，家庭，地域で用意する食事や食べ物が行事食である。

　行事の種類や行事食は正月やおせち料理のように全国で共通するものが多いが，料理の内容や食材は地域により異なることもある。こうした行事のもともとの意義は，家族の健康や豊作，豊漁を祈り，子孫繁栄，子どもの健やかな成長や幸せなどを願うことであった。

　都市化や高齢化が進む今日，家族や地域の成員が一緒に行事を行ったり，行事食を作る機会は減少してきている。行事食には今日まで伝統料理として継承されているものもあり，食材の入手，調理や味つけ，料理の季節性といった食事にかかわる知識や工夫を次世代へ伝える役割があることも理解しておく必要がある。

（1）年中行事の由来と定着

1）伝統料理 ─ 年中行事と行事食・通過儀礼と儀礼食

　年中行事とは，一年のうちの特定の時期に行われる行事である。毎年繰り返し行われ，農耕や漁労の開始における豊作，豊漁の祈念や終了時の感謝の祭りといった季節ごとの行事，宮中行事，貴族や武士の慣習などがもとになり，信仰や娯楽をともなって発達した。一方で，中国文化の影響を受けて季節の節目に行われる「節句」も浸透し，特に江戸時代以降は，1月7日（人日），3月3日（上巳），5月5日（端午），7月7日（七夕），9月9日（重陽）が定着した[55]。

＊55　これらは「五節句」ともよばれている。

　行事食の1つの特徴は，それが人間だけが食べるものではなく，神に捧げるために作られるということであり，そうした食事は神饌とよばれる。水稲栽培が生業の基盤となってきた日本では，米や米で作られた酒，山や海の産物，季節ごとの食材，地域の名産品が神饌に用いられる。神饌は神に供えられた後，人間が共食する。

　また，年中行事においてはその旬の食材を食べることが多く，日本の風土にそった暮らしのリズムを食事で実現させているともいえる。

　現在では，バレンタインデーやハロウィンのように海外から取り入れた行事も普及し，チョコレートやキャンディのような菓子類も現代の年中行事には欠かせない食べ物となっている。

　表3-2に，一般的な年中行事と食についてまとめた。

表 3-2　主な年中行事と食

年中行事 月　日	一般的な料理・食品	由来・特徴など
正　月 1月1日〜3日	おせち料理, 雑煮, 屠蘇, 若水, 福茶, 福菓子	奈良時代の宮中内の行事に由来。年神様と食を共にし, 息災と五穀豊穣を祈る。 地域によって異なり, 代表的なものだけでも, 味付けではすまし汁仕立て（東北・関東・九州圏）, 白みそ仕立て（関西圏）, 小豆汁仕立て（一部地方）, 餅の種類では角餅（東日本）, 丸餅（西日本）などがある。
人日の節句 1月7日	七草粥	日本の早春の若菜摘みと, 中国の人日の節句の行事食から。奈良時代に中国伝来の, 7種類の野菜を入れた羹（あつもの, 汁物のこと）を食べて無病息災を願う風習に由来する。室町時代初期に粥へと変化。
鏡 開 き 1月11日	鏡餅入りの小豆汁粉, 雑煮	室町時代や江戸時代の武家社会で行われていた「具足開き」が由来とされる。 正月に年神様にお供えした鏡餅を雑煮や汁粉に入れて食べ, 1年間の健康や一家の円満を願う。餅を刃物で切ることは切腹を連想させるため木槌で割る。また, "割る" は別離を連想させる忌み言葉なので, 縁起を担いで "開き" とされた。
小 正 月 1月15日	小豆粥, 赤飯, 福茶	1月15日の上元（じょうげん）に小豆粥（望粥, 十五日粥ともいう）を食べ無病息災と五穀豊穣を祈る正月行事。餅花（地域によりまゆ玉, 生り餅などともいう）を飾り, 豊作や繁栄を祈る。
節　分 2月2日もしくは3日 （立春の前日）	いり豆（福豆）, 鰯（柊鰯）, 節分の福茶, 恵方巻	季節の変わり目の立春の前日に, 邪気・災難を祓い福善を願う行事で, 平安時代頃から行われている。中国の「追儺」という儀式に由来。 恵方巻は起源, 発祥に諸説あり, 近年大阪から流行った。
初　午 2月の最初の午の日	お神酒, 赤飯, 油揚げ, いなり寿司, 初午団子, しもつかれ（北関東地方）	京都伏見稲荷大社に由来。稲荷神はもとは稲をはじめ五穀の実りの神だったが, 商売繁盛, 漁師の大漁, 養蚕の神, 馬の神と幅広い信仰を寄せられ, 各地の稲荷神社で祭りが行われてきた。神の使いの狐の好物が油揚げであるとされることから, 油揚げやいなり寿司を奉納する。
聖バレンタインデー 2月14日	チョコレート	イタリアが発祥。日本では1931年, 関西のチョコレートメーカーの広告からスタートし1958年頃から認知される。チョコレートが主役なのは日本ならでは。女性から男性へのプレゼントであったが昨今, 同性同士のプレゼントも楽しまれている。
ホワイトデー 3月14日	クッキー, キャンディ, マシュマロ	一般的にバレンタインデーにチョコレートなどをもらった男性が, そのお返しとしてキャンディなどを贈る。日本で生まれた習慣である。
お 花 見 3月中旬〜3月末	花見弁当, 花見団子（白・赤・緑）, 桜餅（道明寺 関西風・長命寺 関東風）	奈良時代の花見が梅で, 平安時代に桜になり貴族の花見の宴と田の神様の行事が結びつき今日に至る。桜は, 国花の1つでもあり, 冬が明け待ちわびた春の到来をご馳走を囲み楽しむ。
上巳の節句（桃の節句, ひな祭り） 3月3日	白酒, 草餅, 菱餅, ハマグリの潮汁, ちらし寿司, ひなあられ	平安期の「ひいな遊び」と中国の厄除け, 上巳の神事・祓いが結びついた節句である。女の子の節句で, 子どもの健やかな成長を願う。桃の節句が慣習として一般家庭に定着したのは, 明治以後のこと。

（表3-2 つづき）

年中行事 月　日	一般的な料理・食品	由来・特徴など
花祭り 4月8日	甘茶（アジサイ科のヤマアジサイの甘味変種を乾燥させて煮出したもの）	お釈迦様の誕生日を祝う仏教の行事。灌仏会（かんぶつえ）ともいう。インドや中国では古くから行われ，日本では推古天皇の時代に初めて行われたと伝えられている。奈良時代に大きな寺に広まっていき，平安時代には寺の年中行事となっていった。
八十八夜 5月2日頃 （立春から数えて88日目となる日）	新茶	立春，立夏，立秋，立冬などの二十四節気は，農作業の目安にするために中国で作られた暦である。八十八夜は日本で作られた暦の1つで，二十四節気を補完した日本で独自に作られた暦であり，その年によって日にちが変わる。
端午の節句（菖蒲の節句・子どもの日） 5月5日	赤飯，柏餅，ちまきなど（地方により多様）	古代中国の菖蒲を用いた邪気払いの行事が，平安時代に伝わる。男の子の節句。菖蒲湯，薬玉，菖蒲の鉢巻きは祓えの意味があり，身を清め邪気を祓い健やかな成長や立身出世の祈願をする。
七夕の節句（笹の節句） 7月7日	そうめん，キュウリ，ナス，カボチャ，スイカ，笹団子	中国の「乞巧奠（きこうでん）」という行事が奈良時代に伝わり，日本の「棚機津女（たなばたつめ）」の行事と合体。願い事を書いた五色の短冊を笹に吊るし，物事の上達や無病息災を祈願する。
盂蘭盆会 7月または8月の13～15日	精進料理，ナス，キュウリ，団子，そうめん	先祖の霊を迎えて供養し，送り出す行事。精霊棚や仏壇にお飾りとお供えをする。
重陽の節句（菊の節句） 9月9日	菊酒，菊飯，菊の花びら，赤飯，栗飯，ナス，団子	平安時代初期に中国より伝わった五節句のひとつ。旧暦9月9日の節会。奇数（陽数）の中で最も大きな9が重なることから「重陽」といわれ，不老長寿を祈願する。
月見（仲秋の名月・十五夜） 旧暦8月15日（9月中旬～10月上旬）	月見団子，サトイモ，サツマイモ，栗飯	平安時代に中国から伝わり，満月を観賞する行事となる。ススキを花瓶に挿して，団子やサトイモなど，その時期の収穫物を供え，感謝の気持ちを表す。
月見（十三夜） 旧暦9月13日（10月中旬～11月上旬）	月見団子，柿，栗，サトイモ，サツマイモ，ナシ，枝豆	日本由来の風習。十五夜に月見をしたら必ず十三夜にも月見を行うものとされる。「豆名月」，「栗名月」ともいわれ，枝豆や栗などを供える。
ハロウィン 10月31日	カボチャ料理	アメリカ合衆国の民間行事として定着しているが，古代アイルランドに住んでいたケルト人が起源と考えられている祭である。近年，日本では，仮装・コスプレのイベントとして日本式にアレンジされたハロウィンが行われている。
お彼岸 春分および秋分を中日とした1週間	おはぎ（春分は，ぼたもち），団子	季節の花をお供えし，先祖の供養，墓参りをする。春の彼岸が豊穣，秋の彼岸が実りを祈願する自然信仰が，先祖を思う気持ちと融合した行事といえる。
冬　至 12月22日ごろ	カボチャ，こんにゃく，小豆粥，いとこ煮	二十四節気の1つ。1年で最も昼が短くなる日（夜の長さが最長）。冬至に健康を願い，カボチャを食べ，ゆず湯に入ると風邪をひかないといわれてきた。
クリスマス 12月25日	ローストチキン（ターキー），クリスマスケーキ	イエス・キリストの降誕を祝う祝日。日本でも年中行事として浸透している。
年越し 12月31日	年越しそば	江戸時代の町民の間で広まったといわれる。除夜の鐘を聞きながら新年を迎え，年神様を迎える。細く長いそばのように，健康や家運などが末永く続くことを願う。

2）正月と五節句の食事

①正月（元旦〜1月3日）

　正月は節日や節句に行われてきた年中行事の1つである。現在では，おせち（御節）料理は「正月の料理」ととらえられているが，もともとは「節供（節句）のときの料理」をさす言葉である[56]。

　各家庭では神を迎え入れるために門松やしめ飾りを用意し，神へ捧げる日常とは異なる特別（ハレ）な食事としておせち料理が作られてきた。一般的には元旦に食べるものであるが，太陽が沈むと1日が終わり翌日が始まるとし，「年取り膳」として大晦日からおせち料理で年神様をもてなす地域もある。

　料理のひとつひとつには五穀豊穣や息災，子孫繁栄の祈願や，祝いの意味が込められている。現代のような重箱に収められた形として定着し始めたのは，明治時代以降である。それぞれの家庭や地域によって詰められる品は異なるが，「黒豆，数の子，田作り[57]」は「祝い肴三種」としておせち料理には欠かせないものとなっている（図3-27）。

　現代ではおせち料理を作る家庭は減少しており，料亭やホテル，百貨店などからの取り寄せに加えて，最近ではスーパーマーケットやコンビニエンスストア，レストランなどもおせち料理を予約販売しており，店頭だけでなくインターネット経由などでも購入される。詰められる料理も和食だけでなく，洋食や中華，創作料理と多様化が進んでいる。一方で，使い捨て容器であったりプラスチックや合成樹脂を使っても，黒や朱色の正方形の箱に金泊柄の装飾をつけた重箱が用いられることが多い。「買う料理」として利便性を優先にとらえる現在でも，行事食としての形を整えることが意識されている。

図3-27　現代の一般的なおせち料理の例
（写真 AC）

　雑煮は，おせち料理とともに正月に欠かせない行事食であり，新年の最初の食事である。年神様に供えた餅をその地域の野菜や魚介，肉などの様々な具材とともに，その年の最初に井戸や川から汲んだ水「若水」で煮込み，屠蘇（とそ）[58] と一緒に食べる。餅の形は，古くは米をついて丸めた丸餅でお供え餅にその原型を見ることができる。江戸時代中頃から後半に効率的に作れる切餅（角餅）が，江戸を中心とした東日本に広がったとされる[59]。雑煮の汁も地域で異なり，関西の白みそ，東日本のすまし汁がよく知られている。また，焼いた餅を汁に入れて作るものや焼かない餅を汁で煮るもの，餅を入れずにサトイモや豆腐をいれたものや小豆汁仕立てなど，気候風土や歴史的背景から各地域，各家庭と地域の特色が見られる。雑煮の地域性については次項の日本の食の地域性に詳述する。

*56　2013年にユネスコ無形文化遺産に登録された「和食」の名称は，Washoku, traditional dietary cultures of the Japanese- notably for the celebration of New Year」（和食：日本人の伝統的な食文化−正月を例として−）である。

*57　関東の例。関西では黒豆，数の子，たたき牛蒡。

*58　酒やみりんに5〜10種類の生薬を浸け込んだ薬草酒。中国で始まり平安時代に日本へ伝わったとされ，宮中正月行事として始められ江戸時代に一般庶民に広まったとされる。「屠」は邪気を払い，「蘇」は魂を目覚め蘇らせるという意味とされ，雑煮と共にいただく。

*59　江戸の風俗を描いた「大和耕作絵抄」（刊行年不明。17世紀末〜18世紀初め頃）に餅をつく男たちと，つきあがった餅を平らにのばす女たちが描かれている。こうしてのばした餅，「のし餅」を切り分けたものが角餅（切り餅）である。

図 3-28　七草と七草粥（Adobe Stock）

図 3-29　スーパーの春の七草セット

（著者撮影，2023 年）

②人日の節句　１月７日

五節句の１つ「人日」は人を大切にするという意味を持つ。この日に七種の薬草で羹[*60]を作って食べることで健康を願うという，中国の唐の時代の風習が日本に伝わり，七草粥（**図 3-28**）として浸透した。もとは米や小豆などの穀類や豆類などで作られたが，日本にもともとあった「若菜摘み」とよばれる春の行事の影響を受けて「春の七草」[*61]が使われるようになったとされている。

ただし，気候の違いなどで七草が摘めない地域では，他の根菜類や葉野菜，油揚げ，豆類や餅などが使われ，地域や家庭ごとに異なる七草粥も作られてきた。

現代では，七草をセットにしたものや七草粥のレトルトパックなどがスーパーなどで売られ，気軽に七草粥を食べることもできる（**図 3-29**）。

③上巳の節句（桃の節句・ひな祭り）　３月３日

藁や草で作った人形を川に流し邪気祓いや厄祓いをする中国の上巳の節句と，日本のおままごとであるひいな遊びが結びつき，女の子の節句や桃の節句として，江戸時代以降に定着した。

ひな飾りには菱餅[*62]と桃の花を添え，白酒で祝う。白酒は，焼酎やみりんにもち米，麹を加えて作るが，アルコール分を約９％程度含むため，現在ではわずかしかアルコール分を含まない甘酒[*63]で代用することもある。はまぐりのお吸い物は，対の貝殻がぴたりと合うことから夫婦関係がよいことを意味し，娘の幸せを願って作られる。こうしたものに加え，ちらし寿しや菜の花の辛し和え等の料理が作られる（**図 3-30**）。

図 3-30　ちらし寿司とはまぐりの吸い物

（写真 AC）

*60　肉や野菜などを煮た吸い物。汁物。

*61　せり，なずな，ごぎょう，はこべら，ほとけのざ，すずな，すずしろ。すずなはカブ，すずしろは大根のこと。

*62　菱餅は江戸時代では白と黄色，白と緑など（絵付きの文献あり）。三色になったのは，かなり後のことである。昭和に入り赤は魔除けの桃の花，白は雪の白で清浄や純潔，緑は新緑の色で，健康や長寿の意味がこめられていると説明されるるようになった。

*63　米飯に米麹を混ぜて保存し，米のデンプンを糖化させて作る。また酒粕を原料とする製法もある。アルコール分はわずかで，市販される多くは１％未満である。

④端午の節句（菖蒲の節句・こどもの日）　5月5日

　端午の節句は，菖蒲やよもぎを用いた邪気払いの行事が中国から平安時代に伝わり，後に男の子の成長を祝う男の子の節句とされた。現在では男女問わず子どもの成長を祝う日である。

　平安時代に端午の節句が伝わった京都やその近隣の地域ではもち米を笹などの植物の葉に細長く包んで蒸したちまきが食されるようになった。一方で，江戸時代以降には，小豆あんやみそあんを中にいれた柏餅が関東で食べられるようになった（図3-31）。

図 3-31　ちまきと柏餅（写真 AC）

　柏餅やちまきは全国に普及したが，特色のある餅で端午の節句を祝う地域もある。鹿児島や宮崎，熊本では米を灰汁（あく）に一晩浸漬し，竹の皮に包んで炊くことで殺菌効果をもたせた「あくまき」が端午の節句の菓子として知られている。木曽地域（長野の木曽川流域と岐阜の一部）の朴葉（ほおば）巻のように標高が高く柏の木がない地域では柏の代わりに他の木の葉が用いられたり，葉でくるまない北海道の「べこ餅」など地域により異なる。

⑤七夕の節句　7月7日

　中国に古くから伝わる牽牛星（けんぎゅう），織女星（しゅくじょ）の伝説と，7月7日に7針に糸を通して針仕事の上達を願う乞巧奠（きこうでん）という風習からなる祭りが奈良時代に日本に伝わった。そこに日本にもともとあった棚機津女（たなばたつめ）[*64] の神事も合わさって宮中の行事となり，江戸時代に五節句の1つとされたことで庶民に広がったとされる。

　七夕では願い事を書いた短冊や飾りをつるした笹竹を飾り，そうめん（図3-32）を食べる。そうめんは天の川に見立てたともされるが，七夕が中国から伝わった際にともに伝えられた「索餅（さくべい）[*65]（図3-33）」が，次第にそうめんに置き換わったものと考えられている。

[*64] 着物を織り供えて神をもてなし，秋の豊作を祈り人々のけがれを払う神事。着物を織る際に使われた織機を棚機，着物を織った女を棚機津女とよんだ。

[*65] 小麦粉と米粉を水で練り，縄状にしたもの。また，それをひねった形にして油で揚げた唐菓子。

図 3-32　そうめん（写真 AC）

図 3-33　索餅（写真 AC）

⑥重陽の節句（菊の節句）9月9日

　節句はいずれも中国において縁起のよいとされる奇数が重なる日であり，旧暦9月9日は九が重なる最大数のめでたい日とされていた。700歳の老翁でありながら，菊のしずくを飲むことによって子どもの姿のままである「菊慈童」の伝説にちなんで，菊の花びらを浮かべた「菊酒」を飲む習慣があるが，現代ではあまりなじみのないものとなっている。また，江戸時代から栗飯を食べる習わしがあり，「栗の節句」ともよばれている。ほかにも，秋ナスの料理や菊をモチーフにした和菓子を食べることがある。

3）その他の行事と行事食

　正月や五節句以外にも季節の節目に慣習とされてきた行事があり，それと結びついた行事食がある。

　節分（2月2日もしくは3日）は，煎った大豆をまき，年齢の数より1つ余分に食べて無病息災を祈る。柊や鰯の頭を玄関に飾って魔よけとしたり，恵方巻き[*66]を食べる。

　彼岸は，春分の日と秋分の日の前後に先祖を供養する。仏前にぼた餅（「おはぎ」ともよばれる）や彼岸団子を供える。

　花見は3月から5月にかけて，豊作を祈願して桜の木の下で花見酒や花見弁当を楽しむ宴会が行われる。

　盂蘭盆会は7月または8月の13〜15日に親族が集まって先祖の霊を供養する。日常では会わない親族と会食をする機会ともなっている。

　仲秋の名月は，旧暦の8月15日にススキの穂を飾り月見団子やサトイモを月に供え秋の豊作を祈り，実りに感謝をする。

　冬至（12月半ばすぎ）は最も日中が短くなる日で，カボチャや大根を炊いて食べ，湯船にゆずを浮かべたゆず湯に入る。

　このように，季節の変わり目ごとに体内の気を充実させ，邪気を祓いよけるための行事食が伝えられてきたのである。

　ここまであげたような，主に中国から伝えられたものが日本の中で定着した行事と行事食に対して，中国以外から日本に伝わり身近になった行事や行事食も少なくない。

　キリスト教圏ではカップルや家族の祝い事であるバレンタインデーは，日本では女性から男性にチョコレートを贈るものとされ，さらにそのお返しに男性から女性にキャンディー，マシュマロ，ホワイトチョコレートや贈りものをするホワイトデーが慣習化されている。

　また，クリスマスは西洋では12月25日に七面鳥の丸焼きやローストビーフ，ドイツなどでは鯉料理などを家族で食べるが，日本では前日の24日にクリスマスケーキで家族や友人で祝うといった違いが見られる。

4）通過儀礼と食

　通過儀礼とは，個人がこの世に誕生してから一生を終えるまでの間に経験する諸儀礼で，誕生日，成人，還暦といった節目となる年齢ごとに行われる行事や，

＊66　恵方を向いて巻き寿司を丸かじり（丸かぶり）し，最後まで無言で食べきると願い事が叶うとされる。丸かぶり寿司。大阪発祥の風習とされるが起源は不明。恵方巻という名称は，大手コンビニエンスストアチェーンが売り出す際につけ，それが広まったとする説が有力である。

表3-3　通過儀礼と食

通過儀礼		一般的な料理・食品
慶事	出産，三つ目，お七夜，初宮参り，お食い初め，初節供，初誕生（満1歳）	産飯，白米飯，赤飯，尾頭付き魚，紅白餅，白酒，草餅，菱餅，ひな菓子，柏餅，ちまきなど
	七五三，入園・入学，卒業，成人式，就職	赤飯，千歳飴，酒，デコレーションケーキなど
	結納，結婚式，結婚記念日 銀婚式（25年目），金婚式（50年目），エメラルド婚式（55年目），ダイヤモンド婚式（60年目）	赤飯，タイ，エビ，アワビ，するめ，昆布，カツオ節，数の子，紅白かまぼこ，紅白餅，紅白まんじゅう，酒など
	誕生日，敬老の日（9月の第3月曜日）	赤飯，タイ，酒，デコレーションケーキなど
	賀寿祝い（年齢の節目の誕生日） 還暦…満60歳　　古希（古稀）…数え年70歳 喜寿…数え年77歳　傘寿…数え年80歳 米寿…数え年88歳　卒寿…数え年90歳 白寿…数え年99歳　上寿…数え年100歳	赤飯，餅，タイ，酒，デコレーションケーキなど
弔事	通夜，葬式，年忌	精進料理

入学卒業や定年，結婚のように個人の社会生活が深くかかわる行事が含まれる（**表3-3**）。

　年中行事と同様に通過儀礼では神人共食が行われ，本人と家族，親戚や地域の人々，社会的な関係のある人たちとの共食，それにふさわしい料理が作られる。

　通過儀礼の会食は，行事の目的について社会的に承認してもらったり，感謝の意を示すための共食であることが多い。また，最後の通過儀礼となる葬式の料理には，逝く人をいたみ来世の安寧を願う思いも込められている。

　高度経済成長期*67以降，社会を取り巻く環境の変化にともない，核家族，単身世帯，高齢者だけの世帯が増加し，通過儀礼やそれにともなう行事食は簡略化，簡素化されるものが多くなっている。一方で，かつては町内の人の協力で参列者への食事の用意が行われていた弔事の取り仕切りは葬儀会社や葬儀場に委ねられ，有料のサービスの一環として葬儀の参列者に通夜や葬儀後に食事が提供されることも少なくない。

*67　日本の行動経済成長期は，戦前の経済水準を上回った昭和28（1953）年から石油ショックが起こった昭和48（1973）年までをさす。

2．日本の食の地域性と現在の姿

（1）各地の郷土食・郷土料理

1）郷土料理の生まれる背景

　「郷土食」，「郷土料理」は一般に，その土地の気候や風土に則して生み出された食材と調理法によって作られたものであり，その地域の自然環境の影響で形成された場合と，他地域との文化融合によって形成された場合とがある。

　日本では，南北に細長く四方を海に囲まれ，豊かな四季と自然環境の中で，地域の気候風土や歴史的背景，宗教の影響などを受け特産物や郷土料理が生まれてきた。一方で，江戸時代以降，陸路や海路の流通網が整備されたことにより他の地域からの食材を組み合わせたり，海外の食べ物や料理の影響を受けながら，地域の特産ともいえる料理が作られてきた（**図3-34**）。郷土料理を支えてきたも

のは食材だけでなく，その地域で長く伝えられてきた調味料や調理法，加工保存法であり，郷土料理を作り食べる体験はそれぞれの家庭の様式，土地の個性や暮らしを継承していくうえで重要であった。

　食品生産の効率化，運搬技術の発達，書籍やテレビ，インターネットを通じた多様な食に関する情報の普及により，季節や地域を問わず同じような食材料が入手できるという環境のもとで，家庭の日常で作られる料理は多様化している。その一方で，必ずしも地域的な特色が反映されているというわけではない。

　郷土料理とよばれるものには，家庭では作られない商品的性格を持つものもあり，すべてに「伝統」が適合するわけではない。新たに生まれた御当地グルメは，郷土料理を通して地元の産業を活性化させ，「まちおこし」や「村おこし」にも一役かっている。食育における「学校給食」を通して郷土料理を学ぶことも多く，食育推進基本計画のもと各地方，地域を上げてのイベント活動として郷土料理の伝承に努めることも多い。(図 3-35)

　ところで，「郷土料理」という言葉や考え方が注目されたのはそれほど古くない。地域でとれるものが米飯の代用食として期待された食料不足の第二次世界大戦時，都会で郷土の味を楽しむという「ふるさとの味」がうたわれた高度経済成長期，米飯や地域の食材が学校給食に積極的にとりこまれた 1970 年代の後半，最近では B 級グルメやご当地グルメといった言葉でも地域特有の料理が紹介されることが少なくない。令和に入り，2013 年 12 月にユネスコ無形文化遺産に登録された和食文化を次世代に継承していくことを目的として，農林水産省が「うちの郷土料理～次世代に伝えたい大切な味～」のデータベースを作成している[68]。毎年，各地域で選定された郷土料理の歴史やレシピをインターネットで公開し，その数は年々増えている。

　こうした郷土料理の存在は日本の国内にとどまっていないことも近年に見られる新たな現象である。洗練された味や自然志向，健康のイメージを持つ日本料理の海外での人気は高く，訪日観光客が日本で行いたいことの第 2 位に郷土料理を食べることがあげられている。こうした状況に農林水産省は「SAVOR JAPAN」(味わう日本)という各地のレストランを紹介するキャンペーンを展開し，その中で 40 の地域を農泊（農山漁村滞在型旅行）に認定し地域の郷土料理とともに紹介している[69]。

　このように，郷土料理とはその土地の食材や伝えられてきた料理の知恵が生かされたものであるとともに，歴史とともに変化したり，新たなものが商業的にも政策的にも作り出される現在進行形の料理ともいえる。

　表 3-4 に 47 都道府県別の郷土料理を示す。自分の出身地や，ゆかりのある地域の郷土料理を確認しよう。

＊68　https://www.maff.go.jp/j/keikaku/syokubunka/k_ryouri/

＊69　北海道の網走市はサケ料理がカヤックなどのアクティビティとともに，京都の山城地域では宇治茶と古老柿が茶摘みといった製茶体験とともに紹介されている。

●気候風土などの生活環境	石狩鍋, じゃっぱ汁, ハタハタしょっつる汁, からいも餅, ゴーヤーチャンプルーなど
★歴史的背景や宗教の影響	とうふ田楽, 茶粥, 普茶料理, 皿鉢料理, 卓袱料理など
◆食材・調理法などの伝承形態	きりたんぽ, へしこ, 柿の葉ずし, 鮒寿司, 松前寿司, 昆布巻き, くぎ煮, そば, クープイリチー, クープマナなど

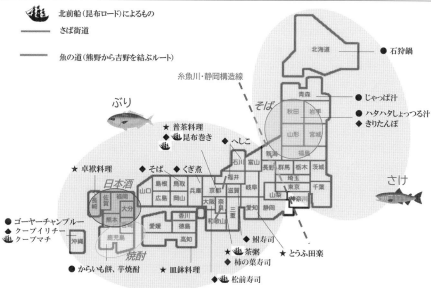

図3-34　様々な影響を受けた郷土料理

鶏飯・がね（かきあげ）・おひたし・伊予柑・牛乳

本来の鶏飯

「鶏飯」は茹でてほぐした鶏肉, 煮た干しシイタケ, 錦糸卵, パパイヤのみそ漬などの具材と, みかんの皮, ネギ, きざみ海苔, 白ごまなどの薬味を白いご飯の上にのせ, 鶏出汁のスープをかけて食べる奄美地域を代表する郷土料理。左の写真は給食のため, 具材を混ぜた状態で作られている。右の写真が本来の鶏飯。
「がね」は鹿児島県の方言でカニのこと。サツマイモのかき揚げで, 形が「かに」に似ていることからそうよばれるようになったとされる。

図3-35　郷土料理を取り入れた鹿児島県の学校給食

表3-4　全国各地の主な郷土料理

都道府県	料理名	作り方等
北海道	石狩鍋，ルイベ，ジンギスカン，ザンギ，いかめし，べこ餅	[石狩鍋]　北海道を代表する郷土料理で，サケで有名な石狩川の河口にある石狩町から生まれた漁師料理。サケのぶつ切りやあらを，そのままみそ汁が入った鍋に入れ，ダイコン，ハクサイ，ネギ，ニンジンなども加えて煮る。
青森県	貝焼きみそ，けの汁，せんべい汁，じゃっぱ汁，クジラ汁，イカメンチ，いかの鉄砲焼き	[けの汁]　米が貴重だった時代に，刻んだ具材を米に見立てて食べたという。もともとは，小正月に嫁が里帰りする際に作り置きした精進料理で，栄養豊富な保存食として，温め直して何日も食べた。近年は具材をあらかじめ5mm角に刻んだ「けの汁用パック」がスーパーマーケットなどで販売されている。
岩手県	わんこそば，どんこ汁，そばかっけ，ひっつみ，まめぶ汁	[ひっつみ]　生地は小麦粉と水を練り，しばらく休ませる。指で適当な大きさにちぎり引っぱってのばし（名前の由来），汁に加えて煮込む。汁はダイコン，ニンジン，ゴボウ，シイタケ，ネギなどの季節の野菜と鶏肉を加え，味つけは醤油や酒，だしは鶏ガラなど。
宮城県	ずんだ餅，はらこ飯，温麺，ほや料理，油麩丼	[ずんだ餅]　ずんだとは，枝豆を茹でてすり潰したもの。砂糖，塩で調味し，つきたての餅に絡める。鮮やかな緑色が特徴的でもてなしにも利用されてきた。じんだ餅，じんだん餅とも。江戸末期には枝豆の和え衣が定着していたという。
秋田県	きりたんぽ鍋，稲庭うどん，いぶりがっこ，はたはた寿司，しょっつる鍋	[きりたんぽ鍋]　硬めに炊いた飯をつき潰し，杉の串に円筒形に整えて握りつけ，炉端に立てて焼いたものがきりたんぽ。鶏ガラスープで野菜やきのこ，セリなどと煮て鍋にする。新米が収穫される時期に作られることが多く，客をもてなすために欠かせない料理でもあり，冠婚葬祭の際にはよくふるまわれる。
山形県	芋煮，どんがら汁，くじら餅，笹巻き，玉こんにゃく，鯉のうま煮	[芋煮]　サトイモの収穫期の秋から冬によく食べられている。河原に鍋や材料を持ち込み，家族や友人など野外で作って芋煮会を楽しむ。運動会の後などにも食べる。サトイモ，肉，ネギ，コンニャクを煮込み，味つけは醤油またはみそ，肉は牛・豚と地域や家庭によって違いがある。芋煮の時期にはスーパーやコンビニでも芋煮用の食材が販売され，芋煮会の鍋や薪やゴザがセットになったレンタルも当たり前となっている。毎年9月に「日本一の芋煮」が山形市で行われる。
福島県	しんごろう，こづゆ，鯉こく，いかにんじん，にしんの山椒漬，あんぽ柿のなます	[こづゆ]　貝柱のだしで煮込んだキクラゲ，ワラビ，サトイモ，ニンジンなど豊富な材料で作り，赤い会津塗の器の「手塩皿」に盛り付ける。婚礼時には欠かせない一品で，酒の肴として楽しまれていたため，何杯でもおかわりしてよいとされていた。現在はレトルトのこづゆやこづゆセットなどが販売されている。
茨城県	あんこう鍋，ほしいも，あんこうの共酢，ワカサギとレンコンの酢漬，くこ飯	[あんこう鍋]　あんこうは茨城県の地場産品で常磐ものの評価が高い。みそ味であんこうの七つ道具や野菜を煮た船上料理が原型。肝をすりつぶして加えると，どぶ汁ともいう。あん肝は，江戸時代から五大珍味の1つとされていた。
栃木県	しもつかれ，法度汁，お狩り場焼き，ちたけそば（うどん）	[しもつかれ]　栃木をはじめ，北関東で初午の日に作られる。正月に食べた塩サケの頭と節分残りの炒り大豆，鬼おろしでおろしたダイコン，ニンジン，酒粕を柔らかくなるまで煮て，砂糖，醤油，酢で調味する。名称と調理法は地方によって少しずつ違い，すむるかり，すみつかれ，しみつかれなどともいう。
群馬県	おきりこみ，焼きまんじゅう，水沢うどん，コンニャク料理	[おきりこみ]　群馬県は小麦粉の産地で粉食文化が盛んである。小麦粉で作った無塩の幅広麺を，各家庭にある野菜とともに大鍋に入れ，茹でずにそのまま煮込む。切り込む（切り入れるの意）ところから名付けられた。おっきりこみ，煮ぼうとうともいう。醤油味，みそ味のものがある。寒い日や飯が足りない日などに作られていた。麺の太さや野菜の種類，味つけに細かい決まりはない。
埼玉県	なまず料理，みそポテト，いもせんべい，冷や汁，いがまんじゅう，ゼリーフライ	[なまず料理]　埼玉県吉川市周辺の名物料理。江戸川と中川が合流する地域は江戸時代の交通の要衝で，今でもなまずのたたきや天ぷらなどのなまず料理が食べられる割烹・料亭店が多い。なまずは淡泊であっさりし地元では昔から親しまれてきた川魚である。市では，なまずグルメガイドを作って普及に努めている。
千葉県	さんが焼き，なめろう，太巻き寿司，金山寺みそ，くじらのたれ，ゆで落花生，鉄砲漬，イワシ団子	[なめろう]　新鮮なアジにみそ・ネギ・ショウガのみじん切りを混ぜ，粘りがでるまでたたく。漁師が獲れたての鮮魚を不安定な船上で調理するために考えられた。「皿をなめるほど美味い」ことから「なめろう」と名付けられたといわれる。イワシ，サンマ，トビウオでもつくる。なめろうを焼いたものがさんが焼き。

（表3-4 つづき）

都道府県	料理名	作り方等
東京都	深川飯, どじょう鍋, 江戸前寿司, つくだ煮, ちゃんこ鍋, 桜餅, 島寿司, べったら漬け	[深川飯]　アサリのむき身とネギをさっと煮て炊き立ての飯に汁ごとかけ, 細切りの海苔を散らしたもの。アサリのむき身を炊き込んだものも深川飯とよばれる。下町の江戸っ子の食べ物として生まれた。昭和の初期までは浅草で深川めしを売る屋台が多く存在し, 庶民の味として通年親しまれ一般家庭でも食べられていた。現在は飲食店で食すのが一般的である。
神奈川県	けんちん汁, 生シラスどん, 小田原かまぼこ, サンマーメン, よこすか海軍カレー	[けんちん汁]　日本各地でみられるが, 建長寺では700年以上も前から食されている。建長寺で修業した僧侶が各地に派遣され全国に広まっていった説がある。コンニャク, ゴボウ, レンコン, ニンジン, ダイコン, サトイモ, 豆腐, 干しシイタケなど多くの野菜を使用するのは, 余った野菜くずを無駄なく用いてたため。ゴマ油で材料を炒めてからやわらかく煮て, 塩, 醤油, みりんで味つけする。
山梨県	ほうとう, 甲州小梅, 煮貝, めまき, 枯露柿, 吉田のうどん, 鳥もつ煮	[ほうとう]　代表的な郷土料理。小麦粉で作った無塩の生麺と季節の野菜を, みそ仕立ての汁でとろりとなるまで煮込んだもの。山梨県内ではほうとうとうどんは別物とされている。カボチャを入れることが多い。他に小豆ほうとうなどもよく作られる。打粉を付けたまま煮こむので汁にはとろみがあり, 冷めにくい。
長野県	おやき, 野沢菜漬, そば, イナゴのつくだ煮, おしぼりうどん, にらせんべい	[おやき]　長野県全域で作られる家庭料理で, 米飯を補うものとして普段の昼食や間食に作られていた。小麦粉で作った皮をうすく延ばして野菜の煮物, 和え物, 漬物, 小豆あんなどを包み, 焼いたり, 蒸したりしたもの。皮にはそば粉や米粉を入れることもある。おやきはハレ食でもあり日常食としても食べられている。
静岡県	わさび漬, 静岡おでん, 桜エビのかき揚げ, がわ, 黒はんぺん	[わさび漬]　ワサビの葉, 茎, 根を刻んで塩をまぶす。酒粕に砂糖, みりんなどを加えて練り, 塩漬けのワサビの水分を良く切ってあえ, 数日なじませる。江戸時代から栽培の歴史があり, 静岡のワサビは, 品質とも日本一を誇る。
新潟県	サケの酒浸し, サケの焼漬, ふかしなす, のっぺ, わっぱ飯, へぎそば, けんさん焼き, 笹団子, いごねり, 三角ちまき	[サケの焼漬]　村上市は「鮭のまち」として知られている。数ある鮭料理の一つが「サケの焼漬」である。焼いたサケを酒やみりんなどを合わせた醤油だれに漬け込む。そのまま, もしくは炙っていただく。サケはそのまま焼いて食べると少々脂が足りなかったため, このような工夫をしてできた。塩サケや煮付けとは全く異なる。冷めても固くならなくて, ふんわりとしている。
富山県	ます寿司, べっこう, ほたるいか料理, 昆布じめ, とろろこぶ	[ます寿司　富山市の名物。笹を敷いた曲げ物の器に寿司飯を詰め, 塩をして酢でしめたマスのそぎ身をのせて笹をかぶせる。蓋をして割った青竹で上下から挟んで締め食べ頃の1〜2日後まで置く。富山市内だけでも20軒以上の専門店があり, 駅弁にもなっている。めでたいことがあるときに食べられている。
石川県	じぶ煮, 五色生菓子, かぶら寿司, ごり汁, いとこ汁, いしる汁, 鯛の唐蒸し	[じぶ煮]　石川県を代表とする煮物。鴨肉や金沢市特産のすだれ麩, 季節の野菜などを煮る。鴨肉には小麦粉をまぶすので, とろみがある。醤油, 砂糖, 酒, みりんで調味する。薄手で口が広く底が浅い, 専用の椀に盛り, ワサビを添える。家庭でも作られるが, 郷土料理の料亭や割烹などでも提供されている。
福井県	小鯛の酢漬け, へしこ, でっち羊羹, 報恩講料理, 越前がに料理	[小鯛の酢漬け]　キダイ（レンコダイ）の幼魚を3枚におろし, 食塩と食酢で締め, 防腐と香りづけのため笹の葉と漬ける。保存がきき, そのまま食べるほか, 酢の物, 寿司, 天ぷらにしたりと, 様々な料理に用いられる。小浜市の名物。
岐阜県	朴葉みそ, 五平餅, あゆ雑炊, 水まんじゅう, 赤カブ漬, 栗きんとん	[五平餅]　米をつぶしたものを串に巻きつけ, クルミ・ごまをつぶし砂糖と醤油または味噌味のたれをつけて焼く。たれにクロスズメバチの幼虫「へぼ」を加えることもある。農繁期の食事, もてなしのご馳走とした地域もある。
愛知県	みそ煮込みうどん, かしわの引きずり, いなまんじゅう	[みそ煮込みうどん]　名古屋市の名物。八丁みそで味つけした汁に, 無塩のうどんを生のまま入れて煮込む。豆みそは煮込んでも風味が変わりにくい。うどんの食感は硬め。具は鶏肉, かまぼこ, 油揚げ, 卵, ネギなどである。
三重県	手こね寿司, あらめ巻, 伊勢うどん, いばら餅, 焼きはまぐり, いかなご料理	[手こね寿司]　カツオやマグロなど赤身の刺身を醤油, 砂糖などで作ったたれに漬け込み, それを酢飯の上に並べて, シソやショウガなどの薬味をちらす。おもてなし料理としても食べられている。近年, タイなどの白身魚でも作られている。

（表3-4 つづき）

都道府県	料理名	作り方等
滋賀県	ふな寿司，でっち羊羹，もろこ料理，いさざ豆，日の菜漬，さばそうめん，びわます刺身，丁字麩	［ふな寿司］　日本最古の寿司の1つで，塩漬けした琵琶湖のフナと米を約1年漬け込む。魚を長期保存するための加工方法で，腐敗しやすい魚を発酵させる。発酵中に産生する乳酸で骨が軟らかくなり，骨まで食べることができ栄養価も高い。古くは，腹痛や体調不良の際は，薬の代わりにふな寿司を食す習慣があった。うす切りにして食べるほか，お茶漬けなどにも。
京都府	えび芋と棒だらの炊いたん，にしんそば，水無月，宇治金時，さば寿司，しば漬，すぐき漬，千枚漬，丹波黒豆の甘煮	［えび芋と棒だらの炊いたん］　「炊いたん」とは「炊いたもの」を意味する。皮目が縞々でえびのような形の京野菜「えび芋」と，棒だらを炊き合わせた煮物。毎月15日に食べる習わしがある。棒だらは，北海道でとれたマダラを乾燥させたもので，水でもどしてエビイモとともに，醤油，砂糖，酒などで調味する。2つの素材の「であいもの」の料理で京都府内の伝統的な飲食店で味わえる。家庭でも正月に「えび芋と棒だらの炊いたん」を用意する家も少なくない。
大阪府	船場汁，小田巻き蒸し，はもきゅう，半助豆腐，バッテラ，大阪漬，たこ焼き，串カツ	［船場汁］　大阪の問屋街，船場で生まれた。塩サバのあらとダイコンを使った潮汁で白髪ネギを天盛りにする。魚のあらまで利用する大阪らしい"始末の料理"である。時間をかけずに作れることから忙しい商家で重宝され，日常食として定着した。現在，各家庭でサバの切り身などで作られ市中の飲食店や料亭でも提供される
兵庫県	いかなごのくぎ煮，明石焼き，はも鍋，たこ飯，ぼたん鍋，播州手延べ素麺	［いかなごのくぎ煮］　2月下旬から4月にかけて水揚げされる新鮮なイカナゴの新子を，醤油，砂糖，ショウガで調味したつくだ煮。炊きあがった姿が，さびたくぎに似ているところからこの名がついた。神戸と播磨地方の郷土料理で，土産物店や鮮魚店，スーパーなどでも販売されている。
奈良県	柿の葉寿司，飛鳥鍋，でんがら，茶粥，にゅうめん	［柿の葉寿司］　塩で締めたサバを酢飯と一緒に柿の葉で包んだ押し寿司。作って一晩おくと柿の葉の香りとサバのうま味が酢飯に移り，独特の風味が出る。奈良県には柿の木が多く，海に面していないため，塩サバを使った。
和歌山県	めはり寿司，ぼうり，こけら寿司，みかん餅，さんまの姿寿司	［めはり寿司］　高菜漬で大きなおにぎりを巻いたもの。漁や山仕事の弁当用に作られた。高菜寿司とも。食べるときに大きな口を開け，目を見張るほどの大きさからこの名がついたという説がある。米が貴重だった頃，米よりも麦を多く入れていた
鳥取県	ののこめし，スルメの麹漬，豆腐ちくわ	［ののこめし］　油揚げの中に，生米・刻んだ野菜を入れ，炊き上げた料理。いただきともいう。米が貴重だった時代に，少量でお腹が一杯になるようにたくさんの具材を入れ工夫した。現在はスーパーで販売され，居酒屋のメニューにも。
島根県	割子そば，めのは飯，赤貝がらん蒸し，すずきの奉書焼き，隠岐あらめの炒め煮	［割子そば］　出雲そばとも。松江市が発祥とされる。そばの実と甘皮を一緒にひいて打つため色が黒っぽく，風味とコシのある歯ごたえがある。割子とよばれる円柱状の丸い重箱に入ったそばに薬味をのせ，濃いめのつゆをかけて食べる。そばはやせた土地でも栽培でき，奥出雲地方では平安時代からそばが定着していた。
岡山県	祭り寿司，ままかりの酢漬け，たこ飯，蒜山（ひるぜん）おこわ，黄にらのおひたし，ホルモンうどん	［祭り寿司（岡山寿司）］　祝い事，来客の接待などに作られる豪華なちらし寿司。すし飯には味つけして刻んだカンピョウ，シイタケ，レンコンなどを混ぜ，上には焼きアナゴ，酢締めのサワラ，塩ゆでのイカ・エビ，金糸卵，味つけした野菜やサヤエンドウなどを彩りよく飾る。タケノコやゴボウを入れることもある。料理店やすし屋で食べることができ，スーパーでも販売されている。
広島県	うずみ，ワニの刺身，かき料理，煮ごめ，広島菜漬，あなご飯，美酒鍋，お好み焼き	［うずみ］　江戸時代に味つけした具を飯の下に埋め質素に見せかけたことが始まり。飯で具を埋めることからこの名がある。福山地方の郷土料理。もともとは収穫を祝って秋祭りに作る。サトイモ，マツタケ，秋エビ，山菜が主材料。近年「うずみ」は「うずめる」料理として様々なジャンルに取り入れられている。
山口県	ちしゃなます，かぶ雑煮，うに飯，ふぐ料理，瓦そば，外郎，いとこ煮	［ちしゃなます］　下関の家庭料理。かきちしゃを，いりこ・みそ・酢・砂糖で作った酢みそで和える。酢で締めた魚，焼き魚の身をほぐしたものを入れることもある。カルシウムやタンパク質もとれ，栄養価が高い。かきちしゃは近年入手が難しく，サニーレタスなどで代用されている。学校給食でも提供されている

（表 3-4 つづき）

都道府県	料理名	作り方等
徳島県	ほうぜの姿寿司，たらいうどん，そば米雑炊，うちがえ雑煮，あめごのひらら焼き	［そば米雑炊］　徳島の祖谷（いや）地方は山々に囲まれ米が育ちにくい気候である。源平の戦に負けて都を落ち延びた平家が，米の代わりに栽培期間が短いそばを育てたことから定着した。そばの実を塩ゆでして殻をむき乾燥させたのが「そば米」。野菜や肉とともにだしで煮込み，雑炊に仕上げる。徳島ではなじみのある食べ方で県内のスーパーなどで購入できる。
香川県	てっぱい，わりご弁当，讃岐うどん，まんばのけんちゃん，打ち込み汁，かきまぜ	［てっぱい］　フナをさす「鉄砲」が名前の由来。農業用水用のため池に生息するフナを脂がのる冬に食べる。酢締めにしたフナとダイコン，ネギ，トウガラシを酢みそで和える。海が遠い山村では貴重なタンパク質源で，伊勢講や寄り合いの席での酒の肴として欠かせなかった。現在，家庭でも飲食店でも食べられる。
愛媛県	いずみや，緋のカブ漬，いよさつま，ふくめん，今治焼き鳥，いもたき，鯛そうめん，じゃこ天	［いずみや］　酢飯の代わりに味つけしたおからを使った卯の花寿司。酢締めにしたイワシやアジなどを，甘酢で味つけした俵型のおからにのせて握る。南予地方では丸寿司とも。この地は米の収量が少なかったため米の代わりにおからを用いた。いずみやの名は，別子銅山を開坑し地域の発展に寄与した住友家の屋号いずみやによる。スーパーや産地直売所でも惣菜として販売している。
高知県	葉にんにくのぬた，つがに汁，皿鉢料理，田舎寿司，チャーテの和え物，リュウキュウの酢の物	［葉にんにくのぬた］　葉ニンニクを滑らかになるまですり，白みそ，砂糖，ゆず酢などでのばす。どろめ（イワシの稚魚）など生の魚やコンニャクなどにかける。葉ニンニクを食べる文化は朝鮮渡来で，土佐の戦国大名長曾我部元親が持ち込んだとされる。高知で葉ニンニクは日常的で，すき焼きや雑炊，炒め物にも使用する。
福岡県	おきゅうと，柳川鍋，がめ煮，ぬかみそ炊き，水炊き，博多ごま鯖	［おきゅうと］　海藻のエゴノリを干し，煮溶かして固めたもの。短冊に切り醤油や酢醤油で食べる。好みで削り節・おろしショウガ・ゴマなどをかける。朝食のおかずで食べられることが多い。食物繊維が豊富で低カロリーな食品。
佐賀県	がん漬，ゆでだご，むつごろうのかば焼き，わらすぼのみそ汁	［がん漬］　有明海に自生するシオマネキを塩で熟成させた珍味。砂やわたを取り除いて丸ごとすり潰し，塩とトウガラシを加えてかめに入れ 3 か月以上発酵熟成させた保存食品。酒の肴や和え物，煮物の調味料として使われる。
長崎県	大村寿司，かんざらし，皿うどん，ちゃんぽん，具雑煮，六兵衛，かんころ餅，ハトシ	［大村寿司］　大村地方に伝わる伝統の押し寿司。浅くて四角い箱（もろぶた）で大きく作り，押したものを四角く切り分ける。甘みのきいた寿司飯に魚介類・野菜・錦糸卵など多くの具をのせ，甘くて見た目も美しい。家庭の祝い事や祭，仏事などの料理だったが，現在は県内の一部の飲食店で，常時提供されている。
熊本県	からしれんこん，だご汁，いきなり団子，巻柿，馬刺し，ぶた和え，一文字のぐるぐる	［からしれんこん］　下茹でしたレンコンの穴に辛子みそを詰め，クチナシなどで染めた衣をつけて揚げる。切り口が美しい。病弱だった細川家 3 代藩主忠利のために，耶馬渓（やばけい）にある羅漢寺（らかんじ）の禅僧，玄沢（げんたく）和尚が作らせた。明治維新まで門外不出の味だったため，今でも「からし蓮根」が熊本県でしか作られない由縁とされる。
大分県	きらすまめし，鶏天，黄飯，物相寿司，やせうま，ひゅうが丼	［きらすまめし］　臼杵市周辺の郷土料理。ブリやアジ，マグロなどの刺身を，醤油ベースのたれにしばらく漬け，ショウガなどの薬味とおからをまぶす。きらすはおから，まめしはまぶすの意味。仕上げにカボスをしぼることもある。
宮崎県	冷や汁，ねりくり，歳取り膳，ぬたいも，菜豆腐，いりこ餅，チキン南蛮，おび天	［冷や汁］　日向灘の雑魚を焼いたものをほぐし，ゴマとすり鉢でする。炙って香りを出しただし汁でのばし，ほぐした豆腐と薄切りのキュウリ，シソ，ネギなどを加える。この汁を熱い米飯か麦飯にかける。家庭料理だが，食欲の落ちる夏の対策メニューとしてマスコミに取り上げられ全国区に。機内食にもなった。
鹿児島県	鶏飯，あくまき，白熊，酒寿司，さつま汁，きびなご刺身，つけ揚	［鶏飯］　奄美のもてなし料理。米飯にいろいろな具をのせ，塩味の鶏ガラスープをかける。具はスープで煮た鶏肉・シイタケのせん切り，ミカンの皮・パパイヤのみそ漬のみじん切りなど。家庭で作られ，鹿児島本土にも専門店が多数ある。
沖縄県	ゴーヤーチャンプルー，ラフテー，沖縄そば，イカスミ汁，足ティビチ，サーターアンダギー，中身汁，クーブイリチー	［ゴーヤーチャンプルー］　ゴーヤーと豆腐の炒め物。ゴーヤーは種を取り薄切りにして豆腐，豚肉，卵などと炒める。沖縄の豆腐は，島豆腐といい堅くしっかりしていて炒め物に適している。チャンプルーとは「いろいろ混ぜた」という意味で，炒め料理をさす。ゴーヤーはビタミンCが豊富で，沖縄では夏バテ防止として食べられてきた。近年は全国的にも広まり，ゴーヤーも品種改良が進み，通年出回るようになった。県内の飲食店でも提供されている。

（2）各地の手前みそ

みそは，古来日本人にとって身近な食品であった。大豆を主原料にして，中国から伝わった製注を元に時間をかけて日本に定着した。

大豆を浸水後に蒸し，もしくは茹でて軟らかくなるまで加熱してからつぶし，塩と麹をよく混ぜ合わせ，樽に詰めて密封し，数か月から数年間発酵させる。材料は大豆と塩と麹のみで手順も比較的単純であることから，かつて日本のほとんどの農家でみそは自家製であった。配合と醸造時の気温，湿度，麹の種類によって，味，風味，香り，色が異なったものができ上がる。すなわち，みそは作り手の数だけ種類があるとされ，多くの人が食べ慣れた自分の家や地域のみそが一番うまいと思うことから，自分のことをほめる「手前みそ」という言葉がある。学校給食では地元のみそを使用することがあり，故郷のみそを自宅に取り寄せる人も少なくない。

現在では，アレルギーや様々な理由から大豆が食べられない人のために，そら豆，ひよこ豆，グリンピースでみそを作ることもある。

1）国菌となった麹菌

図 3-36　麹売り

（国立国会図書館所蔵「七十一番職人歌合」より）
麹は蓋を返したような木の盆に広げて発酵を行う。この盆を「麹蓋」とよぶ。麹業は中世以降の酒造業，酒屋とともに発展した。

＊70　国花は「桜」，国鳥は「キジ」。

麹菌はもともと中国からもたらされたが，選別を繰り返した現在の麹菌は日本独自のもので，和食の基本となる醤油やみそなどの調味料を作るときに欠かせない。麹には「糀」の文字をあてる場合があり，これは日本で考えられた国字である。麹菌は，国花や国鳥と同様に＊70，「われわれの先達が長い間大切に育み，使ってきた貴重な財産」であるとされ，日本醸造学会によって微生物の代表として平成18（2006）年国菌に認定された。

自家製のみそを作る際に種麹が必要となる。かつて集落には「麹や」「麹店」があり，そこで種麹を購入できた。また，農家が栽培した穀物を持ち込み，麹に加工してもらう場合もあった。

麹の商いは非常に古い職業で，14世紀の史料にその様子を見ることができる（**図3-36**）。

2）みその種類

南北に長く起伏に富む地形や気候により，日本各地には様々なみその種類がある。北海道では中辛口みそが主流で，仙台では仙台みそとよばれる伊達政宗の時代より引き継がれている茶色い辛口みそが主流である。九州のみそは，さっぱりとしてうまみのある麦みそである。

みその味を決める麹の原料となる穀物は，全国的には「米」が使われることが

多く，中部地方の豆みそでは「大豆」，九州や四国の一部地域と関東地方の麦の生産地では「麦（大麦または裸麦）」が使われている。各穀物を程よく吸水させて加熱を行い，適温にしてから種麹を振りかけて混ぜ，温度と湿度を調整しつつ発酵させ麹にする。

　現在のみその平均的な塩分は12％前後で，豆みそや甘口のみそはやや少なく9～11％，雑煮用の白みそや江戸甘みそ，さらに少ない5～7％の塩分である。

3）全国のみその地域性

　みその名称は，地名，素材，色，通称など様々あり，みその多様性を示している。図3-37に代表的なみその分布とその特徴を示す。

信州みそ：代表的な米みそである。日本で生産・消費されているみその約4割が信州みそであり，長野県を中心とした地域で製造される。米の生産量が十分ではなかった時代には米は貴重品であったため，麹用には小米や砕米が用いられた。

麦みそ：大麦を麦麹にして大豆と合わせる。主に米の栽培が難しかった地域で定着した。関東でも埼玉県に伝統的な麦みその地域がある。

豆みそ：現在では東海地方で主に作られ，地元で強く支持される。製造過程が米みそ・麦みそと異なり，蒸した大豆に直に麹菌をつけて大豆麹を作り，塩と水のみを加えて仕込む。豆みそには穀物の麹を使用しない。材料を桶に仕込み，重石の石を円錐状に積み上げ2年以上醸造する。大豆のうま味が強く甘みはない。風味が変わりにくく煮込み料理に適している。戦国時代の兵糧食にも用いられた。

江戸甘みそ：米麹を信州みその約3倍も使用するので甘みが強い。江戸には米が集まり，庶民も精白米を食べたので，搗精[*71]時に小米や砕米も多く出たことから，米麹を豊富に作ることができた。熟成期間が9～14日程度と短く，塩分が少ない。そのため特に夏期には10日間程度しか保存できず，醸造は江戸市中で行われ，市中に販売された。江戸っ子に好まれ，どじょう汁など東京の郷土料理に広く使われた。現在でも数社が製造している。

白みそ：関西地域の雑煮に用いられる白みそには，米麹の量を信州みその1.5～2倍使用する。醸造期間は短く，塩分も少なく日持ちがしない。そのため，雑煮用の白みそは年末になってから販売され，正月に使い切ってしまう。みそを白く仕上げるために，米麹用の米の精白度を高くし，大豆は皮をむき蒸して使用する。低塩分のため，雑煮にはみそを多く使用する。そのため，とろみのある仕上がりになる。

甲州みそ：米麹と麦麹の2種類を使用して作られる。甲府は狭い盆地で斜面が多く，稲作に適さないため米の収穫量が少ない。関東のみその特色である米麹だけでは材料が不足するため，麦麹をミックスして作られるようになった。

（3）雑煮の地域性と特徴

　雑煮は，もとは武家社会における饗応料理で，餅や野菜，乾燥食品などを一緒に煮込んだ野戦料理だった。『邦訳　日葡辞書』[*72]には「ザウニ」（雑煮）として「正月に出される餅と野菜で作った一種の煮物」とあることから，室町時代には成立しており，武士など上層の人々は正月に食べていたと思われる。庶民が雑

*71　精米のこと。玄米から糠を削って取り除く。糠を完全に削った米を白米という。

*72　前掲＊33同書，p.843

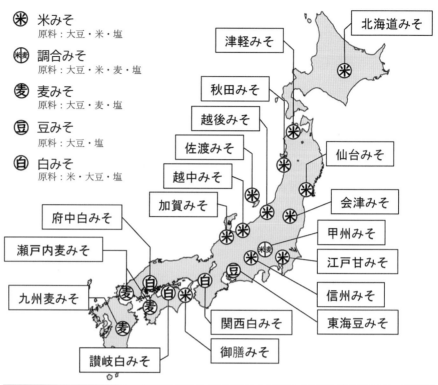

分類			代表的な産地	代表的なみそ
原　料	味	色		
米みそ	甘みそ	白	近畿各府県と岡山，広島，山口，香川	関西白みそ，讃岐白みそ，府中白みそ
		赤	東京	江戸甘みそ
	甘口みそ	淡色	静岡，北陸，九州地方	越中みそ
		赤	徳島，その他	御膳みそ
	辛口みそ	淡色	関東甲信越，北陸，その他全国的に分布	信州みそ
		赤	関東甲信越，東北，北海道，その他ほぼ全国各地	北海道みそ，津軽みそ，秋田みそ，仙台みそ，会津みそ，佐渡みそ，越後みそ，加賀みそ
調合みそ	-	-	山梨	甲州みそ
麦みそ	甘口みそ	-	九州，四国，中国地方	瀬戸内麦みそ，九州麦みそ
	辛口みそ	-	九州，四国，中国，関東地方	
豆みそ	-	-	中京地方（愛知，三重，岐阜）	東海豆みそ

図3-37　全国みそマップ

煮を食べるようになったのは江戸時代であるとされている。

　現在の雑煮は，一年のうちで最も重要な正月の行事食である。正月の過ごし方の基本は家族と過ごす閉鎖的なもので，雑煮も家の中で作られ継承される。加えて，地域で餅つきをして食材を共有する場合もあるから，緩やかな地域性もある。各家庭で作られるため，家族の好みが取り入れられ，婚姻による変化も加わる。雑煮は，情報や流通が多岐にわたる現在においても，伝承されるハレの日の家庭料理である。

　図3-38に地域による雑煮の違いを示す。

1）味つけの分布

　雑煮の味付けは，近畿地方（京都・大阪・奈良・和歌山・兵庫）と四国の一部では白みそで，近畿地方より東側と西側では醤油味が中心である。普段のみそ汁に使うみそを使用する地域は，ほとんど見られない。雑煮はハレの日の特別な料理であるから，雑煮専用の白みそや，すまし汁に醤油味といった，普段とは異なるご馳走の作り方と味つけが定着したと思われる。

2）餅の形と境界

　餅の形は，つきたての餅をちぎって丸める丸餅，餅をのしてから四角く切った角餅（切り餅とも），丸める際に小豆あんを包むあん餅に大別できる。あん餅のあんは，砂糖を入れない塩あんの地域もある。

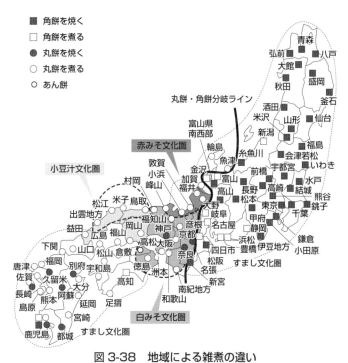

図3-38　地域による雑煮の違い

（奥村彪生（文化庁編），全国から集めた伝統の味　お雑煮100選，女子栄養大学出版部，2005より）

　切り餅の発祥は江戸時代の江戸とされる（**図3-39**）。人口の急激な増加を受けて，ついた餅を丸めるよりも，のし固めてから切り分ける効率の良い方法が考え出された。しかし，神へ供え物の餅は丸い形を2つ重ねるものとした。

　角餅は，保存と運搬に便利であったため江戸から徐々に広まった。丸餅と角餅には分岐の境界線がある。分岐ライン（富山県高岡から石川県金沢を通り，岐阜県関ケ原，三重県四日市，松阪，熊野新宮を結ぶ）の西側では，雑煮には丸餅を使用する。ライン上では，丸餅，角餅とも食べられている地域がある。

図3-39　十二月之内　師走餅つき

男性が餅をつき，女性たちが丸めている。奥にはのして平らなもちも見える。（国立国会図書館所蔵）

このラインは，餅の形だけでなく，ことば，だし，調味料，ウナギの調理，ネギや肉（牛肉と豚肉）など様々な文化のラインになっている。

3）餅に見る食文化の飛び地

東側で丸餅なのは，山形県庄内地方である。中心地の酒田は，北前船[73]の西廻り航路の寄港地で，上方や江戸に移送する庄内平野の米や物資の集積地・積み出し港として大きく発展した。酒田には，醤油味のあんを煮物にかける料理・からし豆腐など京都発祥の食文化が見られる。

岩手県一関市では，つきたての餅を年間60日以上食べる習慣があり，お雑煮の餅は，丸餅が主流である。

西側で角餅なのは，高知県と鹿児島県で，江戸時代にそれぞれの藩主，高知の土佐山内氏，鹿児島の薩摩島津氏が長く江戸に留まっていたためと考えられる。

4）北海道と沖縄

沖縄は，江戸時代までは琉球王国という国家で，江戸幕府・中国と交易を行い，両国からの干渉を受けつつ独立を保っていたため，2つの国から来訪する役人をもてなすための料理文化が発展した。日本で一般的なもち米を蒸してついた餅は存在せず雑煮もなかった[74]。現在でも雑煮を食べる習慣はないが，豚の内臓を煮てすまし汁仕立てにした「中身汁」や，豚の三枚肉（バラ肉）にコンニャクやかまぼこなどの具材を加えて甘みそでとろりと仕上げた汁物「イナムドゥチー」が祝い事のときに食べられる。

北海道は江戸時代まで先住民族のアイヌの居住地域で，アイヌの文化には雑煮はなかった。明治から大正，昭和初期にかけて東北，北陸をはじめ，各地から約200万人が移住して開墾を行い，寒冷な気候から不可能とされた米の栽培も徐々に行われるようになった[75]。その過酷な生活の中，移住者たちはそれぞれの故郷の雑煮を再現しようとした。それが受け継がれ，北海道には全国各地をルーツとした雑煮がみられる。特に多いのは青森・岩手・秋田など東北地方の雑煮の形態である。伝統的なものに加えて各家庭で食材の工夫がなされ，タマネギ，キャベツなどの洋野菜，バターや牛乳などが用いられること，餅を揚げる，味付けに砂糖を入れるなどもある。

5）餅をいれない雑煮

「餅なし正月」とは，正月に餅を食べないことで，関東，中部，中国，四国地方の水田を作りにくい山間部で見られた風習である。米以外の作物で農業を行い，生計を立てていたため，正月用のもち米栽培ができなかった。神仏に豊穣を願う行事に，他地域の産物は適さないとされ「餅を使わない雑煮」「そばや里芋，豆腐の雑煮」が継承された。このような地域の存在は長らく知られず，大正時代の民俗学研究で明らかになった。現在も餅をいれない雑煮の地域がある。雑煮が地域限定の個人的な料理で，他所へは情報として伝わりにくかったことを示している。

*73　江戸時代から明治時代にかけて，下関と日本海側各地の港を経て大阪と北海道を結ぶ航路で海運を行っていた。荷主から商品を預かって運ぶのではなく，寄港地で安い品物があれば仕入れ，高く売れる積み荷があれば売ることで利益を上げていた。寄港地周辺に近畿の文化を伝え，言葉や食文化に影響を与えた。

*74　沖縄・琉球王国の餅は，餅粉をこねて蒸したものが一般的であった。

*75　1600年代後半に最初に栽培され，道南において松前藩による開田事業が行われた。明治初期の1870年代に道央での米作りに成功。その後も技術の進歩や土地改良，品種改良の努力を続けた結果，「きらら397」をはじめ「ななつぼし」や「ゆめぴりか」などの銘柄米が生み出され，生産量も新潟に次ぐ量になっている。

第4章　食文化の現在と未来

　現代日本は，飽食の時代といわれて久しい。何かを調理したい時にはスーパーマーケットでほぼすべての食材が入手できるし，手早く食べたい時にはコンビニエンスストアやスーパーマーケットの惣菜や弁当で日常的な食事はほぼこと足りる。テイクアウトグルメという言葉に示されるように，インターネットを利用した配達サービスで，食材や作りたての温かい食事が家や職場に届く時代である。

　一方で，日本の食生活はその多くを輸入食材に依存し，自給率[*1]が低いため，経済摩擦や戦争といった国際問題によって輸入が滞ると深刻な食料不安が生じかねない。

　豊かに思える現代の食生活は，実は不確実な部分とリスクをともなっている。持続可能な食生活には，農業や水産業，畜産業による食料の生産，流通や加工，流通業やサービス業を中心とする卸売や小売，食べ残しの廃棄といった，食料が生産され，食べ物が食卓に並び，食べ終わった食料の処理という一連の食システムの理解が必要となる。そうしたことを理解し，食べることの価値や意義に目を向け，積極的に関与することが重要となる。

　最終章では，日本を中心に食の現状と未来を考えてみる。

◯ 第1節　食文化の現在

　日本食は，世界的に流行し認知されている。海外における日本食レストランの数は，2006年は約2万4,000店だったが，2015年には約8万9,000店，2021年の調査では約15万9,000店にまで増加している[*2]。日本食レストランは，欧米諸国のみならずアジア・オセアニア諸国，南米，中東やアフリカ諸国でも増加しており，日本食は世界中で消費されるグローバル食であるといえる。

　しかし，日本国内での食における問題は，あらゆる食システムの段階で起きている。醤油やみそ，豆腐の主原料である大豆は日本人にとって重要なタンパク質源だが，その多くを輸入に頼っている。日本は海に囲まれ漁場も豊富だが，水産物の自給率も下がり，漁業従事者の数も減少が続いている。さらに，生産地から消費地までの距離が広がり複雑になる過程で産地偽装などの事件が起き，食品の安全性や安心が揺らいでいる。そして，国内の畜産動物や養殖魚が食べる飼料，農作物の栽培に必要な肥料，そして何より種子のほとんどが国外から輸入されている現状を考えると，国産という表示は現在の日本の食事情を反映しておらず，和食はもはや日本の食べ物といえるのかさえわからなくなる。

＊1　自給率とは，国や地域など一定の範囲内で消費される材料や物品の需要量に対する，その範囲内での生産や供給する量の割合を示す指標である。「食料自給率＝国内生産÷国内消費」で表される，自ら生産し供給した割合。

＊2　農林水産省「海外における日本食レストラン数調査結果（令和3年）」，https://www.maff.go.jp/j/shokusan/eat/160328_shokub.html（2023年5月12日閲覧）

１．食環境の変化の要因

（１）家族構成の変化

　食生活の変化は，経済やマーケティングの影響もあるが，人口の推移や家族構成の変化の結果として起きた世帯構成の変化を反映させたものだ。

　国勢調査によれば，昭和初期の日本では一世帯当たりの人数が 10 人以上の大家族も珍しいものではなかった。しかし，1980 年代には４人世帯や５人世帯の数が多くなり，その後世帯規模は縮小傾向に転じた。平成期以降は，単独世帯，２人世帯，３人世帯が増加傾向にあり，令和２（2020）年度の国勢調査では一世帯当たりの人員数は平均で 2.21 となった。世帯人員数が多いほど割合が低くなっており，４人世帯は全体の約 12％に過ぎない。

　世帯規模や構成の変化は，日本の食生活と食文化にも影響する。食材の購入量や食卓に並ぶ品目数は世帯規模とともに少なくなる。家族が多ければハクサイやキャベツを丸ごと１つ，カツオやタイなどの大きめな魚を１匹で購入することもある。しかし，世帯人数が少ないと，カットされた商品や切り身のような個別に提供し食べきれるものを選ぶことが増える。

　家族構成の変化は，共食や一汁三菜とは対照的にとらえられる孤食や個食とも関連する。１人世帯が全世帯の４割近くを占めると，１人で食事する頻度は人口学[*3] 的にも増えよう。世帯人数が多い場合は，いくつかの副菜を調理し，家族で分けて食べることもあろうが，単独世帯や２人世帯だと毎回の食事で一汁三菜のような副菜を３品作るということは少ない。１人で食べるときは，量的な観点から調理にかかる手間と時間も考えて品数は減りがちだ。それにともない，買い物の際も１人や２人で食べきれるような量で食材や食品を購入する。

*3　社会を構成する人の数と，出生，死亡，移動などによる増減，性別年齢別等の構造や経済との関係などを研究する学問。

（２）少子高齢化

　世帯人数の減少とともに食文化に影響を与えるのは少子高齢化である。高齢者の人口が増えたり，高齢者のみの世帯が増えたりすると，食品の販売や購買傾向にも少量化が進む。高齢化にともない，毎日調理する気力と体力が減少しがちになり，食品の購入量や調理する量，そして食卓にならぶ品目数も減る。

　世帯人数が多い時代は，漬物やみそを大きな容器を使って作る家庭も珍しくなかった。だが，都市部で世帯数が少なかったり住居面積が限られると，大量に野菜を仕込んだり，漬物樽を保管したり，発酵や熟成に適した気候や環境条件を整えることは困難である。郷土発酵食などが根付く地域社会では漬物小屋を持つ家もあった。しかし，大量に収穫された野菜類や魚類を保存できる発酵食作りが高齢化とともに困難となり，過疎化とともにその郷土発酵食に関する知識と技術の伝承が課題となっている（**図 4-1**）。

　また，農業や漁業を基幹産業とする地域における少子高齢

図 4-1　サバのへしこなれずし

米糠と塩で発酵させた魚を，さらに米糀を用いて乳酸発酵させる郷土発酵魚食。スローフード協会による食の多様性を守る取り組み「味の箱船」に登録されている。（福井県小浜市，著者撮影，2016 年）

化により，食生産の担い手の高齢化と労働力不足の問題が深
刻となっている。例えば，日本の食文化を支える食材である
昆布は，気候変動の影響に加えて，沿岸地域の少子高齢化が
収穫量に影響を与えている（図 4-2）。また，農業部門では
宅地への土地転用や耕作放棄地[*4]の増加を伴う使用農地の
減少が問題となっている。農地面積が最大であった昭和期の
1960 年頃に比べ，令和期はその面積が 25% 以上減少して
いる。再利用が可能だが耕作されていない荒廃農地の総面積
は，東京都の面積よりも広い。食生産のための土地が少ない
のではなく，食生産の担い手の減少が，我が国の食料自給率
の低迷や食料安全保障の問題[*5]とつながっている。

図 4-2　北海道東部における昆布干しの風景

昆布漁業者が 1 日に収穫できる量は，天日乾燥などの
陸上作業に必要な人手の数が影響する。（北海道厚岸
町，著者撮影，2021 年）

2．食生活の変化

（1）食志向の変化

　食生活やそれを支える食文化は，人間の一生の時間軸では緩やかに，そして時
には急速に変化する。例えば，食の多様化もそういった変化の 1 つであるが，
それは主食においても起こっている。

　日本の主食は白米と思われがちだが，白米が国民的主食となったのは第二次世
界大戦以降である。その前は，米に雑穀やイモ類をまぜて炊いたものが主食となっ
ていた。近年では，パンや麺類の消費回数が増え，その原料となる小麦の輸入が
増えた。一方で，米の生産量や消費量は減少傾向だが，各産地で多くの品種改良
が行われ，ご当地米ともいえる新品種の米が多く市場に流通している。米の多様
化や消費者の食の良質志向を含めた食の変化を示す一方で，米飯を食べるという
日本の食文化の継続性も垣間見える。

　食生活の変化は一般人のライフスタイルの変化と同時に起きる。昭和中期の頃
に確立されたとされる「日本式食生活」は，米の消費量が 1 人当たり年間
100 kg を超える一汁三菜の食事が多かった。しかし，国民一人当たりの米の年
間消費量は，昭和 40（1965）年度に 111.7 kg だったものが，令和 3（2021）
年度には 51.4 kg と大きく減少した一方で，肉類の消費は 9.2 kg から 34.0 kg
と 3 倍以上増加している。経済成長とともに米の消費量は減少し，代わりに特
に畜産肉を中心とした動物性タンパク質を取り入れた主菜や副菜が増加したこと
が背景にある。

　現代社会では，容易に肉料理や魚料理を食べることができるが，供給が不安な
場所や時代において，それらを食べることができたのは，王族や貴族，経済的エ
リートなど一定の社会階級に属する人々のみだった。それが，現代では大量生産
を可能にする畜産システムや，冷蔵・冷凍技術の発展によって遠洋での漁業，そ
して陸上での低温輸送を可能にするコールドチェーン[*6]が確立されたことに
よって，多くの地域，そして食卓において「豊かな食事」が食べられるようになっ
た。

*4　過去 1 年以上農作
物が栽培されず，この数
年の間に再び作付けされ
る予定がない農地のこ
と。

*5　食料安全保障と
は，国や地域にいるすべ
ての人が，いかなるとき
にも，活動的で健康的な
生活に必要な食生活上の
ニーズと嗜好を満たすた
めに，十分で安全かつ栄
養ある食料を，物理的，
社会的および経済的にも
入手可能である状況のこ
と。

*6　食品などを生産地
から小売りまで，途切れ
ることなく所定の低温度
に保って輸送する物流方
法。

（2）グルメ・高級化志向

　日本における食の良質志向は，20世紀後半にさらにグルメ文化の発展へとつながった。グルメ文化では，高級志向と一般化が同時進行する。高級和牛のステーキや，本マグロの大トロを食べるには経済的な力が必要だ。一方で，食のグローバル化とともに輸入肉の消費が容易となり，例えば焼肉食べ放題のような以前では考えられない形態の外食が可能となった。また，マグロも中落ちとよばれる部位を用いたネギトロなど，一般人が安価でも美味しい料理を楽しめる時代となった。

　一般人でさえも美食家になり，それが社会に認知されるようになった背景には，インターネットを媒体とした情報社会の発展がある。自らの食体験をブログやＳＮＳ，さらには動画配信サイトなどで紹介することは，決して特別なことではない。

　また，家庭料理に関する情報も様々なメディアで発信されるようになった。料理研究家が主宰するレシピ本もあるが，一般人の投稿が蓄積し食情報が深化されていくクックパッドのようなインターネット上のレシピサイトは，美味しさだけではなく失敗しないレシピの提供を大きな特徴としている。料理で失敗しない，つまりまずくないものを作るというのは，実用性が重視される家庭料理において重要なことだ[*7]。

（3）食の簡便化

　現代日本の食生活の大きな変化に，家庭料理の簡便化がある。その背景には，技術革新と社会の変化があげられる。人間は火を使って調理をする地球上で唯一の生物だが，火の獲得と利用方法は家庭料理の簡便化に関連している。調理の加熱の際に使う機器や材料は里山[*8]で獲得する枝木や薪木だったが，昭和中期からはガスが主流となった。最近は安全面への配慮から，火の発生を避けてガスではなくＩＨクッキングヒーターを導入する家庭も多い。薪木を自分たちで獲得しないといけなかった時代に比べて，現在はガスや電気といった加熱エネルギーを購入する。調理に要する時間が大幅に短縮され，家事は簡便化された。

　家庭向け電気機器の発展も，調理過程の簡便化を可能にしている。揚げない揚げ物や蒸さない蒸物などが調理できる電子レンジが販売され，食品の賞味期限や消費期限を認識し，使用する食材や料理を提案するAI搭載の冷蔵庫も開発されている。炊飯は鍋ではなくタイマー付きの電気炊飯器を使い，お湯はやかんでなく自動タイマー付きの電気ケトルで沸かしてコーヒーや茶を飲むことが日常的となり，火の元に立ち続ける必要も大きく減った。

（4）中食・食の外部化

　経済発展と外食産業の発展とともに，冷凍食品や惣菜市場が拡大した。さらに中食とよばれる家庭料理の調理プロセスを家庭外に依存する食生活のスタイルが広がっている。2020年より始まったコロナ禍以前は，食事の約40％以上が，消費者が自ら食材を購入し調理する内食以外の食形態で構成されている（図4-3）。この傾向は，食事の機会だけではなく，調理知識や調理そのものが家庭

[*7]　小林哲：クックパッド─双方向・参加型の料理レシピサイト，vesta（ヴェスタ）93号，味の素食の文化センター，2014，pp.6-11.

[*8]　里山とは，人が住む集落と奥山（深山）の間に位置する，人間社会や生活の影響をうけた生態系が存在する空間のことを指す。

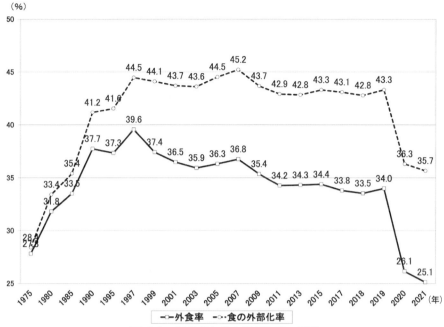

図 4-3　外食率と食の外部化率の推移

外食率とは，全国の食料・飲料支出額に対する外食市場規模の割合。食の外部化率とは，全国の食料・飲
料支出額に対して，料理品小売業市場規模（弁当給食分を除く）を外食市場規模に加算した広義の外食市
場規模の割合を指す。（公益財団法人　食の安全・安心財団資料より）

で行われない食の外部化が進んでいることを意味する。

　中食は内食や外食と異なり，調理される場所と消費される場所が一致しない。
このような食生活と，調理に必要だった火が食の場から離れたところに置かれる
のは，歴史的に決して新しいことではない。しかし，現代社会の中食や外食，そ
してテイクアウトグルメの消費は，人口構成の変化，家族内におけるジェンダー
役割の変化，そしてそれらにともなう各家庭における調理知識と技術の維持と伝
承の有無が大きく関係している。

　しかし，家庭調理機器の技術革新や食の外部化は進んだが，家庭料理が簡便化
されたわけではない。家庭料理の調理は，加熱エネルギーを獲得するために必要
だった時間が短縮されたが，その時間をより複雑な調理や品目数を増やすのに使
うことが期待されるようになったからだ[*9]。

　簡便化という用語の裏には，料理や調理，そして食文化とはこういうものだと
いう私たちが「正しい」と考える固定観念がある。例えば，電子レンジで「チン」
するという調理方法は，社会において定着してもいまだ正式な調理方法とは認識
されていない。近年は電子レンジや炊飯器でおかずを調理できる。電子レンジで
揚げない唐揚げを作ることができて，部屋に揚げ物料理の匂いが広がらない，そ
してキッチンを油で汚すことがない。しかし，電子レンジによる加熱，つまり「チ
ン」が日常的になったにも関わらず，レシピ本に出てくることは少ない。

　その理由は，簡便化は手抜き料理と類義語のように使われることがあるからだ。
完全に調理済みの惣菜を購入するのではなく，最後は自分で調理するというミー

＊9　村瀬敬子：料理は
「簡略化」しているのか
－「家庭料理」をめぐる
〈環境〉と〈規範〉を中
心に，森枝卓士編『料理
すること－その変容と社
会性』，ドメス出版，
2013，pp.132-151

ルキットの発展は，食材の調達や料理の簡便化がどれだけ進んでも，最後は家庭のキッチンで料理を完成させ，できたてを家族に提供したい，または提供させるべきという社会思想を反映している。また，この社会思想は，良妻賢母に象徴される，家事をしっかりこなす「正しい」女性像の社会的構築に食が深くかかわっているというジェンダー問題と切り離すことはできない。

3．食にまつわる世界的な課題

　食産業の発展と技術革新によって私たちの食生活は便利になった。農園や漁場といった食料生産の場所から消費者の食卓に料理が並ぶまでの距離や過程は複雑になりながらも，現代の食システムは効率的に機能し，私たちはエネルギーと各栄養素の摂取が容易にできるようになった。高エネルギー，高タンパク質ながら，安価で手軽に入手できるファストフードは，食システムの発展の象徴ともいえる。

　しかし，効率性が重視された「食のファスト化」は，社会生活のあり方の変化とともに見直される機会が多くなっている。ファストフードは，効率よくエネルギー摂取ができるが，無意識のうちにエネルギーを過剰摂取してしまう。そして，生活の中での運動不足なども重なり多くの消費者が栄養過多となり，肥満や糖尿病をはじめとする生活習慣病などの健康問題に直面するようになった。

（1）食システムのグローバル化

　グローバル化したフードシステム経済の恩恵として，私たちは世界中の食べ物を比較的容易に食べることができるようになった。日本にいても，フランス産のフォアグラ[10]やイタリア産のトリュフ[11]，スペイン産イベリコ豚の生ハム[12]から，ガーナ産のカカオを使用したベルギー産チョコレートまで，世界中の食材が飲食店で食べられることはもちろん，スーパーマーケットで購入できる。

　しかし，そのような食の多様化と一般化が実現した一方で，そのフォアグラやカカオがどのように生産されたのかを私たちが知ることは少ない。生産者や生産の場所と消費者や消費地の間でのコミュニケーションが少なくなると，他者に対して無関心になりがちになる。その結果，食システムの社会的構造とそれを支える環境において様々な問題が起きている。

（2）環境負荷と環境汚染

　現代の食生活を支える大量生産，流通と消費を特徴とする食システムは，環境汚染を含む現代と未来の環境への負荷を代償に発展してきた。農薬や化成肥料の使用は短期的には生産性を高めるが，過度の使用は河川，湖沼，海岸域における植物プランクトンや水生生物に対して影響を及ぼす。河川や地下水の農業利用も河川生態系に影響を及ぼす。

　特に，畜産業は生産にかかる環境負荷が問題視されている。経済的に豊かになり個人や世帯の所得水準が向上すると，人々の動物性タンパク質，つまり肉類の消費量が増える傾向がある。そして，世界の肉の消費量は1960年から2010年までの50年間で約5倍に増えた。

　そのため，畜産動物の飼料とするための穀物生産が，人間の食料よりも優先さ

れる事態となっている。食肉生産のためには畜産動物に大量の飼料を与えて育てる必要があり，人間が直接消費するよりもはるかに大量の穀物や水資源を飼料として使用する。人間が食することができない穀物を飼料として使用できることもあるが，アメリカでは収穫される全穀類のうち，約60％が家畜動物によって消費されている。

　畜産牛肉1kgを生産するために必要な穀物飼料（トウモロコシで換算）は11kgとされる。豚肉の場合は7kg，鶏肉だと4kgと試算されている[*13]。単純に計算はできないが，牛肉1kgよりもトウモロコシ10kgのほうが，より多くの人の空腹を満たすことができる。

　地球温暖化の原因となる二酸化炭素やメタンガスの排出量からいうと，農作物のハウス栽培も環境負荷は少なくない。通年で生鮮野菜や果物が小売店に並ぶのは，多くの野菜や果物が温度や湿度を管理するために多大なエネルギーを使う「グリーンハウス」で栽培されている。また，日本国内では，水田での稲作に関連するメタンガスの排出量が畜産業のそれよりも多いという事実は，ほぼコメのみが自給可能な日本にとって不都合な真実といえる。

　パンやパスタといった小麦類の食品消費が好まれるとはいえ，日本社会がコメ食をやめることは想像できない。しかし，日本社会では長きにわたり，白米だけではなく，水田ではない場所で栽培または栽培せずに収穫できる雑穀類やイモ類といった多様な食材を織り交ぜながら食文化が発展してきた。そのような地域環境と食の多様性に支えられた食生活から学ぶものは多い。

（3）飢餓と飽食の併存

　いま世界は，飢餓で苦しむ地域や人々と，飽食から健康悪化する地域や人々が同時期に存在する時代となっている。国連食糧農業機関（FAO）の報告によると，2021年時点で世界には飢餓に苦しむ人が約8億3,000万人おり，世界のおよそ9人に1人は生きるために必要な食料を十分に入手できていないという計算になる[*14]。

　一方で，栄養過多や偏食による肥満の問題や，世界規模で起きている食料廃棄問題が存在する。2015年に実施された195の国と地域を対象とした調査では，世界人口の3分の1に当たる約22億人以上が，世界保健機関（WHO）の基準に基づいたBMI（体格指数）で肥満，または過体重者となっている[*15]。

（4）気候変動と食の安定供給

　世界の年平均の気温は，変動を繰り返しながらも上昇を続けている。特に20世紀後半からは，資源利用と地球温暖化が急激に加速している。地球温暖化の原因とされる二酸化炭素などの温室効果ガスの排出量の3分の1が，食システム，つまり私たちの食生活に関連している。

　また，水不足で世界の食糧生産が減少している。私たち一人ひとりが毎日の生活で必要とする水は4L程度とされるが，実際は1人当たりで1日に必要とする食料の生産には，約2,000Lの水が必要となっている。特に，牛肉1kgを生産するためには，約2万Lもの水資源を使用するなど，畜産物の生産には多

[*13]　このような計算を，飼料要求率（畜産物1kg当たりの生産に必要な，畜産動物が消費する飼料数量）という。

[*14]　The State of Food Security and Nutrition in the World 2022, FAO, 2022

[*15]　BMIは，体重を身長の2乗で割った数値である。WHOはBMI30以上，日本肥満学会ではBMI25以上を肥満と定義している。

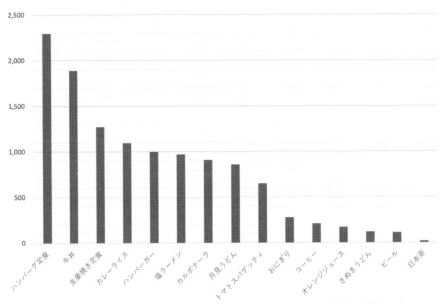

図 4-4　仮想水を利用した 1 食当たりに必要な水資源量の推定（単位：L）

（環境省「仮想水計算機」「MOE カフェ　バーチャルウォーター量」より作成）

＊16　環境省が，ヴァーチャルウォーター（仮想水）自動計算表をホームページにて公開している。https://www.env.go.jp/water/virtual_water/kyouzai.html（2023年 5 月 12 日閲覧）

＊17　沖大幹：水の未来—グローバルリスクと日本，岩波書店，2016

＊18　食品ロスについては，農林水産省や消費者庁が情報提供を行っている。また，食品ロス削減に向けては，環境省がポータルサイトを開設している。

くの資源が必要となる（図 4-4 [16]）。肉消費の増加や効率が高いとされる大量生産の食システムは，世界各地で水不足という問題を引き起こしている[17]。

　さらに，食料生産できる土地でバイオ燃料の生産を目的とした穀物生産を行うと，生産効率を高めない限り人間が直接消費する食料の生産量は減少する。そして穀物はもとより穀物を肥飼料として使う食料の全体の価格が上昇し，食料危機を増大させる。

（5）世界人口の増加と食料需要への対策

　食料廃棄問題も現代社会に生きる私たちに課せられた課題である。世界では重量ベースで生産量の約 3 分の 1 であり，年間およそ 13 億トンの食料が廃棄されているとされる。世界の食料援助量の 1.5 倍に当たる食料が日本のみで廃棄されている。日本の食品ロスは毎年約 600 万トンを超え，これは国民 1 人当たりの量に換算すると年間 48 kg 以上に相当する[18]。日本の食品ロスのうち 4 割以上は家庭から発生していることを考えると，私たちの食生活は大量の食を廃棄しながら成り立っているという事実を理解しなければならない。

第2節 持続可能性と食の未来

　環境負荷の高い食生産の背景には，資源利用の社会的，環境的影響に無関心で無責任な消費者の存在があることを忘れてはならない。人口増加による食料難や食料保障の危機などよく聞かれるが，現在の食生産は，人口増加による圧力よりも消費者の食嗜好のほうがより大きな影響を与えている。例えば，マダイやフグ，マグロ，サーモンなど，養殖の対象とされる魚種は，消費者が食べたい魚であって，必ずしも生産効率の高い魚種やエネルギー量ではない。魚卵が主目的で漁獲され魚そのものが食利用されない魚や，産卵する直前に漁獲される天然魚も多い。

　2019年，世界が地球とともに健康で持続可能な生活をするための理想の食が発表された。1日の摂取エネルギーを2,500 kcalに設定したその食は，動物性タンパク質の摂取を大幅に制限する一方で，全粒穀物と野菜，そしてマメ類の摂取を推奨している。そこで掲示されている1週間の牛肉摂取量は約100 g，豚肉も約100 g，鶏肉が約400 gとなっている[19]。現代日本の一般的な食生活から考えると，実践が難しい少量摂取といえる。

　とはいえ，この論文で推奨された食品が，日常的に世界中で入手が可能なわけではない。また，動物性タンパク質といっても，穀物飼育牛と牧草飼育牛[20]では，肉質もさることながら栄養価値も異なる。そして，環境面，動物福祉の面から批判される大規模な工業型畜産施設から生産される畜産肉と，小規模で生育環境や生態系に配慮して生産された畜産肉では，エネルギーという画一的な評価基準では測れない違いがある。

　野菜も，大豆は動物性タンパク質に代わる植物由来の代替肉（大豆ミート）などの生産に活用される。しかし，肉を食べる文化の継続のために，遺伝子組換え技術にも支えられて大量生産が可能になった大豆の大規模な単一栽培農園が森林地帯で開発されてしまっては，環境負荷も大きくなる可能性がある。個人的な消費では健康的であったとしても，地域，そして地球規模でとらえた場合，果たしてなにが健康であるのかを広い視野で考えないといけない。

1. 持続可能性と食

　環境的にも経済的にも持続可能な社会の実現に必要な食生活のためには，これまでの生産性などの評価において計算外だった環境コストや，生産者や流通業者の生活状況，そして消費者の健康への影響なども考慮しなければならない。なにが，どこで，どのように生産されたかも含めて，グローバルな視点とローカルな視点をともに持ちながら生産から流通，そして調理と料理まで含めて持続可能な食を探求しなければならない時代が来ている。

　そのような取り組みの1つが，イタリアを発祥とするスローフード運動だ。スローフードは，地域食材や料理の社会的価値を尊重し，食材の由来や生産方法，生産者の存在を消費者が認識し向き合うことによって，豊かな社会をめざすのが

＊19 Walter Willett, Johan Rockström, Marco Springmann, et.al：Food in the Anthropocene:the EAT-Lancet Commission on healthy diets from sustainable food systems，『The LANCET COMMISSIONS』,393巻10170号，2019，pp.447-492

＊20 トウモロコシなど穀物飼料を与えて育てる穀物飼育牛は，経済的に効率よく肥育させることができるが，牛に負担がかかる。それに対し，牛本来の食性である牧草を与えて育てた牛を牧草飼育牛という。

特徴といえる。私たちが口にする食べ物が一体何で，どこからやってくるのかという問いとそれらに配慮した食生活は，1960 年代後半の日本における消費者団体「生活クラブ」の発足など他地域でも見られる。日本でも近年は，食品をインターネット上で売買する E コマースというビジネスモデルの発展とともに，生産者と消費者をつなげるような食流通や，卸売業のみならず生産者自らが消費者に生産物や加工品を販売する商取引が行なわれている。

　とはいえ，グローバル経済によって大量生産が可能となったファストフードのハンバーガーが悪しき食の象徴として揶揄されることもあるが，すべての食を自ら準備するような自給自足の生活は，多くの消費者にとって非現実的で持続可能ではない。私たちが日本の食の未来のために，私たち一人ひとりが自己消費する分の米や大豆を作るのは不可能だろう。

　だからこそ，消費者は食卓を通じて，日本国内の食生産の現場と生産者が抱える問題にも目を向け，ともに持続可能な食システムを目指す必要がある。そのような考えから，スローフード運動では，消費者は，生産者とともに経済的，社会的，そして環境保全の視点からも持続可能な食システムを実現させるための「共生産者」となることを提唱している。

（1）SDGs

　「持続可能な開発目標（SDGs）」は，2015 年の国連サミットで採択され，日本を含む国連加盟国のすべてが「誰 1 人取り残さない」社会をめざして，17 の目標達成に向けて取り組むことを示している。地球人口の増加が予想される中，これまで行われてきた資源収奪型の開発ではなく，持続可能な開発を世界中で実現させ，「将来の世代のニーズを損なわずに，現代の世代のニーズや欲求を満たす経済活動や社会活動」をめざしている。

　17 のゴールが注目を浴びるが，SDGs は 169 のターゲットで構成されている。その中には，世界に存在する飢餓と貧困を終わらせるというものがあり，2030 年までに小売・消費段階の食料廃棄を半減させるという具体的な目標がある。

　17 のゴールの中でも，「海の豊かさを守ろう」や「陸の豊かさも守ろう」，「安全な水とトイレを世界中に」，そして「気候変動に具体的な対策を」といった環境に関するものは，ほかのゴールの礎となっている。貧困や飢餓で苦しむ人々がいなくなるような持続可能で公正な社会を実現させる経済や生活を考えるにあたり，まずは生活や文化を支える環境への取り組みが最重要となる。

　そのためには，生産に携わらない消費者も，環境や社会に配慮した「つくる責任，つかう責任」を意識しながら購買や消費の選択に取り組まなければならない。これからの食文化論は，もはや何をどのように食べるかにとどまらず，どこで誰がどのように生産した食べ物を食べるのかという点にも留意しなければならない。

（2）食肉代替食品

　持続可能な食生活の発展に向けて注目を浴びるのが食肉代替食品，いわゆる代替肉である。畜産肉の生産には多大な資源を使うが，代替肉は大豆，インゲン豆など豆類に含まれる植物性タンパク質を主に利用する。藻類も含めた植物由来の代替肉はアメリカでの開発が盛んだが，日本の小売店でも見かけるようになった。

　代替肉は，低脂質，低カロリーで，コレステロールも本物の牛肉に比べて低いという利点がある。しかし，塩分は高く，増粘剤などの添加物を使用した加工肉であるため，健康志向の消費者にどれだけ受け入れられるかは不透明といえる。

　また，代替肉の需要や菜食志向が増えると，大豆の需要も増加する。日本は，1970年代にアメリカからの大豆輸出が制限されて混乱が起きたのち，ブラジルのセラードとよばれる広大な熱帯サバンナ地域を大規模に開発した大豆生産を進めた。畜産肉に比べると環境負荷が少ないといわれる大豆ミート生産だが，大豆は肉食消費の増加に応えるため家畜用の飼料にも使われることも多い。「畑のお肉」とも称され健康食の象徴ともいえる大豆だが，その大豆の単一作物栽培の拡大を目的に原生林や熱帯雨林が開発され，その土地の生態系の破壊とともに二酸化炭素を吸収する森林が喪失するなどという指摘もある。

（3）昆虫食

　環境負荷が大きい現代の畜産業では，良質なタンパク質を世界中の人々すべてに提供することはできない。その中で注目を浴びるのが，FAOが2013年に人口増加による食料危機への対策として推奨した昆虫食だ。昆虫を日常的に食べる人口は世界で20億人近く存在し，食利用される昆虫は世界の約140カ国で約2,100種を超えるといわれる。日本でもイナゴや蜂の子などが地域の郷土食材として食べられている。また，昆虫食は人間が直接消費する食用昆虫に加えて，家畜動物などへの飼料としての利用も期待されている。

　食用となる昆虫の92％は野生昆虫だが，1980年代からタイではコオロギ養殖が始められており，現在では世界で消費される昆虫の約2％は養殖とされる。食料危機回避の一手として注目を浴び，食用昆虫の産業化に向けた研究も進んでいる。中国や欧米でも新たな食材としての昆虫養殖が進められており，日本でもコオロギ養殖のベンチャー企業が起業している。

　しかし，多くの昆虫は「食べられるもの」であっても，「食べもの」ではないとみなされることが多い。それは，社会ごとに異なる文化というフィルターが機能し，未知なる食材にリスクを感じ避けることに起因する。エビも見方を変えれば海に住む虫のようだと考えられなくもないし，ウニやナマコも外見から食欲をそそるものではないだろう。「美味しそうだから昆虫を食べたい」という新たな消費者は少ない。

図 4-5　培養牛肉を使用したハンバーガー

世界初の培養肉は，その技術とともにそれを使用した培養肉バーガーの価格が 1 個約 25 万ユーロ（当時価格で約 3,000 万円）だったことも話題となった。
（Mosa Meat 社）

＊21　細胞培養によって開発した牛肉を使用したハンバーガーの調理，試食会の様子は動画サイト YouTube で一部閲覧できる。https://www.youtube.com/watch?v=slslQLZL2 EI（2023 年 5 月 12 日閲覧）

＊22　藤原辰史：培養肉についての考察，『現代思想』6 月号，青土社，2022，pp.145-150

（4）培養肉

　一方，培養肉は，家畜動物や魚などの筋肉から取り出した細胞を体外で組織培養し，ある肉のある部位だけを作った人工肉のことである。2013 年にオランダ・マーストリヒト大学のマーク・ポスト博士らの研究チームが細胞培養技術を用いた牛肉を開発して以降注目を集めている（図4-5）。

　植物由来の代替肉と細胞を直接成長させる培養肉は，環境に対する負荷が従来の畜産肉生産に比べると少ないとされる。培養肉の商品化はまだ実現していないが，水資源の利用を含めた環境負荷の低減，そして衛生的な食の製造が可能なことからクリーンミートともよばれる。そして，生物の命を奪わずに生産できるため，動物福祉の観点からもメリットがあるとされる[21]。

　培養肉の消費によって，消費者は「自分が食べるために動物が殺されている」という罪悪感を抱かなくてもよくなる。しかしそれは，食べるという行為が命をいただき，命をつなげるという，「食べる」ということの本質と向き合うことを避けることになる。また，長い歴史とともに知識や技術が継承されてきた，と畜を含める人間と動物の命の関係が希薄になることには，生産知識の消失というリスクがある[22]。

　培養肉や代替肉は，現代社会の食の問題を技術革新によって解決することをめざすものだ。食問題の技術的解決は，ほかにも遺伝子操作やゲノム情報を操作するものがある。消費者がこれまで通りの伝統的な食材を食べ続けたいのであれば，生産量を増加できる遺伝子組換え食品や，遺伝子情報を変えることによって生産量や消費者の嗜好にあった食生産を高められるゲノム編集食品が今後重要性を増してくるかもしれない。

（5）エシカルフード

　技術的な解決と対照的なのが，人々が持つ道徳感や倫理観を基によりよい社会の実現のために行動する社会的解決であろう。私たちの食生活だけではなく，人々の生活の質と持続可能性も考えるという倫理的姿勢が，現代と未来の食のために求められている。

　そのような意識を食購買や消費の行動で示し実践することはエシカル消費とよばれ，フェアトレード商品[23]を意識的に選び消費するなどが例としてあげられる。日本におけるエシカル消費は，食の安全や安心といった，消費者の権利や消費生活の質向上のために行われている傾向がある。一方，欧米では生産者の労働環境，生活環境，そして生態系に配慮した商品を選ぶことができる選択肢として認識されている（図

図 4-6　パリの鮮魚売り場

フランスでは，生鮮魚介類を販売する際に，小売価格と一般名のほかに，生物学上の名称，漁獲された漁場区域，漁獲で用いられた漁法，そして国内産かどうかまで情報提供される。環境的，経済的，そして社会的な持続可能性への貢献を検討したうえで，消費者は購買行為を通じてよりよい食システムと食生活の実現に参加する。（フランス・パリ，著者撮影，2018 年）

4-6）。

（6）縮小社会

　世界中で生産された原料や食品が流通，消費されるようになったが，量，質ともに十分な食べ物を地球上の誰もが得られる社会を実現するために，私たちは普段の食生活から何を考え，何を実践すべきであろうか。

　1つは，消費と生産の連携を重視する地産地消や循環社会，縮小社会とよばれる食システムへの参加だ。これらは，食品が複雑な加工や流通過程を通じて私たちの食卓へ届くグローバル食システムにできる限り依存せず，食生産と流通，消費，そして食べ残しの処理を含めた食の循環をできる限り地域社会で完遂しようというものである。例えば，近隣や地域の小規模経営者や団体が生産する農畜産物や水産物を，同地域に住む消費者が購入するファーマーズ・マーケット*24や地域支援型農業，地域支援型漁業*25などがあげられる。生産から消費までを地域内で行うことにより，輸送にかかる二酸化炭素排出量や費用を削減しながら，地域経済を活性化することができる。

　また，食システムにおける都市住民の役割を「消費者」に限ることはない。都市部に人口や資源が集中し，地方の農業との断絶が進んだ現代であっても，家庭菜園での野菜栽培を含めた都市部での農業は可能である。

　消費地の中，または近い場所で行われる農業は都市農業とよばれる。都市農業は少ない生産量であっても，多種多様な食料の生産，流通，そして消費のつながりを市民は体験できる。例えば，フランスの都市農業では，法律で無農薬栽培が行われている。それは，食の生産を量だけではなく質で考えることが豊かな生活に欠かせないという考え方に基づいている。自ら食用植物を栽培することによって，食べものができる過程を生態学的，土壌学的に体験から学びつつ，小規模だが様々な要素がつながりあうことによって，持続性や耐性が強くなるレジリエント*26な都市社会の実現をめざしている。

　一方で，食にまつわる問題の技術的な解決方法や社会的な解決方法を，一過的な流行にしないことと，それらの限界や問題を知ることが重要だ。例えば，いわゆるオーガニック食品は，消費者の健康，そして環境にもよいとされる。しかし，それらが生産環境にも消費者の健康にも寄与するかといえば，必ずしもそうではない。多様性がある森林を伐採して開発した大規模農園で単一有機栽培が行われ，地域環境や先住民社会に悪影響を及ぼすこともある。また，そのような有機農業ビジネスに従事する生産者の多くが，社会的，経済的弱者で劣悪な労働条件を強いられていることがアメリカで報告されている*27。消費者のみが恩恵を受けるような食システムは，真の意味での健全なものとはいえない。

2. 食文化の未来

　効率がよい生産や成長を遂げることは，個人，社会，経済，そして環境にとってもよいことであると思うだろう。しかし，効率のよい生産システムが稼働する一方で，生態環境や野生生物への悪影響，世界規模での地理的経済格差の拡大と

*23　フェアトレードとは，公正な取引や貿易を意味し，グローバル経済が発展する中で起きた活動の1つである。経済的，社会的に弱い立場にある生産者や労働者の生活水準や自然環境にも配慮し，強い立場にある業者や消費者が原料や製品を適正な価格で継続的に購入する商取引を行う。

*24　一般的に，決まった日時に開催される定期市で生産者が消費者に産物や加工品を対面販売する取り組みのことを指す。

*25　地域支援型農業（CSA）は，アメリカで1980年代に始まったとされる，良質な食材を求める消費者が地元で有機農業などに取り組む生産者と直接取引を行う取り組みである。地域支援型漁業（CSF）もアメリカ・メイン州で2007年に始まったとされる。

*26　レジリエントとは，困難な環境や状況におかれても，適応し復活できる性質のことを指す。回復力や弾力性を意味する英単語（resilience）がもととなっている。

*27　Guthman, Julie.: Agrarian Dreams: The Paradox of Organic Farming in California, University of California Press, 2014

いった問題が深刻化している。現代の食生活は，科学技術の革新，そしてグローバル経済の発展とともに，大規模農業や畜産工場，養殖施設などの運営と，それにともなう土壌や海洋環境，野生生物に悪影響を与える化学物質の使用によって支えられているのだが，これらの問題を私たちが日常食生活で実感することは少ない。

　また，日本の食生活は，輸入食料に依存することによる不安定さと，国内農業や水産業の従事者減少にともなう衰退という大きなリスクを抱えている。しかし，利便性に覆い隠されて，多くの消費者はそのリスクを理解していない。これからの食を考えるにあたって不可欠なのは，消費のみではなく食システム全体を持続可能にする社会，環境，そして経済を検討することだ。

（1）食育と地域食文化の継承

　農林水産省では，食育を「生きる上での基本であって，知育・徳育・体育の基礎となるべきものであり，様々な経験を通じて「食」に関する知識と「食」を選択する力を習得し，健全な食生活を実現することができる人間を育てるもの」と定義づけている。

　日本における食育は，平成17（2005）年に制定され，平成27（2015）年に改正された食育基本法とともに政策として実践されている。上記の定義は，食育基本法の前文に示されているものである。給食では，栄養学的知見に基づく栄養バランスのとれた献立のみならず，地元の地域食や全国の都道府県の郷土食を紹介する献立を提供する。家庭科科目で郷土食の調理実習や実食が実施されることもある。

　しかし，食育としての作物の栽培は一時的な体験学習に限定されがちで，給食を巻き込んだ地産地消やオーガニック給食*28の取り組みも未だ発展途上である。さらには，漆器のような日本ならではの豊かな森林資源を活用した食器文化を取り入れることなども食育に含むべきだろう。

　また，食育には知ることと考えることが含まれているが，肝心の食の実践ともいうべき調理や料理に関する記述は少ない。調理とは，ただ単に食事を準備するというものではない。自然環境に存在するものを，知識や技術をもちいて食べられるものにすることが調理である。つまり調理とは，私たち自身が人間社会と環境をつなぐ行為であるといえる。そして料理は，社会的価値，文化，そして歴史の蓄積とともに，調理のもとにつくられた社会における食のあり方を体現するものである。

　食べるという行動を生産と消費として分離して考えず，自然資源を食物に変容し，価値あるものとして人々，そして社会と共有することができる食文化，その実践はサステナブル（持続可能）な食生活に不可欠である。そのため，食文化の未来は，食育の場を学校に限定することなく，家庭を含めた一般生活において，「つくること」と「食べること」を含めた料理という文化的営みを，いかに確保するかが重要であるといえよう。

*28　化学肥料や農薬を原則使わないで栽培した野菜，米を食材として取り入れた給食。有機給食とも。

（2）食と環境の持続可能性

　地域社会を支えてきた食文化の継承には，地域環境の保全も欠かせない。地域農業を支えるのは，農業従事者や地元生産物を積極的に購入する消費者のみではない。食生産には花粉媒介者（ポリネーター）となる生物が不可欠であり，世界で日常的で食べられる野菜や果物の70％以上はミツバチが受粉することによって実るとされる。

　しかし，ミツバチの生態に影響を及ぼすダニの発生を含めた気候変動の影響に加え，除草剤などの農薬の継続的な使用が，野生ハチのみならず養蜂のための栽培ミツバチにも影響を及ぼしているとされる。ハチなどの昆虫が餌とする花類の量の減少や，森林環境の変化も問題視されている[29]。

　また，地域性や季節性豊かな魚介類は，米と並んで日本の食の中心をなすものだ。しかし，日本の水産物の自給率は60％以下であり，国内の水産業は気候変動への対応や資源管理の難しさ，消費者の生産への関心の低さなど，多くの課題を抱えている。さらに，家庭における食事の簡略化や外部化が進み，魚介類を扱う調理技術や知識の低下も懸念されている。

　未来に残すべきものは，私たちの食卓に並ぶ料理だけではない。普段の生活の積み重ねが，食文化の継承，発展，または衰退や環境破壊と保全につながっている。畜産肉の消費量を抑えることを含む健康的な食事は，温室効果ガスの排出の削減など，私たちのみならず未来の世代のための地球環境を維持することにも貢献する[30]。現代社会における生産と消費のあり方を見直し，行政機関のみならず一般市民も，何をどのように調理し食べるかを考え，行動に起こすことが不可欠である。

　これからの食生活は，個々の人間の健康だけではなく，地域を単位とした健康，そして地球の健康にも配慮したものが求められている。人と動植物の健康，そして私たちが住む地球環境の健全性は，相互につながっている。これらのつながりをひとつの健康体「ワンヘルス」[31]として維持し，次世代に継承することが，未来の食に必要な変化であろう。

＊29　田村典江，クリストフ・D・D・ルプレヒト，スティーブン・R・マックグリービー編著：みんなでつくる「いただきます」．地球研叢書，2021

＊30　Springmann, M.：『Valuation of the health and climate-change benefits of healthy diets』，FAO, 2020

＊31　ワンヘルスとは，人々の健康，すべての動物の健康，そして環境の健全性は地球の生態系の中で相互に密接につながり，強く影響し合うという考え。

あとがき

　食文化という言葉が日本で使われるようになったのは1980年代以降である。それまでは「食生活」という言葉が，歴史学や民俗学，栄養学の分野において食の研究や教育の内容を表す際に使われることが多かった。一方，海外で食文化の研究が始まったのも1980年代であり，これには日本の研究者が少なからず貢献していたことが知られている。食べものや食事を文化としてとらえ，研究や教育のテーマとしてきた過程において，日本が果たしてきた役割は大きい。食文化を研究し，学ぶことの大切さを世界に先駆けて考えてきたのは日本といってもよいであろう。

　食文化には，食料生産や食料の流通，食物の栄養や食物摂取と人体の生理に関する観念など，食に関するあらゆる事物の文化的側面が含まれている。そのために，食文化の研究や教育，学習のためには幅広い視点が必要になる。食文化を探究するためには，それぞれの分野の専門的な知識，研究方法が必要になることは言うまでもない。同時に，複数の分野をつなげて考えていく学際的な視点が必要になる。

　この本は，家政学，栄養学の学生をはじめとする食文化の初学者に向けて書かれた本である。そのねらいは，食文化を理解するための多様な視点を提供することにある。いわば，学際的な視点をもつための第一歩といってもよい。人間の食べるという営みが個体の生存や成長のための栄養面での充足を果たすだけではなく，心理的，社会的な充足を果たしていることを学ぶことによって，他者を理解し，自分自身をふりかえり，人間とは何かという大きな課題を考えていくことにつながっていく。この本の役割はそのきっかけをつくることに他ならない。

　食文化の研究が本格的にはじまってからまだ半世紀にも満たないが，人間をとりまく食の環境が大きく変化してきたことはまぎれもない事実である。一方で文化には，水平方向に広がるとともに，垂直方向に受け継がれていくという性質がある。食文化にもグローバルに広がる側面と，連綿と続く歴史が存在する。本書を通して，食文化の世界と歴史を存分に味わってもらえることを願っている。

　なお，本書を編集するにあたり，建帛社の青柳哲悟氏には大変お世話になった。編者を代表して心より感謝の意を表する。

編者　野林厚志

さくいん

〔編著者〕

小川　聖子　　元共立女子短期大学生活科学科　教授　　第1章第1節
　　　　　　　　　　　　　　　　　　　　　　　　　　第3章第2節4〜6，第4節2

野林　厚志　　国立民族学博物館　　　　　　　　　　　第1章第2節
　　　　　　　　学術資源研究開発センター　教授　　　第2章第1節1，第2節1,3，第3節1,4

〔執筆者〕（五十音順）

伊藤　有紀　　東京家政学院大学現代生活学部　助教　　第3章第2節1〜3

宇田川妙子　　国立民族学博物館　　　　　　　　　　　第1章第3節
　　　　　　　　超域フィールド科学研究部　教授

川野美智代　　鹿児島純心大学看護栄養学部　准教授　　第3章第4節1

杉本　雅子　　帝塚山学院大学名誉教授　　　　　　　　第2章第2節2

濵田　信吾　　大阪樟蔭女子大学学芸学部　教授　　　　第4章

水元　　芳　　中村学園大学栄養科学部　教授　　　　　第2章第2節4，第3節3,5

南　　直人　　立命館大学食マネジメント学部　教授　　第2章第1節2〜4

八木久美子　　名古屋外国語大学世界教養学部　教授　　第2章第3節2
　　　　　　　　東京外国語大学名誉教授

矢島　由佳　　仙台白百合女子大学人間学部　講師　　　第3章第1節，第3節

現代食文化論

2024年（令和6年）6月20日　初版発行

編著者　小　川　聖　子
　　　　野　林　厚　志

発行者　筑　紫　和　男

発行所　株式会社 建帛社
　　　　　　　KENPAKUSHA

112-0011　東京都文京区千石4丁目2番15号
　　　　　TEL　(03)3944-2611
　　　　　FAX　(03)3946-4377
　　　　　https://www.kenpakusha.co.jp/

ISBN 978-4-7679-0740-6 C3077　　　あづま堂印刷／ブロケード
© 小川聖子・野林厚志ほか，2024.　　Printed in Japan
（定価はカバーに表示してあります）